TRAITÉ

DU DROIT

DE GARDE-NOBLE

ET BOURGEOISE,

QU'ON APPELLE

BAIL EN PLUSIEURS COUSTUMES.

DIVISÉ

EN ONZE CHAPITRES.

PREFACE

LA Garde-Noble & Bourgeoife tire fon origine de nos Couftumes, qui attribuënt ce droit au furvivant des pere & mere, fur les biens de leurs enfans mineurs. Les Couftumes ont entr'elles quelque difference, touchant la durée de la Garde. Ce droit de garde eft auffi attribué aux ayeul & ayeule en certains cas. Les Couftumes ne font pas uniformes touchant les profits & émolumens de la garde ; elles contiennent differentes difpofitions. La garde participe quelque chofe de la tutelle, & auffi quelque chofe de la puiffance paternelle des Romains ; neanmoins on peut dire que ce font chofes differentes. Ce n'eft pas fans raifon que notre Droit Couftumier attribuë ce droit aux pere & mere, ayeul & ayeule; c'eft pour les exciter honnétement à prendre foin de l'éducation de leurs enfans; ils ne font pas ordinairement capables d'abufer de ce droit; ils font portez naturellement à vouloir du bien à leurs enfans, il n'y a point d'amitié femblable à celle des pere & mere, ayeul & ayeule, ni d'affection plus forte. Le profit qu'ils ont eu de la garde fe retrouve dans leur fucceffion & retourne aux enfans. Cette matiere n'eft pas des moins importantes de notre Droit François, elle n'a point encore été expliquée ni digerée dans toute fon étendue : Elle contient plufieurs queftions difficiles ; il y a fouvent des conteftations. C'eft ce qui a fait qu'on a entrepris de compofer ce Traité, qui pourra être de quelque fecours à ceux qui n'en ont pas fait une étude exacte, ou qui l'ayant faite, n'en ont pas confervé la memoire.

ã ij

Il est divisé en onze Chapitres. Au premier Chapitre il
est parlé de la Garde en general & de l'origine de ce droit ;
comment il s'est introduit. Il y est parlé aussi des differentes dispositions des Coustumes touchant la Garde. Le second Chapitre explique à quelles personnes la Garde-
Noble & Bourgeoise est deferée en la Coustume de Paris,
& en quel cas la Garde-Noble est deferée aux ayeul &
ayeule : il y en a differentes dispositions dans les Coustumes. Au troisiéme Chapitre il est parlé de l'acceptation de
la Garde-Noble & Bourgeoise ; s'il suffit de faire l'acceptation au Greffe, ou s'il faut faire l'acceptation devant le
Juge ; s'il la faut faire devant un Juge Royal, ou si elle se
peut faire devant un Juge de Seigneurie, & dans quel
temps l'acceptation peut être faite ; & si le Gardien, après
avoir accepté la Garde, y peut renoncer, pour se décharger des dettes, dont il est tenu en qualité de Gardien. Au
Chapitre quatriéme on examine si le Gardien-Noble est
tenu faire Inventaire, & si faute de l'avoir fait, il doit être
privé de la Garde ; comme aussi si le Gardien Bourgeois
doit être privé de la Garde, faute d'avoir fait faire Inventaire & donné caution. Le cinquiéme Chapitre explique la
fonction de Gardien ; comme elle est differente de la fonction de Tuteur dans la Coûtume de Paris, & que celui qui
a accepté la Garde ne fait pas la fonction de Tuteur, s'il n'a
été élû Tuteur par les parens : mais qu'il y a des Coûtumes
qui attribuent la fonction de Tuteur au Gardien. Au sixiéme Chapitre on explique les droits & émolumens du Gardien-Noble & Bourgeois; sur quels biens le droit de Garde
s'étend ; si le Gardien a droit de Garde sur tous les immeubles des mineurs, ou seulement sur ceux qui sont
échûs aux mineurs, par le decès du pere ou de la mere, qui
a donné ouverture à la Garde : Si le Gardien fait les fruits

fiens , non feulement des heritages fituez en la Prevôté &
Vicomté de Paris ; mais auffi de ceux fituez hors la Prevôté & Vicomté de Paris ; & on explique ce qui eft compris
fous le mot Fruits. Au feptiéme Chapitre il eft parlé des
dettes & charges dont le Gardien eft tenu acquitter les enfans mineurs ; fi ce qui eft dû au furvivant des pere & mere pour deniers ftipulez propres , remplois , recompenfes,
& pour conftructions & augmentations faites fur les heritages du prédecedé des pere & mere, eft compris au nombre des dettes , dont le Gardien eft tenu acquitter les enfans mineurs, dont il a accepté la Garde ; s'il y a pour cela
quelque difference à faire entre les Coûtumes qui attribuent au Gardien les meubles en-proprieté , & celles qui
leur en donnent feulement l'adminiftration: fi le Gardien
eft tenu des frais des Procès , qui concernent la proprieté
des immeubles des mineurs , dont le Gardien n'a pas joüi :
fi le Gardien eft tenu à la fin de la Garde de rendre les heritages des mineurs en bon état ; fi le Gardien qui eft mauvais Adminiftrateur, peut être privé de la Garde. Dans le
huitiéme Chapitre on parle du Gardien , comme il ne doit
point de Relief au Seigneur de Fief , en la Couftume de
Paris , pour les heritages féodaux des mineurs dont il fait
les fruits fiens; mais qu'il eft tenu en acquitter les mineurs,
s'ils doivent Relief de leur chef. Il y a d'autres Coûtumes
qui difpofent autrement. Au neuviéme Chapitre il eft parlé du Gardien , s'il eft tenu faire la foy & hommage pour
les heritages féodaux des mineurs , dont il fait les fruits
fiens ; les Coûtumes ne font pas fur cela uniformes : comme auffi fi le Gardien eft tenu bailler les aveus & dénombremens aux Seigneurs, dont les heritages des mineurs
font mouvans. Pareillement s'il peut recevoir la foy &
hommage des Vaffaux des mineurs, & recevoir leurs aveus

ã iij

& dénombremens. Le Chapitre dixiéme explique de quelle durée eſt la Garde-Noble & Bourgeoiſe, & quand la
Garde-Noble & Bourgeoiſe finiſſent : les differences des
Coûtumes ; ſur quoi ſe ſont fondées celles qui veulent que
la Garde finiſſe plûtôt à l'égard des filles qu'à l'égard des
mâles ; s'il faut ſuivre les differentes diſpoſitions des Coûtumes lorſque les heritages ſont ſituez en differentes Coûtumes. Dans l'onziéme Chapitre on explique le droit de
Déport de minoriré, qui eſt dû au Seigneur de Fief dans
les Coûtumes du Maine & d'Anjou, lequel droit de Déport a quelque connexité avec le droit de Bail & Garde-
Noble. On explique en quel cas ce droit de Déport de minorité eſt dû. Il y a quelques Arreſts intervenus touchant
le droit de Déport de minorité : Si ces Arreſts doivent être
ſuivis, & ſur quel prétexte aucuns ont voulu étendre ce
droit de Déport de minorité dans les Coûtumes du Maine
& d'Anjou. On rapporte à la fin de ce dernier Chapitre une
Declaration du Roy S. Loüis du 12. May 1246. touchant
les Us & Coûtumes des Bails & Rachapts, ès Provinces
du Maine & d'Anjou.

TABLE
DES CHAPITRES

Contenus au Traité du Droit de Garde-Noble & Bourgeoise.

CHAPITRE I. *DU Droit de Garde en general, & de l'origine de ce droit,* Pag. 1

CHAP. II. *A quelles personnes la Garde-Noble & Bourgeoise est deferée; & plusieurs questions sur cette matiere,* 16

CHAP. III. *De l'acceptation de la Garde-Noble & Bourgeoise, & plusieurs questions sur cette matiere,* 46

CHAP. IV. *Si le Gardien Noble peut être privé du droit de Garde, faute d'avoir fait faire Inventaire; comme aussi si le Gardien Bourgeois doit être privé du droit de Garde-Bourgeoise, faute d'avoir fait faire Inventaire & donné caution,* 56

CHAP. V. *Par la Coûtume de Paris celui qui a accepté la Garde ne fait pas fonction de Tuteur s'il n'a été élû Tuteur. Il y a d'autres Coûtumes qui disposent au contraire,* 69

CHAP. VI. *Quels sont les droits & émolumens du Gardien-Noble & du Gardien-Bourgeois, & sur quels biens le droit de Garde-Noble & Garde-Bourgeoise s'etend, & plusieurs questions sur cette matiere,* 68

CHAP. VII. *De quelles charges & dettes le Gardien est tenu acquitter les enfans, & plusieurs questions sur cette matiere,* 121

CHAP. VIII. *Le Gardien ne doit point de relief en la Coûtume de Paris, au Seigneur de Fief, pour les heritages feodaux des mineurs, dont il fait les fruits siens; mais il est tenu en acquitter ses* mineurs, s'ils doivent relief de leur chef; il y a d'auters Couſtumes qui diſpoſent autrement, 194

CHAP. IX. Si le Gardien eſt tenu faire la foy & hommage pour les heritages feodaux appartenans aux mineurs, dont il fait les fruits ſiens, & bailler aveu & dénombrement aux Seigneurs dont les heritages feodaux des mineurs ſont mouvans ; comme auſſi ſi le Gardien peut recevoir la foy & hommage des Vaſſaux des mineurs & recevoir leurs aveus & dénombremens, 201

CHAP. X. De quelle durée eſt la Garde-Noble & Bourgeoiſe, & quand la Garde-Noble & Bourgeoiſe finiſſent, 207

CHAP. XI. Explication du Droit de Deport de Minorité, dont il eſt fait mention dans les Couſtumes du Maine & d'Anjou; lequel Droit a quelque connexité avec le Droit de Bail & de Garde-Noble, 213

Fin de la Table des Chapitres.

TRAITÉ

TRAITÉ

DU

DROIT DE GARDE-NOBLE

ET BOURGEOISE,

QU'ON APPELLE

BAIL EN PLUSIEURS COUSTUMES.

CHAPITRE PREMIER.

Du Droit de Garde en general, & de l'origine de ce Droit.

SOMMAIRE.

1. *La Garde des enfans dont parlent nos Couſtumes, participe quelque choſe de la tutelle & quelque choſe de la puiſſance paternelle.*

2. *La puiſſance paternelle, qui étoit grande dans les premiers tems de la Domination Romaine, fut dans la ſuite des tems, moderée, & particulierement par Juſtinien.*

3. *Ceſar, dans ſes Commentaires, parle de la puiſſance qu'avoient les peres ſur leurs enfans.*

A

4. *La garde des enfans dont parlent nos Couſtumes, eſt differente en beaucoup de choſes, de la puiſſance paternelle des Romains.*

5. *La Garde eſt une eſpece de tutelle qui vient des mœurs & Couſtumes des Gaulois.*

6. *Me Charles du Moulin dit que la Garde qui eſt déferée aux pere & mere, ayeul & ayeule, eſt favorable, mais que celle qui eſt déferée aux collateraux eſt inique.*

7. 8. 9. *La Garde eſt appellée en pluſieurs Couſtumes Bail.*

10. *Il y a des Couſtumes qui font difference entre Bail & Garde.*

11. *Il y a des Couſtumes qui diſent, Garde, adminiſtration & gouvernement.*

12. *Il y a des Couſtumes qui ne parlent ni de Garde ni de Bail.*

13. *Il y a des Couſtumes qui n'admettent la Garde que pour les Nobles.*

14. *Il y a des Couſtumes qui non-ſeulement n'admettent la Garde que pour les Nobles, mais qui la reſtraignent aux heritages & revenus feodaux.*

15. *Il y a des Couſtumes qui admettent la Garde-Noble & Bourgeoiſe.*

16. *Il y a des Couſtumes qui admettent la Garde - Noble & Bourgeoiſe, mais qui reſtraignent l'une & l'autre aux Fiefs.*

17. *Il y a dans la Couſtume de Normandie Garde-Royale & Seigneuriale.*

18. *Il y avoit autrefois Garde-Royale & Seigneuriale en Bretagne, mais ce droit fut changé en rachapt.*

19. *Il y a des Couſtumes où Garde ni Bail n'eſt admiſe.*

20. *Comment le droit de Garde a commencé & s'eſt introduit.*

21. *Si les Us & Couſtumes des Fiefs viennent des Lombards.*

22. *Si les Lombards ſont les premiers Auteurs des Us & Coûtumes des Fiefs, ou non.*

23. *Du temps de Jules Ceſar il y avoit dans les Gaules des hommes de foy, qu'on appelloit Solduriers, qui étoient tellement dévoüez au ſervice du Seigneur auquel ils avoient juré la foy, que s'il étoit tué au combat ils vouloient mourir avec lui.*

24. 25. 26. 27. *Les Fiefs des Lombards dans leur premiere origine, n'étoient que ſimples commiſſions revocables; dans la ſuite les Fiefs ont eu peu à peu leur progrès & ſont devenus hereditaires.*

28. *Il n'y avoit originairement que les mâles qui fuſſent admis à la ſucceſſion des Fiefs; dans la ſuite on a admis les filles à la ſucceſſion des Fiefs, à défaut de mâles.*

29. *Les Fiefs du Royaume de France n'étoient auſſi dans leur origine que ſimples commiſſions; ils ont eu auſſi dans la ſuite leur*

progrés & font devenus here-
ditaires.

30. *Ce font les Fiefs qui ont fait*
introduire la Garde.

31. *La Garde Royale & Seigneu-*
riale, qui fe pratique en Nor-
mandie, a été introduite pour
les Fiefs.

32. *Le droit de Garde & Bail qui*

eft déferé aux pere & mere, &
autres parens, dont les Couftu-
mes contiennent differentes dif-
pofitions, procede auffi de la
commiffion des Fiefs.

33. *Il y a encore quelques Couftu-*
mes où le Droit de Garde n'a
lieu que pour les heritages en
Fief.

E Droit de Garde que nos Couftumes ont attribué au parens fur les enfans mineurs, eft une efpece d'aminiftration & gouvernement : elle participe quelque chofe de la tutelle, en ce que le gardien a le gouvernement des perfonnes des mineurs & l'adminiftration des biens qui tombent en garde; ce qui a fait dire que la Garde eft *quafi tutela, aut tutela confuetudinaria.* Neanmoins il y a des Couftumes qui veulent qu'il foit nommé des Tuteurs & Curateurs aux mineurs pendant la garde, pour déduire les actions réelles & perfonnelles des mineurs, autres que pour les fruits & revenus écheus pendant la garde. La garde participe auffi quelque chofe de la puiffance paternelle des Romains, de la maniere qu'elle a été pratiquée dans les derniers temps. Car pour les premiers temps de la domination Romaine, la puiffance paternelle étoit abfoluë. *Dionyfius Halicarnaffeus, lib. antiquit. Roman.* obferve que Romulus, qui a été le premier Legiflateur des Romains, donna tout pouvoir aux peres fur leurs enfans : *Romanorum autem Legiflator, id eft Romulus, om-nem, ut ita dicam, poteftatem dedit patri in filium, idque toto vitæ tempore five in carcerem eum mittere, five flagris cædere, five vinctum ablegare ad ruftica opera, five necare liceat, etiamfi filius tractet Rempublicam, etiamfi Magiftratus gerat maximos, etiamfi liberalitatis laudem fit emeritus.* Ou voit par la Jurifprudence du Digefte que l'enfant de famille ne pouvoit rien poffeder dont il fe pût dire proprietaire; ce qu'il acqueroit appartenoit au pere, fuivant la Loy *Placet D. de acquirenda vel omittenda hæreditate* ; dont voici les termes : *Placet quoties acquiritur per aliquem hæreditas vel quid aliud, ei cujus eft in poteftate, neque momento aliquo fubfiftere in perfona ejus per quem acquiritur.*

2. Dans la suite des temps la puiſſance paternelle des Romains fut moderée, particulierement par l'Empereur Juſtinien en la Loy *Cùm oportet. Cod. de bonis quæ liberis.* Par cette Loy le pere qui a ſon fils en ſa puiſſance, n'avoit plus qu'un droit d'uſufruit ſur le bien de ſon fils, auquel la proprieté demeuroit & étoit conſervée. *Cùm oportet ſimilem providentiam tam patribus quàm liberis diferri, invenimus autem in veteris juris obſervatione multas eſſe res quæ extrinſecus ad filios familias veniunt, & minimè patribus adquiruntur certam introducimus definitionem. Si quis itaque filius familias, vel patris, vel avi, vel proavi in poteſtate conſtitutus, aliquid ſibi adquiſiverit, non ex ejus ſubſtantia in cujus poteſtate, ſed ab aliis quibuſcunque cauſis, quæ ex liberalitate perſonæ vel laboribus ſuis ad eum perveniant, ea ſuis parentibus non in plenum ſicut antea fuerat ſancitum, ſed ſolùm uſque ad uſumfruEtum ſolum acquirat & eorum uſufruEtus quidem apud patrem vel avum vel proavum quorum in ſacris ſit conſtitutus permaneat, dominium autem filiis familias inhæreat ad exemplum tam maternarum quàm ex nuptialitus cauſis filiis familiæ adquiſitarum rerum, &c. In adventitiis remanebat intaEta filio proprietas, in caſtrenſibus aut quaſi caſtrenſibus utroque jure receptum nec patri uſumfruEtum nec proprietatem adquiri, quia in illis pro patre familias filius habetur.*

3. Ceſar dans ſes Commentaires *de bello Gallico lib.* 6. parlant des mœurs des Gaulois du temps qu'il étoit dans les Gaules, dit quelque choſe de la puiſſance & de l'authorité que les peres y avoient ſur leurs enfans. Il dit que les maris étoient en communauté de biens avec leurs femmes & qu'ils étoient obligez d'y mettre autant que cē qu'ils avoient reçû en dot de leurs femmes, & que le tout appartenoit au ſurvivant d'eux, & que les maris avoient droit de vie & de mort ſur leurs femmes auſſi bien que ſur leurs enfans : *Quantas pecunias ab uxoribus dotis nomine acceperunt, tantas ex ſuis bonis æſtimatione faEta cum dotibus communicant, hujus omnis pecuniæ conjunEtum ratio habetur, fruEtuſque ſervantur : uter eorum vita ſuperarit, ad eum pars utriuſque cum fructibus ſuperiorum temporum pervenit : viri in uxores ſicut in liberos vitæ neciſque habent poteſtatem.*

4. La garde des enfans dont parlent nos Couſtumes, a quelque choſe, comme il a été dit, de la puiſſance paternelle des Romains, mais elle a auſſi ſa difference : la Garde eſt differente, premierement en ce que la puiſſance paternelle des Romains n'appartient qu'aux peres & ayeuls ; & pour ce qui eſt de la Garde

elle est déferée aux peres & meres, aux ayeuls ou ayeules, & même
en quelques Couftumes aux parens collateraux. En fecond lieu
la puiffance paternelle des Romains attribuë aux peres & ayeuls,
qui ont leurs enfans ou petits enfans en leur puiffance, l'ufufruit
des biens adventifs de leurs enfans, tant qu'ils font en leur puiffance, & l'ufufruit ne finit que par leur émancipation, laquelle dépend des peres & ayeuls; mais le gouvernement, adminiftration
& droit d'ufufruit que la garde attribuë au Gardien, a fon effet
plus limité, outre qu'elle a des charges, comme il fera monftré en
fon lieu. La Garde eft differente auffi en quelque chofe de la tutelle ; car le tuteur n'eft que fimple adminiftrateur des biens des
enfans mineurs, & doit rendre compte de tout.

5. Pontanus, en fon Commentaire fur la Couftume de Blois
titre 2. art. 4. qui porte qu'au furvivant des pere & mere appartient, *ipfo facto*, la garde & adminiftration des perfonnes & biens
des mineurs, dit que la Garde eft une nouvelle efpece de tutelle
qui vient des mœurs & Couftumes des Gaulois. *Gardia eft legiti-
mæ adminiftrationis, quæ nec legitima nec dativa nominanda eft, verum anomala, irregularis & velut extraordinaria, utpote à confuetudine & moribus Gallorum introducta.* Et M. Charles du Moulin en
fa Note, fur le même article 4. de la Couftume de Blois, expliquant la Garde, dit : *Hoc eft cuftodia quafi tutela ; unde horum bona tacite hipothecantur quia funt protutores. Unde idem quod de tu-
telis juris communis, nifi quatenus diverfum.*

6. Ce même Autheur en fon Commentaire fur le §. 32. de l'ancienne Couftume de Paris, obferve que la Garde qui eft déferée
aux pere & mere, ayeul & ayeule, & qui leur attribuë la jouiffance
des biens de leurs enfans mineurs, eft très-favorable & fondée en
grande raifon ; parce que, dit-il, les pere & mere, ayeul & ayeule
ne font pas ordinairement capables d'abufer de ce droit, ils
font portez naturellement à vouloir du bien à leurs enfans, il n'y a
point d'amitié ni d'affection plus forte que celle qu'ont les pere &
mere pour leurs enfans ; s'ils profitent de ce droit de Garde, le
profit fera pour leurs enfans qui le trouveront dans leurs fucceffions : mais il dit enfuite que ce droit de Garde, que quelques
Couftumes ont voulu attribuer aux parens collateraux eft dur &
inique & doit être aboli. Voici les termes de cet Autheur : *Hujufmodi cuftodia feu poteftas parentum adminiftrandi cum lucro fructuum, fatis eft rationabilis & accedens difpofitioni juris, in lege cum
oportet Cod. ut bonis quæ liberis. Nec eft præfumendum parentes aliud*

consilium quàm liberis optimum assumere , & propter naturalem erga filios charitatem , quibus ex voto omnia parant, nec potest filius meliorem invenire amicum quàm patrem : non confidas filio qui plus de amico quàm de patre confidit ; nullus enim affectus paternum vincit, nisi forte novercalibus delinimentis instigationibufque corrumpatur , cui malo nostra consuetudo opponens antidotum statuit custodiam expirare per transitum ad secunda vota. Sed quod hujufmodi custodia & ballia habeat locum in linea collaterali , valde durum & iniquum , & ut de se apparet & crebrior experientia demonstrat , nihil aliud est quàm deprædatio pupillorum & orphanorum , quos lex divina & naturalis, & omnis lex humana rectè posita jubet ab omni injuria & jactura protegi & defendi.

7. La Garde des enfans mineurs est aussi appellée bail en plusieurs Coûtumes. Bail est un terme de l'ancien langage Gaulois, qui signifie garde, gouvernement, administration , protection. Nous avons encore plusieurs Coûtumes qui appellent le mari Bail de sa femme, parce qu'il a puissance & authorité sur la personne de sa femme , & qu'il a droit de joüir des fruits & revenus de ses biens pendant le mariage. La Coûtume d'Artois, article 134. dit: *L'homme a , comme mari & bail de sa femme , l'administration & gouvernement des biens & heritages de sa femme , & en peut licitement & sans le confentement d'elle , en tant que touche les meubles , user à sa volonté , sans qu'aprés le décés de son mari elle puisse impugner sa disposition ou alienation ; neanmoins le mari ne peut disposer des heritages de sa femme sans l'exprés confentement d'elle , ni aussi disposer de ses meubles par testament & derniere volonté , au préjudice de la part & portion de la femme.* Les Coûtumes de Clermont, article 90. d'Amiens, article 9. & de Ponthieu, article 28. qualifient encore le mari, Bail de sa femme. De-là vient aussi le mot de Baillif. On donne ce nom en plusieurs Provinces à celui qui est chef de la Justice. Baillif veut dire Gardien, Gouverneur, Protecteur de la Justice, & les Sentences sont intitulées du nom de celui qui a cette qualité.

8. Comme les Provinces de France ont été dans leur origine pour la plûpart indépendantes les unes des autres , & qu'elles ont eu domination differente & gouvernement féparé , elles ont aussi des dispositions differentes ; & cette difference se remarque encore plus en la matiere du Droit de Garde, qu'en toute autre matiere. Il y a des Coûtumes qui disent *Bail*, & non pas *Garde*. Par exemple, la Coûtume de Paris au titre 12. dit *Garde-Noble & Bour-*

geoise, & ne dit pas *Bail*. Il y a d'autres Couſtumes qui diſent
Bail, & ne diſent pas *Garde*. Par exemple la Couſtume du Maine
3e Partie, traite de la matiere des *Bails*, & ne dit pas *Garde*.

9. Il y a des Couſtumes qui diſent l'un & l'autre, comme ſyno-
nymes. Elles diſent *Garde* ou *Bail* indiſtinctement. Par exemple
la Couſtume de Peronne dit en l'article 220. *Quand l'une des
perſonnes Nobles conjoints par mariage décede, délaißant dudit mariage enfans en bas âge, il eſt loiſible au ſurvivant, encore qu'il ſoit
mineur de vingt-cinq ans, prendre le Bail ou Garde-Noble de ſes
enfans, &c.*

10. Il y des Couſtumes qui font difference entre *Garde* &
Bail. Par exemple, la Couſtume d'Orleans en l'article 26. dit :
Gardiens ſont pere & mere, ayeul ou ayeule ou autres aſcendans ; &
l'art. 27. dit : *Bailliſtres ſont la mere ou ayeule qui ſe ſont remariées,
& les parens en ligne collaterale, comme freres, ſœurs, oncles, &c.*
La Couſtumes de Melun en l'art. 285. dit : *La Garde-Noble d'enfans nobles étant ſous âge, appartient aux pere & mere, ayeuls ou
ayeule, ou autres aſcendans nobles, & le bail appartient aux freres
& ſœurs, oncles, neveux, couſins & autres parens en ligne collaterale,
&c.* De même la Couſtume de Mante art. 179. dit : *La Garde
appartieut aux pere, mere, ayeul, ayeule ou autres aſcendans, & le
Bail eſt deferé aux collateraux, comme aux freres & neveux, oncles
& couſins des mineurs.* La Couſtume de Rheims, article 328. dit :
*Bail d'enfant n'a lieu, & quant à la tutelle & curatelle elle ſe de-
cerne par Juge competent;* & l'article 330. dit : *Par ladite Couſtume y
a Garde-Noble & Garde Bourgeoiſe, & appartient tant ladite Garde-
Noble que Bourgeoiſe aux pere & mere, ſi l'un d'eux eſt vivant, ſinon
à l'ayeul ou l'ayeule.*

11. Il y a des Couſtumes qui diſent Garde, Adminiſtration &
Gouvernement. Par exemple, la Couſtume de Blois, titre ſecond
des Gardiens & Bailliſtres, art. 4. dit : *Quand pere ou mere, ſoient
Nobles ou Roturiers vont de vie à trépas, délaißant enfans mineurs
de leur mariage, au ſurvivaut appartient, ipſo facto, ſans autre confirmation, la Garde, Gouvernement & Adminiſtration de leurs enfans,
& ſi les enfans demeurent orphelins de pere & de mere, ladite Garde,
Gouvernement & Adminiſtration aux ayeul & ayeule des mineurs,
toutefois les mâles ſont preferez aux femelles, & les paternels aux
maternels.*

12. Il y a des Couſtumes qui ne parlent ni de Garde ni de
Bail, mais ſeulement d'Adminiſtration & de Puiſſance pater-

nelle. Par exemple , la Couſtume de Bourbonnois, article 174. dit : *Le pere eſt adminiſtrateur legitime des biens maternels & adventifs des enfans en ſa puiſſance & fait les fruits ſiens , ſi bon lui ſemble , juſques à l'âge de quatorze ans quant aux filles, & dix-huit ans , quant aux mâles; & ſera tenu le pere, en prenant l'Adminiſtration , payer les dettes que doivent les enfans , acquitter les charges que doivent les heritages , & à la fin de l'Adminiſtration rendre les heritages en bon état , & tenu faire inventaire de leurs biens & les rendre à ſes enfans l'uſufruit fini ; & ſi le pere ſe remarie , ou que les enfans meurent avant que l'uſufruit & l'adminiſtration ſoit finie.* La Couſtume de Poitou , titre de la Puiſſance paternelle & émancipation des enfans , article 310. dit : *Les enfans ſont en la puiſſance du pere noble ou roturier.*

13. Il y a des Couſtumes qui admettent ſeulement la Garde pour les Nobles & non pas pour les Roturiers & non Nobles. Par exemple la Couſtume de Mante , en l'article 178. dit : *Les enfans mineurs nés de pere & de mere roturiers n'ont aucun Gardien ni Bailliſtre , ains ont des tuteurs leſquels ſont tenus de rendre compte aux mineurs, ſelon la diſpoſition de Droit.* La Couſtume d'Anjou , article 88. dit : *N'eſchet aucun bail entre gens roturiers.*

14. Il y a des Couſtumes qui non-ſeulement n'admettent la Garde que pour les Nobles, mais qui la reſtraignent encore aux heritages, rentes & revenus féodaux. Par exemple , la Couſtume de Vermandois, article 26. dit : *Il eſt loiſible aux pere & mere nobles & non autres, de prendre la Garde Noble ou bail de leurs enfans, aprés le decés de l'un d'eux , & où ils voudroient choiſir le bail, ſont les meubles des mineurs leurs , avec les fruits de tous les heritages , rentes & revenus feodaux.*

15. Il y a des Couſtumes qui admettent la Garde-Noble & Bourgeoiſe. Par exemple , la Couſtume de Paris, art. 267. dit : *Le Gardien Noble , demeurant hors la Ville de Paris ou dedans la Ville & Fauxbourgs , & pareillement le Gardien Bourgeois a l'Adminiſtration des meubles , & fait les fruits ſiens, durant ladite Garde de tous les immeubles, tant heritages que rentes , appartenans aux mineurs , aſſis en la Ville de Paris , ou dehors, &c.*

16. Il y a des Couſtumes qui admettent la Garde-Noble & Bourgeoiſe, mais qui reſtraignent le droit de l'une & l'autre Garde aux fiefs ſeulement. Par exemple, la Couſtume du Bailliage & Comté de Clermont , article 170 dit : *Il eſt loiſible aux pere ou mere noble ſurvivant, accepter la Garde-Noble de leurs enfans mineurs &*

ſont

font tels Gardiens les meubles leurs , enfemble les fruits des Fiefs , rentes & revenus feodaux Nobles appartenant aux mineurs; & l'article 176. dit : *Il ne chet point de Garde à enfans Nobles , finon qu'ils ayent Fiefs Nobles & pour autant que valent lefdits Fiefs Nobles ; auquel cas le pere & mere furvivant , pourront prendre la Garde defdits mineurs pour le regard defdits Fiefs tant feulement.*

17. Il y a une autre efpece de Garde-Noble dans la Couftume de Normandie qui eft differente de la Garde-Noble des autres Couftumes, qui eft appellée Garde-Noble Royale, & Garde-Noble Seigneuriale. La Couftume de Normandie , chap. de Garde , article 213. dit : *Les enfans mineurs d'ans aprés la mort de leur pere , mere , ou autre leur prédeceffeur , tombent en la Garde du Seigneur, duquel eft tenu par foy & hommage le Fief Noble à eux écheu , &c.* L'article 214 dit : *Il y a Garde-Noble Royale & Garde-Noble Seigneuriale.* L'article 215. dit : *La Garde Royale eft quand elle écheoit pour raifon de Fief-Noble tenu nuëment & immediatement du Roy , & a le Roy par privilege fpecial , que non feulement il fait les fruits fiens des Fiefs-nobles immediatement tenus de lui, pour raifon defquels on tombe en fa Garde ; mais auffi il a la Garde & fait les fruits fiens de tous les autres Fiefs-Nobles , rotures , rentes & revenus , tenus d'autres Seigneurs que lui, mediatement ou immediatement, &c.* L'article 216. dit : *Le Seigneur feodal a feulement la Garde des Fiefs Nobles , qui font tenus de lui immediatement , & non des autres Fiefs & biens appartenans aux mineurs tenus d'autres Seigneurs , foit en Fief ou roture.*

18. Mre Bertrand Dargentré , grand Sénéchal & Lieutenant Genéral de Rennes, en fon Hiftoire de Bretagne, livre 4. ch. 178. obferve que la Garde-Noble Royale & Seigneuriale a eu lieu auffi en Bretagne ; mais que ce droit fut changé en rachapt, par accord & Traité fait entre Jean Duc de Bretagne, fils de Pierre Mauclet & les Nobles du Duché de Bretagne, comme il fe voit par les Lettres données à Nantes le Samedi avant la Saint Hilaire l'an 1275. La Couftume de Bretagne parle de ce Droit de rachapt en l'article 67.

19. Il y a des Couftumes où Garde n'eft admife ni Bail. Par exemple, la Couftume de Châlons en l'article 9. dit : *Garde-Noble & Bourgeoife n'ont lieu , ne Bail pareillement , mais doit être pourvû aux mineurs des tuteurs , ou curateurs.*

20. Plufieurs tiennent que le Droit de Garde tire fa premiere origine des Fiefs ; & pour faire connoître comment ce Droit de

Garde a commencé; il eſt neceſſaire d'expliquer comment les Fiefs ont été concedez dans leur origine ; le progrés qu'ils ont eu & comment ils ſont arrivez au point où ils ſont à preſent. Nous avons le Traité des Fiefs qui a été mis à la fin du Code. Il eſt iutitulé : *Conſuetudines feudorum.* Ce Traité des Fiefs eſt un Recuëil de ce qui s'eſt pratiqué dans l'Empire d'Occident , & particulierement en Lombardie , touchant cette nature de biens. Ce Traité eſt compoſé de cinq Livres ; le premier eſt de Gerardus Niger, qui étoit Conſul de la Ville de Milan ; il a expliqué le Droit des Fiefs , leur origine & ce qui s'eſt pratiqué de ſon temps pendant ſon Conſulat & auparavant. Le ſecond & troiſiéme Livre de ce Traité eſt d'Obertus de Horto, lequel a auſſi parlé de ce qui s'étoit pratiqué de ſon temps & auparavant , touchant cette nature de biens. Il étoit contemporain de Gerardus Niger & Conſul de la même Ville de Milan. Le quatriéme Livre eſt de differens Autheurs dont le nom n'eſt pas déclaré , leſquels ont parlé auſſi des Fiefs ſuivant ce qu'ils ont vû pratiquer en leur temps. Le cinquiéme Livre de ce Traité contient quelques Conſtitutions d'Empereurs d'Occidens , touchans cette nature de biens.

21. Pluſieurs tiennent que ces Us & Couſtumes des Fiefs viennent des Lombards, peuples qui habitoient le pays de Saxe & contrées voiſines. Pluſieurs d'entr'eux s'étant attroupez quitterent leur pays & allerent dans le ſixiéme ſiecle, ſous la conduite d'Alboin leur Chef, faire irruption en Italie & s'emparerent d'une grande partie, où ils furent appellez Lombards à cauſe de leurs longues barbes, ce qui a donné le nom de Lombardie à la partie d'Italie , dont ils s'emparerent ; & que leur Chef, après la conquête de ce pays diſtribua de ſes terres conquiſes à ſes Officiers & Capitaines qui l'avoient ſuivi & en fit des Fiefs, c'eſt-à-dire, que ceux à qui ces terres étoient diſtribuées & délaiſſées s'obligeoient avec ſerment de ſervir en Guerre & à d'autres devoirs ; ce qui eſt proprement la foy & hommage qui ſe fait par les Vaſſaux aux Seigneurs : & ſubordinément les Officiers & Capitaines diſtribuerent partie de qui leur avoit été donné à leurs Inferieurs & Sous-vaſſaux ; ce qui a fait pluſieurs dégrez de Fiefs & des arriere-Fiefs. Les Lombards ont maintenu leur domination en Italie juſques en 774. que Didier leur dernier Roy fut défait par Charlemagne Roy de France qui ſe rendit maître de l'Italie & fut depuis Empereur.

22. D'autres tiennent au contraire que les Lombards n'ont pas été les premiers Auteurs des Us & Couſtumes des Fiefs ; que les

Fiefs étoient en ufage dans l'ancienne Germanie, dans les Gaules & quelques autres lieux d'Occident, avant la venuë des Lombards en Italie ; mais que les Lombards avoient feulement introduit en Italie, ce qu'ils avoient vû pratiquer en leur pays qu'ils avoient quitté : cette derniere opinion eft la plus vrai-femblable. Ce qui peut avoir donné lieu de dire que les Lombards avoient été les premiers Autheurs des Fiefs, eft que Gerardus Niger & Obertus de Horto, ont été les premiers qui ont redigé par écrit ces Us & Couftumes : comme ils ont été Confuls de la Ville de Milan, Ville de Lombardie, & qu'ils ont redigé par écrit ces Us & Coûtumes, on s'eft imaginé que ces Ufages & Couftumes avoient pris naiffance en Lombardie, & on les appelle vulgairement le Droit des Lombards. Mais, comme il a été dit, les Fiefs étoient en quelque façon, en ufage dans l'ancienne Germanie & dans les Gaules, avant l'irruption des Lombards en Italie.

23. En effet il femble que Cefar dans fon Commentaire de la Guerre des Gaules, a dit quelque chofe qui fait connoître que de fon temps il y avoit dans les Gaules des Fiefs, des Seigneurs & des Vaffaux ; car au livre 3ᵉ, dans l'endroit où il eft parlé d'une ville de Gafcogne qu'il affiegeoit, il fait mention d'un Seigneur du païs, qui fit une fortie de la Ville fur fes Troupes qui l'affiégeoient, avec fix cens hommes, qui étoient fes hommes de foi, qu'on appelloit en Gaule *Soldariers*, qui étoient tellement dévoüez & attachez au fervice du Seigneur, auquel ils avoient promis & juré la foy, que fi le Seigneur étoit tué dans le combat, ils vouloient tous mourir avec lui, ou fe tuoient après fa défaite. Voici fes termes : *Adcantuarius qui fummam Imperii tenebat, cum fexcentum devotis quos illi Soldurios vocant, quorum hæc eft conditio, ut omnibus in via commodis unà cum his fruantur, quorum fe amicitiæ dederint, fi quid iis per vim accidat, aut eundem cafum unà ferant, aut fibi mortem confcifcant; neque adhuc hominum memoria repertus eft quifquam, qui eo interfecto cujus fe amicitiæ devovißet, mori recufaret.* Le mot *devoti*, veut dire hommes de foy, Vaffaux, qui fe font dévoüez au fervice, qui ont promis & juré la foy à leur Seigneur. Quoi qu'il en foit, on ne peut dire autre chofe des Fiefs & de leur origine, finon que c'étoient des Benefices militaires : *Beneficia militaria;* qui étoient donnez pour fervices rendus & à rendre en guerre par les poffeffeurs. Il ne faut pas s'étonner fi les Us & Couftumes touchant les Fiefs ne font pas uniformes, parce que les Seigneurs qui ont fait les Conceffions, ont pû impofer à leur liberalité telles conditions que

bon leur a semblé, outre que par la suite des temps il se fait souvent des changemens. En effet, comme le Droit des Fiefs s'est établi par usage & Coustume, ce qui s'est pratiqué en un temps a pû changer par un non-usage ou par un usage contraire.

24. Gerardus Niger qui est, comme il a été dit, l'Autheur du premier Livre du Traité des Fiefs, observe au titre premier §. *Et quia*, que les Fiefs n'étoient dans l'ancien temps que simples commissions revocables ; que ceux ausquels les Fiefs étoient concedez pouvoient être dépossedez toutesfois & quantes qu'il plaisoit au Superieur ou Seigneur qui avoit fait la concession ; que dans la suite des temps on voulut que les possesseurs des Fiefs ne pussent être dépossedez sans cause ; cela donna lieu de faire la concession ou pendant la vie du feudataire ou pendant un certain temps seulement : si le Fief avoit été concedé au feudataire pendant sa vie, il ne pouvoit être dépossedé de son vivant sans cause ; s'il avoit été concedé pour un certain temps, le possesseur ne pouvoit être dépossedé jusques à ce que le temps de la concession fût expiré.

25. On passa depuis plus avant en faveur des feudataires, & on voulut que les Fiefs ne finissent pas par leur mort ; s'ils avoient des enfans mâles, ils y succedoient ; mais lorsqu'il y avoit plusieurs enfans d'un feudataire, le Seigneur dont le Fief étoit mouvant, avoit droit de choisir l'un des enfans auquel il donnoit l'investiture du Fief, & même il n'y avoit que les enfans au premier dégré qui y pussent prétendre droit, les petits-enfans en étoient exclus & n'étoient pas admis par le Seigneur, si bon ne lui sembloit. Dans la suite les Fiefs ont été rendus hereditaires purement & simplement aux enfans au premier dégré, & les Seigneurs n'ont plus eu le droit de choisir l'un d'eux, mais les petits-enfans demeuroient toûjours exclus. Cela est dit, *lib. 1. de Feudis tit. 1. de iis qui Feudum dare possunt §. Et quia. Antiquissimo tempore sic erat in potestate dominorum connexum, ut quando vellent possent auferre rem à se datam ; posteà verò 2°. ventum est ut per annum tantùm firmitatem haberent ; deinde statutum est, ut usque ad vitam fidelis produceretur : sed cum hoc jure successionis ad filios non pertineret, sic progressum est ut ad filios non deveniret, in quem scilicet dominus hoc vellet beneficium confirmare, quod hodie ita stabilitum, ut ad omnes æqualiter veniat.*

26. La chose a encore eu progrès & est allée plus loin ; car l'Empereur Conrad allant à Rome & passant par la Lombardie, sur la remontrance & requisition qui lui fut faite par ceux du pays,

déclara les Fiefs hereditaires jufques aux petits-enfans mâles defcendans de mâles. Après l'Empereur Conrad, la chofe eft encore allée plus loin , & l'ufage s'eft établi que les Fiefs font devenus
hereditaires aux defcendans mâles à l'infini. C'eft ce qui eft dit,
lib. 1. de Feudis tit. 1. §. Et quia. Cùm verò Conrardus Romam pro-
ficifceretur, petitum eft ab ejus fidelibus qui in ejus erant fervitio , ut
ad nepotes ex filio producere dignaretur ; & §. fequenti. Hæc autem
fucceffio Feudi, mafculis defcendentibus novo jure ufque ad infinitum
extenditur Cela eft confirmé par ce qui eft dit *lib. 1. de Feudis ,*
tit. 59. de natura fucceffionis Feudi. Succeffio Feudi talis eft natura
quod afcendentes non fuccedant ; verbi gratia, pater filio : inferius verò
filius patri fuccedit , & non filia nifi ex pacto, vel nifi fit fœmineum,
& fit ufque in infinitum.

27. La raifon fur laquelle on peut dire qu'on s'eft fondé dans
l'ancien temps, quand l'heredité des Fiefs commença de s'établir
en faveur des enfans males ; eft qu'il n'étoit pas raifonnable de dé-
poüiller les familles & de priver les defcendans d'un bien que les
pere & mere & autres afcendans avoient poffedé; qu'il étoit jufte
& de l'interêt public de maintenir les familles dans la poffeffion
des biens de leurs ancêtres & que leurs defcendans n'en fuffent
pas dépoffedez & ne déchûffent pas du rang de leurs prédeceffeurs.
On confidera en cela l'interêt des familles & leur confervation.

28. La chofe eft encore allé plus loin ; car on a admis auffi les
filles à la fucceffion des Fiefs , en ligne directe, à défaut de defcendans mâles, quand il n'étoit pas dit expreffément par l'inveftiture ou autres actes fubfequents, que les filles en feroient exclu-
fes. La raifon pour laquelle on avoit feulement admis les mâles
à la fucceffion des Fiefs & qu'on en avoit exclu les filles, eft qu'on
auroit dit que la neceffité des Guerres avoit introduit les Fiefs ,
que les femmes & filles n'étoient point capables des fonctions
militaires : *Bellorum neceffitas peperit feuda , fœmineæ non funt ido-*
neæ ad militandum. Neanmoins on fit reflexion que leurs maris
pourroient remplir la fonction militaire, ou la faire remplir par perfonnes interpofées, & on a donné l'inveftiture des Fiefs aux filles
& à leurs maris. Mais quand tous les defcendans venoient à dé-
faillir, *mâles & femelles* , & le Fief retournoit au Seigneur & étoit
réuni & confolidé au Fief dominant. On ne fuccedoit point au
Fief en ligne collaterale. Un frere n'avoit pas droit de fucceder
au Fief délaiffé par fon frere décedé. Cela eft expliqué, *lib. 1. de*
Feudis , cap. de fucceffione Feudi. Filia verò non fuccedit in Feudo ,

niſi inveſtitura fuerit faſta in patre, ut filii & filiæ ſuccedant in feu-
dum. Tunc enim ſuccedit filia, filiis non extantibus, vel niſi inveſtitæ
fuerint hæ de feudo paterno quod habuit initium tantum à fratribus,
non ſuccedit unus alteri, ſive una inveſtitura, ſive duabus, niſi hoc
fuerit diſtum expreſſim, ut alter alteri ſuccedat. Cela ſe pratique encore en pluſieurs Fiefs mourrans de l'Empire.

29. Pour ce qui eſt des Fiefs du Royaume de France il y a
quelque apparence qu'ils n'ont été auſſi dans leur origine que ſimples commiſſions revocables, & que par la ſuite des temps de dégré en dégré, ils ſont devenus hereditaires & en l'état où ils ſont
à preſent : ils ſont patrimoniaux & ſont le patrimoine des familles ; on y ſuccede en ligne directe & collaterale, comme à d'autres
biens, les mâles & femelles y ſuccedent. Il eſt vrai que les Couſtumes ne ſont pas uniformes ; il y a des Couſtumes où les mâles
ſont préferez aux femelles ; mais genéralement parlant, mâles &
femelles ont droit d'y ſucceder en ligne directe & collaterale.

30. Nous n'avons parlé des Fiefs qu'au ſujet de la Garde, pour
dire que ce ſont des Fiefs qui ont fait introduire la Garde. Ce
droit de Garde a commencé dans le temps auquel les Fiefs ont
commencé d'être hereditaires aux enfans ; car lorſque les enfans
avoient ſuccedé à un Fief par la mort de leur pere, le Prince ou
le Seigneur qui avoit concedé le Fief, prenoit en ſa garde les enfans pendant leur minorité, & en même temps il avoit l'adminiſtration & gouvernement du Fief qui leur étoit advenu, juſques
à ce qu'ils fuſſent en âge de ſervir & de poſſeder le Fief, c'eſt-à-
dire, de rendre les ſervices militaires, ſi beſoin étoit. Cependant
il diſpoſoit des fruits & entretenoit les enfans ; cela ſe faiſoit parce
que la conceſſion primitive du Fief n'avoit été faite qu'à la charge
des ſervices militaires.

31. De-là vient la Garde-Royale & Seigneuriale, qui ſe pratique encore à preſent en quelque maniere dans la Province de Normandie. La Couſtume de Normandie en contient des diſpoſitions
expreſſes. La Garde-Noble Royale eſt lorſqu'un Fief noble, tenu
immediatement du Roy, eſt écheu à des enfans mineurs. La Garde Noble Seigneuriale eſt lorſqu'un Fief noble tenu d'un Seigneur
eſt écheu à des enfans mineurs. Cela eſt particulierement expliqué
par les articles 214. & 216. de la Couſtume de Normandie qui
ſont ci-deſſus rapportez, nomb. 17. il ſeroit inutile d'uſer de
repetition.

32. Le droit de Garde ou de Bail qui eſt déferé au pere &

mere, ayeul & ayeule, & autres parens, dont les Couſtumes contiennent differentes diſpoſitions, procede auſſi du même principe:
car dans l'ancien temps lorſque les Fiefs commencerent d'être
hereditaires aux enfans, par le decès de leur pere, ſi les enfans
auſquels le Fief étoit écheu par le decès de leur pere étoient
mineurs, le Seigneur, duquel le Fief des mineurs relevoit, bail-
loit quelquefois les enfans mineurs en garde à leurs proches parens
pere ou ayeul, ou autres parens, & leur délaiſſoit la joüiſſance du
Fief pour la nourriture & entretien des enfans; & comme dans la
ſuite des temps cela ſe pratiquoit par pluſieurs Seigneurs, il s'en
eſt fait un uſage & Couſtume qui a paſſé dans la ſuite pour un
droit ordinaire. En effet anciennement la Garde ou Bail n'étoit
déferée qu'à l'égard des Nobles, & pour les Fiefs, heritages, rentes & revenus nobles & feodaux. Ce qui eſt remarqué par Philippe de Beaumanoir, Bailly du Comté de Clermont en Beauvoiſis,
qui a écrit du temps de Robert de Clermont fils du Roy Saint
Loüis en l'an 1282. & qui au titre des Baux & Vuardes, fait mention des Gardiens nobles, & dit qu'ils ne prenoient que les fruits
des heritages en Fiefs.

33. En effet, il y a encore quelques Couſtumes où ils ne prennent que les fruits des heritages en Fief, & non pas des autres
heritages. Par exemple, la Couſtume de Vermandois article 26.
dit: *Il eſt loiſible aux pere & mere nobles & autres de prendre la*
Garde noble ou Bail de leurs enfans après le decés de l'un d'eux, &
où ils voudroient choiſir le bail, ſont les meubles des mineurs leurs,
avec les fruits de tous les heritages, rentes & revenus feodaux. La
Couſtume de Melun article 286. dit: *Pere ou mere, ayeul ou ayeule*
nobles, qui ont la Garde de leurs enfans mineurs ou autres aſcendans en
ligne directe, viennent à leur profit les meubles de leurs enfans mineurs,
enſemble les fruits de leurs heritages, rentes & revenus tenus en Fief.
Mais comme les choſes s'alterent par la ſuite des temps & qu'il arrive des changemens, le Droit de garde ne s'eſt pas entretenu également par tout.

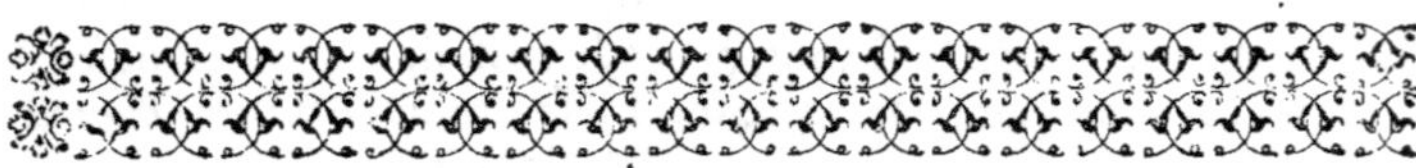

CHAPITRE II.

A quelles perſonnes la Garde eſt déferée, & pluſieurs queſtions ſur cette matiere.

SOMMAIRE.

1. 2. 3. 4. 5. *Grande varieté dans les Couſtumes touchant les perſonnes auſquelles la Garde eſt déferée.*

6. 7. 8. *Queſtion a été faite dans l'ancienne Couſtume de Paris, ſi la Garde-Noble étoit ſeulement pour les Nobles demeurans hors la Ville & Fauxbourgs, & la Garde Bourgeoiſe pour ceux qui étoient demeurans en la Ville & Fauxbourgs.*

9. *La Couſtume reformée a reglé cette queſtion par l'article 267.*

10. 11. 12. *Lorſqu'il échet aux enfans mineurs, qui ont leur pere & mere vivans, des biens par liberalité de parens ou de perſonnes étrangeres, ſi les pere & mere, ayeul ou ayeule peuvent prétendre le droit de Garde, touchant leſdits biens; & en cas qu'ils puiſſent prétendre le droit de Garde, qui d'entre eux doit être préferé.*

13. 14. 15. *Si le ſurvivant des pere & mere qui eſt mineur de*

25. *ans, eſt en droit de prétendre la garde de ſes enfans.*

16. *Quid? Lorſque le ſurvivant des pere & mere eſt en démence.*

17. 18. 19. *Si le ſurvivant des pere & mere ayant accepté la tutelle de ſes enfans purement & ſimplement, ſans avoir fait reſerve de ſon droit de Garde, peut aprés prétendre la Garde de ſes enfans.*

20. 21. *En quel cas la Garde-Noble eſt déferée aux ayeul & ayeule, & en quel cas elle n'eſt pas déferée.*

22. 23. 24. *Lorſque la mere qui s'eſt remariée a perdu la garde par ſon ſecond mariage, ſi l'ayeul ou l'ayeule pourra prétendre la Garde-Noble de ſes enfans.*

25. *La Couſtume d'Orleans eſt contraire ſur ce point à la Couſtume de Paris.*

26. 27. *Si le pere qui a ſurvécu la mere & accepté la Garde-Noble de ſes enfans mineurs,*

étant

étant depuis venu à déceder,
l'ayeul maternel des enfans mineurs peut prétendre la Garde.

28. 29. Lorsque le survivant des
pere & mere n'accepte pas la
Garde de ses enfans mineurs
& déclare y renoncer ou remettre le benefice de sa Garde à ses
enfans, si l'ayeul ou l'ayeule
peuvent prétendre la Garde au
préjudice de leurs enfans.

30. Si le survivant des pere &
mere veut favoriser ses enfans
& leur remettre le profit de la
Garde, il peut accepter la Garde
& aprés l'avoir accepté il en
peut remettre le profit à ses en
fans, & en ce cas l'ayeul ou
l'ayeule ne la pourront prétendre.

31. La Garde-Noble est déferée
à l'ayeul ou l'ayeule lorsque le
survivant des pere est incapable de toute administration.

32. La Garde-Noble est déferée à
l'ayeul ou l'ayeule, lorsque le
survivant des pere & mere est
venu à déceder sans avoir accepté la Garde.

33. Lorsqu'il y a concurrence d'ayeul
& ayeule, qui d'entr'eux doit
avoir le droit de Garde Noble.

34. Quid ? S'il y a ayeul & ayeule
de different côté, si l'ayeul ou
l'ayeule du côté paternel sera
préferé à l'ayeul ou l'ayeule du
côté maternel.

35. 36. 37. Dispositions de plusieurs
Coustumes qui parlent de la
Garde, déferée aux ayeuls &

ayeules, & lesquelles doivent
être préferez.

38. 39. 40. Si dans la Coustume
de Paris la Garde doit être divisée entre les ayeuls & ayeules
paternels & maternels.

41. 42. Lorsque pere & mere demeurans à Paris, décedent laissant des enfans mineurs, si
l'ayeul paternel demeurant en
pays de Droit écrit, peut prétendre la Garde de ses petits-
enfans.

43. Lorsque le pere est noble, &
l'ayeul ne l'est pas, si les pere
& mere étant décedez, l'ayeul
qui n'est pas noble peut pretendre la Garde de ses petits-
enfans nobles.

44. 45. Si dans la Coustume de
Paris, qui défere la Garde-
Noble aux pere & mere, ayeul
& ayeule, les bisayeul & bisayeule la peuvent prétendre à
défaut de pere & mere, ayeul
& ayeule.

46. La Garde-Bourgeoise dont
parle la Coustume de Paris est
tres-ancienne.

47. Grande varieté dans les Coustumes, touchant la Garde Noble & Bourgeoise. Il y a plusieurs Coustumes qui n'etablis-
sent la Garde qu'à l'égard des
personnes nobles. Il y a des
Coustumes qui admettent la
Garde-Noble & Bourgeoise,
& qui ne font difference entre
l'une & l'autre,

48. Il y a d'autres Coustumes qui

n'admettent la Garde, entre Nobles, sinon qu'ils ayent Fiefs nobles.

49. La Coustume de Paris ne déferant la Garde Bourgeoise qu'au pere & mere ; les ayeul & ayeule ne la peuvent prétendre. Arrest qui l'a ainsi jugé.

50. La Coustume de Paris ne défere la Garde Bourgeoise qu'à ceux qui sont demeurans en la Ville & Fauxbourgs de Paris.

51. 52. Lorsqu'une femme noble a été mariée à un Roturier, si rentrant par la mort de son mari dans sa Noblesse, elle a droit de prétendre la Garde-Noble de ses enfans, ou seulement la Garde Bourgeoise.

1. IL y a grande varieté dans les Coustumes touchant les personnes ausquelles la Garde est déferée. La Coustume de Paris en l'article 265. dit : *Il est loisible aux pere & mere, ayeul ou ayeule nobles demeurans en la Ville de Paris ou dehors, accepter la garde-noble de leurs enfans, aprés le decés de l'un d'eux ;* & l'article 266. dit : *Pareillement il est permis aux pere & mere, Bourgeois de Paris, prendre & accepter la garde-bourgeoise aprés le decés de l'un d'eux.* La Coustume de Calais est semblable à celle de Paris, & conçûë en mêmes termes, ès articles 236. & 237.

2. Il y a des Coustumes qui déferent le droit de Garde, non-seulement aux pere & mere, ayeul & ayeule, mais ajoûtent, & autres ascendans. Par exemple, la Coustume de Melun en l'article 285. dit : *La Garde Noble des enfans nobles étant sous àge, appartient aux pere & mere, ayeul ou ayeule & autres ascendans nobles, &c.* La Coustume d'Orleans en l'article 26. dit : *Gardiens sont pere & mere, ayeul ou ayeule ou autres ascendans.* La Coustume de Montfort en l'article 116 dit : *Pere & mere, ayeul & ayeule ou autres, tant nobles que roturiers, peuvent accepter la garde de leurs enfans.*

3. y a des Coustumes qui ne déferent le Droit de Garde qu'au pere & mere, & qui excluënt tous autres ascendans & tous collateraux. Par exemple, la Coustume de Meaux, chap. 19. art. 147. dit : *Le pere noble ou la mere peut prétendre la Garde Noble de ses enfans mineurs, & non l'ayeul ou l'ayeule, ne autres en ligne directe ou collaterale.* La Coustume de Lodunois, chap. 33. art. 1. dit : *Entre gens nobles le Bail des mineurs vient à pere & mere seulement. &c.* La Coustume du Maine, article 98. dit : *Le pere ou la mere tant seulement auront le Bail de leurs enfans mineurs si bon leur semble, &c.* La Coustume d'Anjou en l'article 85. est semblable à la Coustume du Maine.

4. Il y a des Couſtumes qui déferent la Garde en défaut de pere & mere au parent lignager plus prochain du côté & ligne, dont eſt écheu le Fief noble. Par exemple, la Couſtume d'A‑miens en l'article 125. dit : *Quand aucun Fief noble échet par ſuc‑ceſſion ou autrement à enfans mineurs, icelui Fief tombe en Bail, du‑rant la minorité deſdits enfans, & appartient le Bail au pere, & s'il étoit decedé, à la mere ; leſquels pere & mere précedent tous autres, ſi prendre le veulent, encore qu'ils ne ſoient du côté & ligne dont le‑dit Fief eſt advenu auſdits mineurs ;* & par l'article 126. il eſt dit: *En défaut de pere & mere le Bail appartient au plus prochain ligna‑ger du mineur du côté & ligne dont lui eſt venu le Fief noble.*

5. L'ancienne Couſtume de Troye diſoit que frere, ſœur, on‑cle, neveu, ou autre parent noble d'enfans mineurs, vivans no‑clement en ligne collaterale, en défaut de pere ou mere, ayeul ou ayeule, avoient le bail des enfans mineurs ; laquelle Couſtu‑me ayant été reformée en 1509 cela fut corrigé & reformé par l'avis des trois Etats, en ce qu'on déferoit le bail aux frere, ſœur, oncle & neveu, & on fit l'article 17. par lequel eſt dit: *Entre Nobles perſonnes ayant enfans, aprés le decés du premier decedé, le ſurvivant peut prendre la Garde de ſes enfans mineurs, & faire les fruits de leurs heritages & droits de Fiefs ſiens, &c.* La Couſtume de Berry en l'article 26. dit : *Et au regards des biens, meubles, appartenans aux enfans mineurs étant ſous le bail & l'adminiſtration du pere ou de la mere, ayeul ou ayeule nobles, appartiennent aux Bailliſtres & Ad‑miniſtrateurs, & les font leurs, &c.* & l'art. 29. dit : *Et au regard des Bailliſtres collateraux nobles, comme deſſus, font pareillement leurs les fruits des heritages des mineurs, dont ils auront le bail, mais non dorénavant les meubles, &c.* Ce que deſſus fait voir les differen‑tes diſpoſitions des Couſtumes, touchant les perſonnes auſquelles elles déferent le droit de Garde ou Bail. Il faut enſuite expliquer quelle eſt la diſpoſition de la Couſtume de Paris, & les queſtions qui peuvent être faites touchant les perſonnes auſquelles la Garde eſt déferée.

6. L'article 265. de la Couſtume de Paris dit : *Il eſt loiſible aux pere & mere, ayeul ou ayeule nobles, demeurans en la Ville de Paris ou dehors, accepter la Garde-Noble de leurs enfans, aprés le decés de l'an d'eux.* Il n'eſt pas mal à propos d'obſerver d'abord que cet article eſt un de ceux qui furent corrigez lorſque la Couſtume fut reformée en 1580. L'ancienne Couſtume en l'article 99. étoit conçûë en ces termes : *Par la Couſtume generale de la Prevôté &*

Vicomté de Paris, hors la Ville & Fauxbourgs, il est loisible aux pere & mere, ayeul & ayeule nobles, accepter la Garde-Noble de leurs enfans. Cet article 99. de l'ancienne Couſtume, dans les termes qu'il étoit conçû, avoit fait quelque difficulté pour ſon interpretation ; aucuns diſoient que la Garde-Noble étoit ſeulement pour les Nobles, demeurans hors la Ville & Fauxbourgs de Paris, & la Garde-Bourgeoiſe pour ceux qui étoient demeurans en la Ville & Fauxbourgs : que les perſonnes nobles demeurans hors la Ville & Faubourgs avoient droit de Garde-Noble ; mais que s'ils étoient demeurans en la Ville & Fauxbourgs, ils avoient ſeulement droit de Garde-Bourgeoiſe, quoique perſonnes nobles.

7. D'autres diſoient que les perſonnes nobles, demeurans en la Ville & Fauxbourgs de Paris pouvoient accepter les deux Gardes, Noble & Bourgeoiſe enſemble ; ſçavoir, la Garde-Noble pour les biens qui ſont hors la Ville & Fauxbourgs, & la Garde-Bourgeoiſe, pour les biens qui ſont ſituez en la Ville & Fauxbourgs ; que les deux Gardes n'étoient pas incompatibles & ſe regloient par rapport à la ſituation des biens, quand les perſonnes nobles avoient des biens en la Ville & Fauxbourgs & hors la Ville & Fauxbourgs. D'autres diſoient que les perſonnes nobles, demeurans en la Ville & Fauxbourgs, acceptant la Garde-Noble avoient droit de Garde-Noble ſeulement ſur les biens des mineurs ſituez hors la Ville & Fauxbourgs, & non pas ſur ceux qui étoient ſituez en la Ville & Fauxbourgs.

8. La queſtion s'étant préſentée touchant la Garde Noble des enfans de Monſieur Bourdin Procureur Genéral, entre Monſieur le Maréchal Conſeiller au Grand Conſeil, tant en ſon nom, à cauſe de ſa femme, que comme tuteur des autres enfans de Monſieur Bourdin d'une part, & Dame Eliſabeth Fuzée veuve de Monſieur Bourdin qui avoit accepté la Garde-Noble & Bourgeoiſe ; les enfans prétendirent qu'elle n'avoit eu droit de joüir en qualité de Gardienne que des biens ſituez en la Ville & Fauxbourgs. Cette queſtion fut jugée & il y eut Arreſt rendu la 14. Avril 1597. au profit d'Eliſabeth Fuzée, veuve de Monſieur Bourdin, par lequel on jugea que la Garde-Noble étoit compatible avec la Garde-Bourgeoiſe ; c'eſt-à-dire que la veuve de Monſieur Bourdin qui avoit ſon domicile à Paris, avoit droit de joüir des biens de ſes enfans, ſituez en la Ville & Fauxbourgs de Paris, & auſſi de ceux ſituez hors la Ville & Fauxbourgs. L'Arreſt fut prononcé en Robes rouges, & il fut lû au Châtelet de Paris, l'Audiance tenant,

& enregiſtré. La prononciation de l'Arreſt porte que pour ôter la
difficulté qui avoit été ci-devant faite, en interpretation de la
Couſtume de Paris & uſage d'icelle, ès articles de Garde-Noble & Bourgeoiſe, a déclaré & déclare que les Bourgeois de Paris
en la Ville & Fauxbourgs qui ſont Nobles & vivans noblement,
peuvent prétendre la Garde-Noble & la Garde-Bourgeoiſe de leurs
enfans enſemblement, pour avoir la Garde-Bourgeoiſe lieu pour
ce qui eſt en la Ville & Fauxbourgs, & la Garde-Noble hors la
Ville & Fauxbourgs, & chacune d'icelle pour le temps, profit &
émolument, & aux charges portées par ladite Couſtume. Cet
Arreſt eſt rapporté par Mᵉ René Chopin, en ſon Commentaire,
ſur la Couſtume de Paris, *lib. 2. tit. 7. de impuberum cuſtodia nobili
& plebica num.* . & par Charondas en ſon Commentaire ſur les
articles 265 266 267. & 268. de la Couſtume de Paris, & au ſeptié-
me Livre de ſes Réponſes.

9. Depuis cet Arreſt la Couſtume de Paris a été reformée, qui
dit en l'article 267. *Le Gardien noble demeurant hors la Ville &
Fauxbourgs de Paris, ou dedans la Ville & Fauxbourgs d'icelle, &
pareillement le Gardien Bourgeois a l'adminiſtration des meubles &
fait les fruits ſiens durant ladite garde, de tous les immeubles tant
heritages que rentes, appartenans aux mineurs aſſis en la Ville de Paris
ou dehors,* &c. De ſorte que ſuivant cet article le Gardien-Noble
demeurant dans la Ville & Fauxbourgs de Paris, ou hors la Ville
& Fauxbourgs, dans l'étenduë de la Prevoté & Vicomté de Paris,
a droit de joüir en qualité de Gardien-noble des biens des mineurs
ſituez dans l'étenduë de la Prevôté & Vicomté de Paris indiſtinctement, il n'y a plus de diſtinction à faire ; la Garde-Noble comprend tous les biens qui y ſont ſituez, ſoit dans la Ville & Faux-
bours ou hors la Ville & Fauxbourgs. Il faut enſuite paſſer aux
queſtions qui ont été faites touchant les perſonnes auſquelles la
Garde eſt déferée.

10. On demande, dans la Couſtume de Paris, lorſqu'il échet
aux enfans mineurs, qui ont leur pere & mere, ayeul & ayeule vivans, des biens par la liberalité de parens collateraux ou de perſonnes étrangeres, ſoit a titre de ſubſtitution ou autre diſpoſition, ſi les
pere & mere, ayeul & ayeule, peuvent prétendre le droit de garde
touchant les biens qui ſont advenus à leurs enfans ; & en cas qu'ils
puiſſent prétendre le droit de garde, on demande qui d'entr'eux
doit être preferé, ſi les pere & mere excluront les ayeul & ayeule
& comment ſe doit entendre l'article 265. de la Couſtume de Paris.

La Couſtume de Paris ne s’eſt pas bien expliquée, il ſemble qu’elle défere la Garde aux pere & mere, ayeul & ayeule conjointement. La réponſe eſt premierement, que l’article 265. s’entend diviſement à l’égard des perſonnes des pere & mere, ayeul & ayeule; c’eſt-à-dire, que la Garde-Noble ne leur eſt pas déferée conjointement & concurremment, mais à l’un à défaut ou refus de l’autre. Le pere ou la mere, par l’article 265. ſont les premiers appellez à la Garde & ſont préferez aux aycul & ayeule; non ſeulement les pere & mere ſont les premiers appellez, *ordine ſcripturæ*; mais ils ont la proximité, qui eſt le droit du ſang, les pere & mere ſont plus proches de leurs enfans que les ayeul & ayeule. La Couſtume de Blois ne défere la Garde aux ayeul & ayeule qu’en cas que les pere & mere ſoient décedez, & elle en contient une diſpoſition expreſſe en l’article 4. qui porte: *Au ſurvivant des pere & mere appartient la garde, gouvernement & adminiſtration de leurs enfans, & ſi les enfans demeurent orphelins de pere & de mere, la garde, gouvernement & adminiſtration eſt deferée aux ayeuls & ayeules.* Mᵉ Loüis Charondas en ſon Commentaire de la Couſtume de Paris, ſur les articles 265. 266. 267. & 268. rapporte un Arreſt rendu de relevée le 4 Mars 1560. qui a jugé que la mere devoit être préferée touchant la Garde-Noble de ſes enfans à l’ayeul & l’ayeule. Mᵉ Jean Tournet ſur l’article 265. rapporte le même Arreſt, & dit qu’il a jugé que la mere devoit être préferée à l’ayeul paternel.

11. En ſecond lieu, la Garde-Noble n’eſt ouverte & ne commence à être déferée que par le decès du pere ou de la mere des enfans; de ſorte que lorſque les pere & mere ſont tous deux vivans, ni les pere & mere des enfans, ni les ayeuls & ayeules ne peuvent prétendre le droit de Garde. Ces mots, après le decès de l’un d’eux, s’entendent après le decès du pere ou de la mere. Par exemple, un ayeul a fait ſon teſtament, par lequel il a fait don à ſes petits enfans de tous ſes biens, & reſerve ſeulement à ſa fille, mere des petits-enfans, ſa legitime. On demande ſi le Gendre du teſtateur, qui eſt pere des enfans, pourra en ce cas ſe dire Gardien & accepter la garde de ſes enfans, pour faire les fruits ſiens des biens qui leur ont été donnez par leur ayeul maternel; le pere des enfans pourra dire qu’il a pour lui les termes de l’article 265. de la Couſtume de Paris, qui dit qu’il eſt loiſible aux pere & mere, ayeul & ayeule, accepter la Garde de leurs enfans, après le decès de l’un d’eux; que ces mots, après le decès de l’un d’eux s’enten-

dent après le décès du pere ou de la mere , ou de l'ayeul ou de
l'ayeule , parce que l'article 265. parle des pere & mere , ayeul &
ayeule ; par conſequent que la Garde a été ouverte par le decès
de l'ayeul ; qu'en qualité de Gardien il a droit de faire les fruits
ſiens , des biens écheus à ſes enfans par le teſtament de l'ayeul ,
quoique les pere & mere des enfans ſoient l'un & l'autre vivans.

12. Neanmoins il y a lieu de dire que le pere ne doit avoir que
la ſimple adminiſtration des biens écheus à ſes enfans par le teſtament de l'ayeul , & qu'il ſera tenu de leur en rendre compte lorſqu'ils ſeront venu à leur majorité ; la Garde n'eſt point ouverte
lorſque les pere & mere ſont tous deux vivans ; elle ne commence
à être ouverte & n'eſt déferée que par le decés de l'un d'eux.
Ces mots , après le decès de l'un d'eux , s'entendent du decès du
pere ou de la mere ſeulement. Il eſt vrai que la Couſtume ne s'eſt
pas bien expliquée par l'article 265. mais tel a toûjours été l'uſage.
En effet les biens des ayeul & ayeule ne peuvent écheoir aux petits
enfans qui ont leur pere & mere vivans , ſi ce n'eſt par donation &
diſpoſition des ayeul & ayeule , de ſorte que la maxime eſt bien
établie , que les enfans ne tombent point en garde tant qu'ils ont
leur pere & mere tous deux vivans , & ſi du vivant des pere & mere
il échet aux enfans des biens pendant leur minorité , par liberalié
& diſpoſition de leur ayeul & ayeule , ou de quelque autre perſonne , les pere & mere en doivent rendre compte à leurs enfans
lorſqu'ils ſeront parvenus à leur majorité. La Garde des enfans mineurs n'eſt ouverte & ne commence à être déferée , comme il a
été dit , que par le decés du pere ou de la mere ; le ſurvivant des
pere & mere ne pourra pas prétendre le droit de Garde , à l'égard
des biens écheus à ſes enfans , par le teſtament de l'ayeul , decedé
du vivant des pere & mere ; il n'en aura que la ſimple adminiſtration & ſera tenu d'en rendre compte , par la raiſon que ce ſont
biens écheus aux enfans avant l'ouverture de la Garde , comme
auſſi ſi le pere étoit en démence & que la mere eût été curatrice
à la démence de ſon mari , elle ne pourroit pas prétendre le droit
de Garde , à l'égard des biens donnez à ſes enfans par l'ayeul &
l'ayeule ou par autres , elle n'en aura que la ſimple adminiſtration & ſera tenuë d'en rendre compte. Mais lorſque le prédecedé
des pere & mere par ſon teſtament a fait avantage à un de ſes
enfans & lui a legué des biens , qui excedent ſa portion hereditaire ; il eſt raiſonnable , en ce cas , de dire que le ſurvivant des
pere & mere qui a accepté la garde de ſes enfans , fait les fruits

fiens des biens leguez à l'enfant avantagé, quoique le legs excede fa portion heredi·aire. Nous expliquerons au chapitre 6. quels biens font compris dans la garde, & fi les biens échûs aux enfaus par don, fucceffion ou autrement, depuis l'ouverture de la garde, y font compris; & fi le Gardien en fait les fruits fiens.

13. Nous avons dit que la garde n'eft ouverte & ne commence à être déferée que par le decès du pere ou de la mere; & que le furvivant des pere & mere exclud les ayeul & ayeule; mais on demande lorfque le pere ou la mere vient à déceder & que le furvivant d'eux n'a pas encore atteint fa majorité & qu'il eft mineur de vingt-cinq ans, s'il eft en droit de prétendre la garde de fes enfans mineurs & de l'accepter, nonobftant fa minorité; l'on pourrra dire que le furvivant des pere & mere étant encore mineur & n'ayant pas atteint l'âge de vingt-cinq ans lorfque la Garde-Noble a été ouverte par le decés du prédecedé, il ne peut pas prétendre le droit de garde-noble, fi les enfans ont encore leur ayeul ou ayeule vivant, que la garde-noble eft déferée aux ayeul & ayeule.

14. Neanmoins il eft plus raifonnable de dire que le pere furvivant la mere, quoique le pere foit encore mineur de vingt·cinq ans lors du decés de la mere, ou que la mere furvivant le pere foit encore mineure de vingt·cinq ans, ils ont droit de prétendre la garde nonobftant la minorité, & cela fe pratique ainfi dans la Couftume de Paris; la raifon eft que le droit de Garde a été concedé principalement à caufe de la paternité & de la proximité du fang. La minorité du furvivant des pere & mere ne doit empêcher qu'il ne jouïffe de ce droit. Il y a une feconde raifon qui confirme la premiere, qui eft que tous conjoints par mariage font cenfez émancipez de droit dès l'inftant de leur mariage, pour avoir l'adminiftration de leurs biens, meubles & immeubles. L'article 239. de la Couftume de Paris dit : *Homme & femme conjoints par mariage font reputez ufans de leurs droits pour avoir l'adminiftration de leurs biens, ils font reputez capables d'adminiftrer leurs meubles & le revenu de leurs immeubles.* Or s'ils font cenfez capables d'adminiftrer leurs biens, ils font pareillement cenfez capables d'adminiftrer les biens de leurs enfans mineurs en qualité de gardien; car le gardien a feulement l'adminiftration des meubles & fait les fruits fiens des immeubles appartenans à fes enfans mineurs: joint que les biens qui tombent en garde, font les mêmes biens dont jouïffoient les pere & mere, car le droit de garde ne comprend que les biens écheus aux enfans par le decès du pere

ou

ou de la mere, comme il sera montré en son lieu. Au reste, s'il arrivoit quelquechose durant la garde, qui excedât le droit d'administration, l'article 270. de la Coustume de Paris y a pourvû, disant que durant la garde sont élûs tuteurs ou curateurs aux mineurs, si besoin est. Ainsi quoique le survivant des pere & mere soit encore mineur de vingt-cinq ans lors du decés du prédecedé, il a droit de prétendre la garde de ses enfans; étant censé émancipé de droit par le mariage, il est en droit de prétendre la garde de ses enfans mineurs & de l'accepter, & cela doit être observé dans les Coustumes qui n'ont point de disposition contraire.

15. La Coustume de Peronne en contient une disposition expresse en l'article 220. qui dit : *Quand l'une des deux personnes nobles conjoints par mariage decede, délaißant audit mariage enfans en bas âge, il est loisible au survivant, encore qu'il soit mineur de vingt-cinq ans, de prendre le bail ou garde noble des enfans, &c.* Il y a d'autres Coustumes du Royaume qui veulent pareillement que le survivant des pere & mere, quoique mineur & non âgé de de vingt-cinq ans, puisse avoir la garde de leurs enfans. Il y a quelques Coustumes contraires. La Coust. du Maine art. 111. dit : *Nul mineur n'a bail d'autre mineur, ne bail d'un mineur, à cause d'icelui mineur, n'auroit pas le bail d'un autre mineur, mais lui venu à son âge pourra recueillir le bail de ses enfans mineurs.* La Coust. d'Anjou en l'art. 98. contient semblable disposition que la Coust. du Maine. La Coust. de Berry qui défere aux pere & mere, ayeul & ayeule l'administration & gouvernement de leurs enfans, & qui leur donne les meubles en proprieté & les fruits des immeubles, dit en l'article 26. *Toutesfois où la mere seroit mineure de vingt-cinq ans, qu'il sera pourvû à ses enfans mineurs d'ans, de curateurs aux causes que les mineurs auront en jugement, en quelque matiere que ce soit, lequel curateur ensemblement avec la mere, fera la poursuite des droits des mineurs, tant en matiere personnelle que réelle, sans qu'il soit besoin de pourvoir d'autre curateur à la mere.* Il y a un autre cas : par exemple, la mere est decedée, qui a laissé un fils en bas âge; le pere survivant est en démence, il est furieux, il a perdu l'esprit, ou il a été interdit pour prodigalité, on lui a donné un curateur; il y a lieu de dire en ce cas que le pere en cet état n'a pas droit de garde; il ne seroit pas raisonnable de donner l'administration des biens des mineurs à celui qui n'est pas capable d'administrer ses propres biens : quoique le survivant des pere & mere, qui a été interdit, ait un curateur qui administre pour lui, il n'a pas droit de garde, la Coustu-

D

me ne le difant pas ; la Garde eft de droit écrit, ce droit de garde ne doit pas être étendu. Lorfque la Couſtume défere la Garde aux pere & mere, ayeul & ayeule, elle les préfuppofe capables d'adminiſtration. La Couſtume du grand Perche, article 175. dit : *Où le Gardien feroit diſſipateur de biens, il doit être privé de Garde.*

16. Il faut paſſer à une autre queſtion : Le fait eſt qu'une mere eſt décedée, le pere furvivant a été nommé tuteur de fes enfans par l'avis des parens, il a accepté purement & fimplement la tutelle, & lors de l'acceptation il ne s'eſt point refervé le droit de garde, ni fait aucune proteſtation. On demande fi dans la fuite il eſt recevable à prétendre la garde de fes enfans, ou fi la garde eſt faillie par l'acceptation pure & fimple qu'il a faite de la tutelle de fes enfans, & s'il eſt cenfé d'y avoir tacitement renoncé en faveur de fes enfans ? On pourra dire que la garde ayant été ouverte & déferée dès l'inſtant du decès de la mere, & le pere furvivant ayant pû, en acceptant la tutelle, fe referver le droit de garde & faire fa proteſtation, ne l'ayant pas faite il s'eſt exclus lui-même de la garde par l'acceptation qu'il a faite de la tutelle, il eſt cenfé y avoir tacitement renoncé en faveur de fes enfans ; il n'eſt pas recevable après avoir accepté purement & fimplement la tutelle, à prétendre la garde.

17. On pourra dire au contraire que l'acceptation que le furvivant a faite de la tutelle, ne le peut pas exclure de la garde ; que la Couſtume de Paris n'ayant point défini le temps dans lequel les pere & mere, ayeul & ayeule foient tenus d'accepter la garde de leurs enfans, ils peuvent l'accepter toutesfois & quantes, même après avoir accepté la tutelle purement & fimplement : en fecond lieu que par la Couſtume de Paris la qualité de tuteur & celle de Gardien ne font pas incompatibles, que d'ailleurs la Couſtume de Paris ne contient aucune difpofition qui puiſſe exclure un pere qui a accepté la nomination qui a été faite de fa perfonne pour tuteur, de la garde de fes enfans mineurs, & qu'il peut accepter la garde après avoir accepté la tutelle.

18. M᷑ Jean Bacquet en fon Traité des Francs-Friefs rapporte un Arreſt fans datte, rendu au rapport de Monfieur Spifames, par lequel il dit qu'il a été jugé que celui qui accepte la tutelle purement & fimplement de fes enfans, ne peut plus accepter la garde, & l'Arreſt fut rendu au profit de Monfieur de Burges Confeiller en la Cour & Commiſſaire aux Requeſtes du Palais, & Dame Françoife Hupeau fa femme, contre Damoifelle Françoife Gaf-

teau, mere de ladite Hupeau. Bacquet obferve que cet Arreft avoit été rendu, après qu'on avoit envoyé au Châtelet s'informer de l'ufage, touchant l'article 270. de la Couftume de Paris. Ce même Arreft eft rapporté par Tronçon fur l'article 271. & par Charondas, qui le dattent du 24. Janvier 1587. L'article 271. de la Coûtume de Paris dit, que celui qui a la garde noble ou bourgeoife peut être tuteur ou curateur ; mais il n'y point d'article dans la Couftume par lequel il foit dit que celui qui a été élû tuteur ou curateur puiffe, après avoir accepté la tutelle ou curatelle, accepter la garde ; c'eft pourquoi quand un pere eft élû tuteur de fes enfans, il doit en acceptant la tutelle & prêtant le ferment de tuteur, faire referve de la garde & déclarer qu'il entend accepter la garde, autrement il eft cenfé d'avoir tacitement renoncé à la garde & ne la peut plus prétendre.

19. M*c* Marie Ricard en fes Notes fur l'article 271. de la Coûtume de Paris rapporte auffi le même Arreft du 24. Janvier 1587. & un autre Arreft rendu en la cinquiéme Chambre des Enquêtes le 5. Septembre 1633. les autres Chambres confultées, par lequel on a jugé pareillement, que le furvivant des pere & mere qui a accepté la tutelle de fes enfans purement & fimplement, ne peut plus revenir ni être admis à la garde ; cela avoit auffi été en quelque façon jugé par l'Arreft de la Mefciniere du 28. Fevrier 1630. qui fera ci-après rapporté. Ce qui a donné lieu à cette Jurifprudence, eft qu'un pere ou une mere qui a accepté la tutelle de fes enfans purement & fimplement, contracte une obligation envers fes mineurs de leur rendre compte de leur bien, après quoi il ne peut plus faire les fruits fiens, au préjudice de fes enfans, ni donner atteinte à l'obligation qu'il avoit contractée de leur rendre compte par l'acceptation pure & fimple qu'il avoit faite à la tutelle. La Couftume d'Artois en contient une difpofition expreffe en l'article 156. qui dit : *Si les pere & mere prennent la charge de leurs enfans au nom & en qualité de tuteurs legitimes & non à titre de bail, en ce cas les profits & levées des heritages demeurent au profit des enfans, defquels les pere & mere font tenus de rendre compte à leurs enfans, eux venus à leur âge.*

20. Nous avons dit que la garde-noble n'étoit ouverte & déferée que par le décès du pere & de la mere, & qu'elle eft déferée au furvivant des pere & mere préferablement aux ayeuls & ayeules. Nous avons enfuite à expliquer en quels cas la garde eft déferée aux ayeuls & ayeules, & en quels cas elle n'eft pas déferée. Il y a

un premier cas auquel un ayeul en a été exclus. Le fait eſt que Alexandre de la Meſchiniere Avocat en la Cour étoit decedé & avoit laiſſé deux enfans ; Mᵉ Pierre de la Meſchiniere ayeul paternel des enfans, fut aſſigné pour l'élection d'un tuteur ; les autres parens des enfans furent pareillement aſſignez, la mere des enfans fut élûë tutrice, qui accepta la tutelle & ne déclara point vouloir accepter la garde-noble de ſes enfans, & n'en fit aucune proteſtation ni reſerve. Mᵉ Pierre de la Meſchiniere ayeul des enfans fut élû ſubrogé tuteur, en même temps que la mere avoit été élûë tutrice ; il accepta la qualité de ſubrogé tuteur & ne declara point pareillement vouloir accepter la garde-noble de ſes petits-enfans au lieu de la mere qui avoit accepté la tutelle, & qui n'avoit point declaré vouloir accepter la garde. Deux ans après la mere mourut ; après la mort de la mere, Mᵉ Pierre de la Meſchiniere ayeul paternel des enfans, & les autres parens des enfans ayant été aſſignez pour l'élection d'un tuteur au lieu de la mere tutrice qui étoit decedée ; Pierre de la Meſchiniere ayeul declara qu'il acceptoit la garde de ſes petits enfans : il diſoit que la garde-noble de ſes petits-enfans lui étoit deferée par la Couſtume de Paris après le decés de leur mere qui ne l'avoit point acceptée ; qu'il ne la pouvoit pas prétendre du vivant de la mere, parce que la Couſtume avoit établi un ordre graduel entre les perſonnes auſquelles elle deferoit la garde ; que la Couſtume ne deferoit la Garde aux ayeuls ou ayeules qu'aprés les pere & mere ; que la mere qui avoit été en droit de l'accepter étant decedée ſans l'avoir acceptée, le droit lui étoit dévolu, & qu'il étoit en droit de l'accepter aprés le decés de la mere.

21. On ſoûtenoit au contraire contre Mᵉ Pierre de la Meſchiniere, qu'il n'avoit pas lieu de prétendre la garde-noble ; que la garde-noble étoit faillie par la mort de la mere, parce que la mere avoit accepté la tutelle purement & ſimplement, & n'avoit pas accepté la garde-noble, lorſqu'elle lui avoit été deferée ; que Pierre de la Meſchiniere ayant pareillement accepté la qualité de ſubrogé tuteur ſans avoir fait reſerve ni proteſtation de la garde, il n'étoit plus recevable à prétendre la garde : l'affaire ayant été portée à l'Audiance, par l'Arreſt qui eſt intervenu le 28. Fevrier 1630. ſur les Concluſions de Monſieur l'Avocat General Talon ; on jugea conformément à ſes Concluſions, que Mᵉ Pierre de la Meſchiniere étoit mal fondé à prétendre la garde-noble de ſes petits-enfans ; que le droit de garde-noble étoit failli par l'acceptation pure &

ſimple que la mere avoit faite de la tutelle de ſes enfans, & par l'acceptation que Mᶜ Pierre de la Meſchiniere avoit faite lui même de la qualité de ſubrogé tuteur de ſes petits-enfans, ſans proteſtation ni reſerve ; que l'ayeul & la mere étoient cenſez avoir renoncé l'un & l'autre à la garde-noble en faveur de ſes enfans. Ce même Arreſt eſt rapporté par Mᶜ Jean du Freſne en ſon Journal des Audiances, Livre 2. chap. 67. Il eſt auſſi rapporté par Mᶜ Jean Tournet, ſur l'art. 265. de la Couſtume de Paris. Il eſt auſſi rapporté par Mᶜ Pierre Bardet Tom. 1. Liv. 3. nomb. 91.

22. Il y a un autre cas ; par exemple, le pere decede laiſſant des enfans mineurs, la mere qui ſurvit le pere accepte la garde-noble de ſes enfans ; dans la ſuite la mere ſe remarie : la mere par ſon ſecond mariage perd la garde, ſuivant la Couſtume de Paris, qui dit en l'article 268. que la garde par le ſecond mariage du gardien eſt finie. On demande en ce cas, ſuppoſé que les enfans ayent leur ayeul ou ayeule vivans, ſi l'ayeul ou l'ayeule pourra prétendre la garde-noble de ſes petits enfans, qui'eſt finie en la perſonne de leur mere par ſon ſecond mariage.

23. Monſieur le Preſtre en ſa ſeconde Centurie chapitre 42. dit que la queſtion s'en étant preſentée en la Chambre de l'Edit pour la Couſtume de Paris, il y a eu Arreſt rendu le 4. Juin 1604. au rapport de Monſieur Scaron, entre Marie de Herbelot veuve du ſieur de Vueil & la Dame de Roſny veuve du fils aîné de ladite Herbelot, par laquelle il a été jugé que la mere ayant accepté la garde-noble de ſes enfans & l'ayant perduë par ſon ſecond mariage, l'ayeule des enfans n'étoit pas recevable à demander la garde-noble, que les enfans n'en pouvoient pas être chargez plus d'une fois ; & Monſieur le Preſtre obſerve, que le Procès avoit été parti en la Chambre de l'Edit de l'année precedente. Mᶜ Jean Tournet ſur l'article 265. de la Couſtume de Paris, dit qu'il y avoit eu une turbe faite au Chatelet de Paris ſur cette queſtion, en laquelle on fut d'avis que la garde étant finie & expirée en la perſonne de la mere par ſon ſecond mariage, que l'ayeule des enfans ne la pouvoit prétendre, & que cela fut ainſi jugé par Arreſt rendu en la cauſe de la mere de la femme de Monſieur de Sully. Ce peut être le même Arreſt que celui qui eſt rapporté par Monſieur le Preſtre ; mais Mᶜ Jean Tournet le datte de 1608.

24. La raiſon ſur laquelle cet Arreſt eſt fondé, eſt que la Coûtume ayant voulu que le gardien fût privé de la garde, à cauſe de ſon ſecond mariage, il étoit juſte que les enfans qui ſouffrent

préjudice à caufe de fon fecond mariage , demeurent affranchis de la garde-noble dés l'inftant du fecond mariage quoiqu'ils foient en bas âge ; le fecond mariage de la mere qui avoit accepté la garde , ne doit pas donner lieu à leur ayeul ou ayeule de prétendre la garde , & il eft jufte que la garde ne foit pas renouvellée ; en fecond lieu on peut tirer argument des termes de l'article 268. de la Couftume de Paris, qui dit expreffément qu'en cas que le Gardien fe remarie, la garde eft finie : la garde ne feroit pas finie par le fecond mariage du pere ou de la mere , fi la garde paffoit à l'ayeul ou ayeule. Il y a un Arreft du 15. Janvier 1631. rendu fur les Conclufions de Monfieur l'Avocat Genéral Bignon, qui a jugé que la garde acceptée par le pere , étoit finie & éteinte par fon decés, & qu'aprés le decés du pere les ayeuls ni paternels ni maternels ne la peuvent prétendre. Lequel Arreft eft rapporté par Me Bardet Tom. 1. Liv. 4. chapitre 2. Monfieur l'Avocat Genéral Bignon dit que le droit de garde-noble & bourgeoife eft un droit purement François, qui a été inconnu aux Romains , & qui néanmoins a paffé depuis en Efpagne , en Angleterre , en Italie & en plufieurs autres lieux, où il a été admis comme jufte & raifonnable ; que ce droit étoit une efpece de tutelle, exempte de reddition de compte, mais qu'elle n'eft pas entierement lucrative, ayant des charges , qu'elle n'eft déferée qu'à certaines perfonnes fi privilegiées & tellement proches des pupilles, que les biens des uns doivent être reputez comme les biens des autres ; mais que fi ce droit eft avantageux au pere & mere, ayeul & ayeule, à qui feuls il eft déferé,il eft au contraire defavantageux aux pupilles qui ont intereft d'être plûtôt en tutelle qu'en garde; que pour cette raifon il eft raifonnable de reftraindre ce droit autant qu'il eft poffible , quand il y en a occafion jufte , & il n'y en a point de plus jufte & de plus favorable aux mineurs, que de déclarer ce droit éteint , fini & confommé en la perfonne de celui auquel il a été premierement déferé & qui l'a accepté, & d'empêcher qu'il ne paffe d'une perfonne à l'autre , c'eft-à-dire , qu'il ne paffe des pere & mere aux ayeuls & ayeules graduellement & fucceffivement, ce qui feroit grand préjudice aux mineurs ; il eft de leur intereft que ce droit qui n'eft jamais accepté que quand il eft évidemment lucratif finiffe bientôt , & qu'ayant été en la garde de leur pere ou mere , qui vrai-femblablement ont mis leurs biens en bon état ils ne retombent enfuite en la garde-noble d'un ayeul ou ayeule qui pouvant n'avoir pas d'affection pour leurs petis-enfans , negligent leurs interefts & profitent du foin de leur pere ou mere ; que c'eft l'intention de la Couftume de n'admettre qu'une feule perfonne. Monfieur l'Avocat General conclud ainfi , & ces conclufions furent fuivies.

25. La Couftume d'Orleans en l'article 25. eft contraire & veut que l'ayeul ou l'ayeule puiffent prendre & avoir la garde aprés la mere qui s'eft remariée, lorfque la mere & fon fecond mari ne veulent pas accepter la garde. Cet article 25. porte : *Les pere & mere , ayeul & ayeule ayant la garde-noble , s'ils fe remarient feront tenus bailler au préalable, caution de rendre & indemnifer les mineurs de ce qu'ils font tenus les acquitter par ladite garde : toutesfois fi la veuve noble-gardienne de fes enfans fe remarie , & que fon mari & elle ne vouluffent accepter le bail aux charges que deffus ; en ce cas s'il y a ayeul ou ayeule des mineurs , pourront prendre & avoir la garde des mineurs , &c.*

26. Il y a encore un autre cas dans lequel l'ayeul ou l'ayeule ne peuvent prétendre la garde-noble de leurs enfans; en voici l'efpece. Une mere eft décedée, qui a laiffé des enfans en bas âge, le pere furvivant a accepté la garde noble de fes enfans ; le pere étant venu à deceder, l'ayeul maternel des enfans a prétendu que la garde-noble étoit ouverte, qu'elle lui étoit déferée, & qu'il étoit en droit de la prétendre; il s'étoit pourvû aux Requêtes de l'Hôtel , où on lui avoit adjugé la garde-noble ; l'ayeule paternelle au contraire prétendit que la garde-noble lui devoit appartenir , qu'elle étoit du côté paternel des enfans, qu'elle devoit être préferée à l'ayeul maternel , elle s'étoit pourvûë au Châtelet où elle avoit accepté la Garde-noble. Les Parties ayant refpectivement interjetté appel, & l'affaire ayant été portée à la Chambre de l'Edit, on infirma les Sentences, c'eft à-dire, celle des Requêtes de l'Hôtel & celle du Châtelet , & on jugea que la garde-noble n'appartenoit ni à l'un ni à l'autre ; que le pere des enfans l'ayant acceptée & étant depuis decedé , la garde noble étoit finie par fon décès & qu'elle ne paffoit point aux ayeul & ayeule, & la Cour ordonna qu'il feroit procedé à l'election d'un tuteur. L'Arreft rendu le 15. Janvier 1631. ce même Arreft eft rapporté par du Frefne en fon Journal des Audiances Liv. 2. ch. 87. Edition de l'année 1678. Il eft pareillement rapporté par Me Pierre Bardet Tom. 1. Liv. 4. c. 2.

27. La raifon fur laquelle eft fondé cet Arreft eft que la garde-noble que la Couftume de Paris defere au pere & mere , ayeul ou ayeule , ne s'accepte qu'une feule fois , c'eft-à-dire, lorfque celui

auquel la Couftume la defere l'accepte , elle finit en fa perfonne & ne paffe point à un autre ; la garde n'eft pas deferée
une feconde fois ; l'article 265. dit : *Il eft loifible aux pere & mere*
ayeul ou ayeule nobles d'accepter la garde noble de leurs enfans , après
le trépas de l'un d'eux. On a jugé par cet Arreft que la garde ne
fe devoit pas geminer, & qu'il n'étoit pas raifonnable d'admettre
une efpece de fucceffion au droit de garde , c'eft-à-dire, de faire
fucceder l'ayeul ou l'ayeule à la garde-noble après le decès du
furvivant des pere & mere qui feroit decedé après avoir accepté la
garde , ni pareillement faire fucceder à la garde les ayeul & ayeule
l'un à l'autre. En effet fi cela étoit admis , cela donneroit lieu de
prétendre que la garde augmenteroit fucceffivement d'une perfonne à l'autre ; la garde-noble fe trouveroit plus avantageufe en
la perfonne de l'ayeul ou ayeule, qu'en la perfonne du furvivant
des pere & mere ; la garde-noble qui auroit été acceptée par le
furvivant des pere & mere , fi après fon decès l'ayeul ou ayeule
la pouvoient prétendre, elle comprendroit les biens du pere & de
la mere decedez , & la garde-noble feroit encore augmentée fi
l'ayeul & l'ayeule fuccedoient l'un après le decès de l'autre à la
garde ; ce n'eft point l'intention de la Couftume d'admettre une
efpece de fucceffion en matiere de garde & de la faire augmen-
ter de degré en degré. La Couftume n'en parle point ; la garde
eft de droit étroit & ne fouffre point d'extention , de forte qu'il y
a lieu de conclure , lorfque le furvivant des pere & mere a accepté
la garde-noble de fes enfans, s'il vient à deceder lorfque les enfans
font encore en bas âge, que la garde eft finie, les ayeul & ayeule
ne la peuvent pas prétendre ; la garde ne fe gemine point fuivant
ce qui a été jugé par cet Arreft. On doit dire même chofe fi le
furvivant des pere & mere après avoir accepté la garde, avoit depuis renoncé à la garde , ou étoit tombé en demence, ou avoit été
interdit.

28. Nous avons parlé de trois cas dans lefquels les ayeul &
ayeule ne peuvent prétendre la garde-noble de leurs petits-enfans;
mais on demande s'ils la peuvent prétendre, en cas que le furvivant des pere & mere n'accepte pas la garde mais y renonce &
declare remettre le benefice de la garde à fes enfans. On pourra
dire qu'il n'eft pas pareillement jufte en ce cas, que les ayeul &
ayeule puffent prétendre la garde au préjudice de leurs petits-enfans & que les petits-enfans foient fruftrez de l'avantage que le furvivant de leur pere & mere leur a voulu faire en leur remettant le
profit

profit & le benefice de la garde. D'un autre côté on dira qu'il
auroit été inutile d'avoir deferé, par l'article 165. la garde-noble
aux ayeul & ayeule, s'ils ne la pouvoient pas prétendre dans les
trois cas ci-deſſus, ni dans celui-ci, qui eſt lorſque le ſurvivant des
pere & mere a fait refus de l'accepter ; que ſi cela avoit lieu, les
ayeuls ou ayeules ne pourroient prétendre la garde-noble que
quand les pere & mere ſeroient tous deux enſemble decedez en
même-temps, ce qui ne peut arriver que tres-rarement ; & il étoit
inutile, pour un cas ſi rare, de leur deferer la garde-noble & de
les comprendre dans l'article 265. de la Couſtume.

19. Pour reſolution il eſt raiſonnable de dire que la garde-noble eſt deferée aux ayeul & ayeule lorſque le ſurvivant des pere &
mere y renonce & fait refus de l'accepter, ſoit que le ſurvivant
des pere & mere renonce à la garde-noble purement & ſimplement, ſoit qu'il y renonce en faveur de ſes enfans. L'article 265. dit
qu'il eſt eſt loiſible aux pere & mere, ayeul ou ayeule nobles, accepter la garde-noble de leurs enfans après le decès de l'un d'eux ;
par cet article la garde-noble eſt deferée aux pere & mere, ayeuls &
ayeules en même-temps, & ce droit eſt deferé aux ayeuls & ayeules
auſſi-bien qu'au pere & mere, ſans conſiderer l'intereſt des enfans ;
mais ce droit n'eſt deferé aux ayeuls & ayeules que ſubordinement.
C'eſt pourquoi ſi le ſurvivant des pere & mere ne deſire pas accepter la garde-noble de ſes enfans, après le decès du prédecedé
& en fait refus, s'il y a ayeul ou ayeule vivans, l'un ou l'autre peut
ſe préſenter & declarer qu'il entend accepter la garde-noble de ſes
petits enfans, au cas que le ſurvivant des pere & mere ne veüille
pas l'accepter : & comme la Couſtume de Paris n'a point défini
de temps dans lequel la garde doit être acceptée, ſi le ſurvivant
des pere & mere ne ſe preſente pas pour l'accepter, l'ayeul ou
l'ayeule peut faire ordonner que le ſurvivant des pere & mere ſera
tenu de faire ſa declaration s'il entend accepter la garde-noble,
& qu'à faute de l'accepter dans un certain temps il lui ſera loiſible
de l'accepter. Cela eſt en quelque façon expliqué par la Couſtume d'Orleans en l'article 23. Cet article dit : *Quand homme ou
femme noble vont de vie à trépas délaiſſant un ou pluſieurs enfans
mineurs, le ſurvivant a & peut avoir, ſi bon lui ſemble, la garde
d'iceux, & en leur defaut ou refus, l'ayeul ou l'ayeule du côté du
decedé* ; & le même article ajoûte, *Et en cas de refus d'accepter
ladite garde, ſeront leſdits pere & mere, ayeul ou ayeule ſubordinement tenus dans la quinzaine d'en faire la déclaration au Greffe &*

E

faire pourvoir à leurs frais & dépens, dans la huitaine enfuivant, de
tuteurs, curateurs, à peine de tous dépens, dommages & interefts, &c.

30. De forte que fi le furvivant des pere & mere renonce à la garde-noble, l'ayeul ou l'ayeule noble peuvent l'accepter en fon lieu & place, toutes chofes étant entieres ; c'eft-à-dire, fi la garde-noble n'avoit point encore été acceptée par le furvivant des pere & mere. M͏ᵉ Marie Ricard eft de même avis, fur l'article 168. de la Couftume de Paris : mais fi le furvivant des pere & mere veut favorifer fes enfans & leur remettre le profit & le benefice de la garde & en exclure les ayeuls & ayeules, il lui eft facile de le faire ; c'eft-à-dire, il peut accepter la garde-noble de fes enfans, & après l'avoir acceptée il peut en remettre le profit & l'avantage à fes enfans ; après l'acceptation qui en aura été faite par le furvivant des pere & mere, les ayeuls & ayeules ne la pourront plus prétendre & en feront exclus.

31. En fecond lieu, la garde-noble eft deferée aux ayeul & ayeule qui peuvent l'accepter, lorfque le furvivant des pere & mere eft incapable de toute adminiftration & interdit au temps du decès du predecedé des pere ou mere, qui a donné ouverture à la garde-noble, & alors l'un des ayeuls & ayeules a droit de prétendre la garde-noble : car comme il a été ci-devant obfervé au n. 15. & fuivans, lorfque le furvivant des pere & mere eft incapable d'adminiftration & interdit, le curateur de l'interdit ne peut pas accepter pour l'interdit la garde-noble, & il y a lieu de dire que le droit de garde-noble eft deferé aux ayeuls & ayeules par l'incapacité du furvivant des pere & mere : autre chofe feroit fi le furvivant des pere & mere avoit accepté la garde-noble & que fon incapacité & fon interdiction fût furvenuë depuis fon acceptation ; par exemple, s'il étoit tombé en demence depuis fon acceptation, car en ce cas la garde-noble auroit fini en la perfonne de l'interdit & ne pafferoit point aux ayeuls & ayeules qui en feroient exclus.

32. En 3ᵉ lieu la garde-noble eft deferée aux ayeuls & ayeules qui peuvent l'accepter, lorfque le furvivant des pere & mere eft venu à deceder fans avoir accepté la garde-noble, l'ayeul ou l'ayeule pourra fe prefenter & accepter la garde-noble de fes petits-enfans ; mais refte la difficulté de fçavoir fi l'ayeul ou l'ayeule auquel la garde-noble a été deferée & qui l'a acceptée, aura le droit de garde, non-feulement fur les biens du predecedé des pere & mere, le decès duquel a donné ouverture à la garde-noble, mais auffi fur les biens du dernier decedé des pere & mere qui n'avoit pas ac-

cepté la garde-noble de son vivant, par le decès duquel la garde-
noble a passé à l'ayeul ou l'ayeule, laquelle question sera traitée au
Chapitre sixiéme, où on traite sur quels biens la garde noble
s'étend.

33. Il faut passer à une autre difficulté. On demande lorsqu'il
y a concurrence des ayeuls & ayeules, qui d'entr'eux doit être préferé, touchant le droit de garde-noble. Premierement s'il n'y a
ayeul ni ayeule que d'un côté, par exemple, s'ils sont tous deux
du côté paternel, & que les ayeul & ayeule du côté maternel
soient decedez, & è contra; il n'y nul doute que l'ayeul doit
être preferé à l'ayeule pour le droit de garde-noble. La Coustume
de Paris en l'article 265. nomme l'ayeul avant l'ayeule; l'ayeul à
pour lui l'ordre de l'écriture & l'avantage du sexe masculin; joint
que l'ayeul est le chef, & l'ayeule est en la puissance de l'ayeul
son mari, l'ayeule ne peut prétendre aucune administration au préjudice de l'ayeul son mari; d'ailleurs si l'ayeul & l'ayeule sont en
Communauté de biens, l'émolument & profit de la garde tombe
en la Communauté, le mari est maître de la Communauté.

34. Mais que dira-t'on s'il y a ayeul & ayeule de different côté; l'ayeul ou l'ayeule du côté paternel seront-ils preferez à l'ayeul
ou l'ayeule du côté maternel. La Coustume de Paris n'en dit rien:
Il y a quelques Coustumes qui en ont parlé, mais differemment:
La Coustume de Peronne, titre des Baillistres & Garde-Nobles,
dit en l'article 220. *Quand l'un des deux personnes nobles conjoints*
par mariage decede laissant dudit mariage un ou plusieurs enfans en
bas âge, il est loisible au survivant, encore qu'il soit mineur de vingt-
cinq ans, prendre le bail ou garde-noble des enfans, ou en défaut d'un
d'eux, ou à leur refus, à l'ayeul ou l'ayeule ou autres ascendans en ligne
directe, & selon leur degré le peuvent prendre; & l'article 221. dit:
S'il y a ayeul ou ayeule de deux côtez, celui ou celle qui est du côté
paternel est preferé à ceux qui sont du côté maternel pour tous biens,
tant paternels que maternels.

35. La Coustume d'Orleans en l'article 23. dit: *Quand homme*
ou femme noble ou non-noble vont de vie à trépas, délaissant un ou
plusieurs enfans mineurs, le survivant a & peut avoir, si bon lui semble,
la garde d'iceux; & en leur defaut ou refus, l'ayeul ou l'ayeule du côté
du decedé, si aucun y a, &c. La Coustume de la Marche article 70.
dit: *Entre nobles, bail de mineurs a lieu en la Marche au pere &*
à la mere seulement, si ladite mere est âgée de vingt-cinq ans; & si
ledit mineur n'a pere ou mere au-dessus de vingt cinq ans, lui doit

être pourvû de tuteur ou curateur par le *Juge*, appellez les parens tant du côté paternel du côté maternel ; & l'article 71. dit : *S'il y a frere du côté paternel en âge de vingt cinq ans, & auffi la mere au temps du trépas de fon mari eft moindre de vingt-cinq ans, le frere fera préferé à avoir le bail de fes freres mineurs & en bas âge avant la mere.*

36. La Couftume de Blois chapitre 2. des Bailliftres & Gardiens art. 4. dit : *Quand pere ou mere foit nobles ou roturiers vont de vie à trépas, délaiffant enfans mineurs de leur mariage, au furvivant appartient, ipfo facto, fans autre confirmation, la garde, gouvernement, & adminiftration des perfonnes & biens de leurs enfans : & fi les enfans demeurent orphelins de pere & de mere, ladite garde, gouvernement & adminiftration eft deferée aux ayeuls & ayeules des mineurs; toutesfois, audit cas, les mâles font préferez aux femelles, & les paternels aux maternels.* Pontanus qui a commenté cette Couftume, fur ledit article, dit : *Hoc eft ut avus paternus avo materno præferatur in nepotum tutela ; avia paterna, aviæ maternæ, quod etiam l. 12. tabularum conftitutum erat, quæ jubebat 1. agnatis tutelas ficut hæreditates deferri, habitâ compenfatione oneris ad commoda L. tutelas D. de capitis diminutione, & cap. 1. D. de legitima tutela.*

37. La Couftume de Rheims par l'article 330. dit : *Il y a garde-noble & garde bourgeoife ou roturiere, & appartient ladite garde tant noble que bourgeoife aux pere & mere, fi l'un d'eux eft vivant, finon à l'ayeul premierement, ou à l'ayeule, l'ayeul étant decedé, foit lefdits ayeul ou ayeule paternels ou maternels; en concurrence defquels paternels ou maternels pour le regard des nobles, font préferez les ayeuls & ayeules paternels en la garde & adminiftration de la fucceffion paternelle, & les maternels en la maternelle ; mais pour le regard des roturiers l'ayeul paternel eft préferé au maternel, comme l'ayeule paternelle à la maternelle, & en concurrence d'ayeul & d'ayeule de divers côtez, les ayeuls font toûjours préferez aux ayeules.*

38. A l'égard de la Couftume de Paris, elle ne s'eft pas, comme il a été dit, expliquée ; aucuns ont dit que la garde noble doit être divifée entre les ayeul & ayeule paternels & maternels, *pro femiffe*, c'eft-à-dire, *per ftirpes*, à l'imitation de la fucceffion fuivant la Loy *Quod fcitis §. fin. de bonis quæ liberis authent. defunâo ;* que les ayeul & ayeule paternels ou le furvivant d'eux doivent avoir le droit de garde fur la moitié des biens qui font tombez en garde, & les ayeul & ayeule maternels ou le furvivant d'eux fur l'autre moitié ; & s'il n'y a ayeul & ayeul que d'un côté

qu'il doit avoir le droit de garde-noble tout entier sans division ,
par droit d'accroissement. D'autres disent que la garde-noble
se doit diviser par teste entre les ascendans, à l'exemple de la succession des biens meubles, acquêts & conquêts des enfans qui se
divisent par tête entre les ascendans , suivant l'article 311. de la
Coustume de Paris. Mais ni l'une ni l'autre de ces opinions ne
doit être suivie. La garde-noble ne doit être coupée & divisée,
elle ne doit être deferée qu'à une seule personne; & toute la difficulté va seulement à sçavoir quand il y a concurrence d'ayeuls
& ayeules paternels & maternels, qui d'entr'eux doit être preferé.

39. Premierement quand il y a concurrence d'ayeul paternel
& d'ayeul maternel , il semble que l'ayeul paternel doit être preferé au maternel ; le droit commun a toûjours preferé le côté paternel au maternel ; *cæteris paribus* : par le Droit Romain le pere
avoit droit de puissance paternelle , la mere ne l'avoit pas ; mais
si la concurrence se trouve entre un ayeul maternel & une ayeule
paternelle , il semble en ce cas qu'on doit préferer l'ayeul maternel
à l'ayeule paternelle, par argument tiré de l'art. 265. de la Coustume de Paris qui nomme l'ayeul avant l'ayeule ; joint que l'ayeul
maternel ayant l'avantage du sexe masculin , il doit être preferé
à l'ayeule paternelle.

40. Mais cela ne laisse pas d'avoir encore quelque difficulté:
car on dit que la garde-noble est plus réelle que personnelle, qu'il
faut regarder simplement lequel du pere ou de la mere est predecedé , que c'est le decès de celui qui est decedé le premier qui
a donné ouverture à la garde-noble & qu'il n'y a que les biens du
prédecedé des pere & mere qui tombent en la garde-noble ; si la
mere est decedée la premiere , ce sont ses biens qui tombent en la
garde-noble ; que l'ayeul ou l'ayeule maternelle doivent être preferez à l'ayeul ou l'ayeule paternelle : que puisque la garde-noble
donne droit sur les biens des enfans, il faut plûtôt considerer celui
qui est du côté dont les biens sont venus aux enfans, que celui
qui n'en est pas. Il est vrai qu'en matiere de tutelle l'ayeul paternel doit être preferé à l'ayeul maternel ; mais il y a grande difference à faire entre la garde-noble & la tutelle ; le tuteur n'a que
la simple administration des biens dont il doit rendre compte ;
mais à l'égard du gardien, il fait les fruits siens de tous les immeubles qui sont écheus aux mineurs par le decès du predecedé de
leur pere & mere ; il semble qu'il n'est pas juste qu'un ayeul paternel profite du revenu des biens maternels au préjudice de l'ayeul

maternel ; les biens doivent être confervez au côté dont ils procedent, autrement les parens d'une ligne, fi cela avoit lieu, pourroient profiter des biens de l'autre ligne, ce qui femble refifter aux principes du Droit couftumier.

41. Il faut paffer à une autre queftion. Le fait eft qu'un Gentilhomme du pays Lyonnois étoit venu demeurer à Paris où il s'étoit marié : il vient à deceder laiffant des enfans en bas âge, la mere des enfans vient pareillement à deceder après le pere; elle n'avoit point accepté de fon vivant la garde-noble ni fait aucune declaration de la vouloir accepter, elle n'avoit point auffi été nommée tutrice : l'ayeul paternel des enfans qui avoit fon domicile au pays Lionnois ayant eu avis que fon fils étoit decedé, & que la femme de fon fils étoit pareillement decedée, vient à Paris & fe prefente pour accepter la Garde-noble de fes petits-enfans; les parens maternels des petits-enfans l'empêchent, & foûtiennent qu'il n'eft pas recevable à prétendre la garde-noble de fes petits-enfans, parce qu'il n'étoit pas demeurant à Paris ni dans l'étenduë de la Prevôté & Vicomté de Paris, dans le temps qu'il y a eu ouverture à la garde-noble par le decés du pere ; qu'il eft bien vrai que l'article 265. dit : *Il eft loifible aux pere & mere, ayeul ou ayeule nobles demeurans en la Ville de Paris ou dehors d'accepter la garde-noble de leurs enfans* ; mais cela s'entend qu'ils foient demeurans dans l'étenduë du pouvoir de la Couftume, c'eft-à-dire, dans l'étenduë de la Prevôté & Vicomté de Paris ; que plufieurs Couftumes deferent la garde-noble aux pere & mere feulement & en excluënt les ayeuls & ayeules; qu'au temps que la garde a été ouverte il avoit fon domicile au pays Lionnois qui eft pays de Droit Ecrit, où le Droit de garde n'a pas lieu & ne fe pratique point ; qu'il ne doit pas joüir du benefice de la Couftume de Paris, puifqu'il n'étoit pas demeurant dans l'étenduë de fon détroit.

42. L'ayeul au contraire difoit que la garde-noble eft de droit commun fuivant le droit couftumier ; que puifque la Couftume de Paris defere la garde-noble aux pere & mere, ayeul ou ayeule, il n'en doit pas être exclus, fous prétexte qu'il avoit fon domicile en pays de Droit écrit. L'ayeul ne femble pas bien fondé; la garde-noble eft de Droit étroit, & doit plûtôt être reftrainte qu'étenduë; plufieurs Couftumes deferent la garde-noble aux pere & mere feulement, ainfi il y a lieu de conclure dans le cas dont il s'agit que l'ayeul n'eft pas recevable à prétendre la garde-noble de fes petits enfans, puifqu'il étoit demeurant en pays de Droit Ecrit où

il n'y a point de garde-noble : autre chose seroit si l'ayeul avoit été demeurant en une Coustume qui deferât pareillement, comme la Coustume de Paris, la garde-noble aux ayeul ou ayeule ; car en ce cas l'ayeul auroit pour lui & la Coustume de son domicile, & la Coustume de Paris où la garde a été deferée.

43. Il y a une autre question, qui est lorsque le pere est noble & que l'ayeul ne l'est pas : par exemple, un Bourgeois de Paris marie son fils, lequel dans la suite se fait pourvoir d'une Charge de Secretaire du Roy ; la femme du fils vient à deceder laissant des enfans en bas âge ; & quelque temps après le decès de la femme, le mari qui étoit pourvû de l'Office de Secretaire du Roi vient pareillement à deceder sans avoir accepté la garde-noble de ses enfans : l'ayeul paternel se presente, & prétend la garde-noble de ses petits-enfans : les parens maternels des enfans soûtiennent que l'ayeul paternel n'est pas recevable à prétendre la garde-noble de ses petits enfans ; ils disent que par la Coustume de Paris, il n'y a que deux sortes de garde, la noble & la bourgeoise ; la garde-noble ne peut être prétenduë par l'ayeul parce qu'il n'est pas noble. La Coustume de Paris par l'article 265. dit : *il est loisible aux pere & mere, ayeul ou ayeule noble accepter la garde-noble de leurs enfans* ; qu'il ne peut pas aussi prétendre la garde bourgeoise, parce que la garde-bourgeoise ne remonte pas jusques à l'ayeul, elle est deferée aux pere & mere seulement, suivant l'article 266. qui dit : *Il est permis aux pere & mere bourgeois de Paris prendre & accepter la garde bourgeoise & administration de leurs enfans après le decés de l'un d'eux.* Les parens maternels des enfans sont sans doute bien fondez à dire que l'ayeul n'étant pas noble, n'a pas droit de prétendre la garde-noble de ses petits-enfans.

44. La Coustume de Paris ne defere la garde-noble qu'aux pere & mere, ayeul & ayeule, par l'article 265. & ne la defere pas aux autres ascendans. Il y a plusieurs Coustumes qui deferent la garde-noble aux pere & mere, ayeul & ayeule & autres ascendans. Par exemple, la Coustume de Melun, en l'art. 285. dit : *La garde-noble des enfans nobles étant sans âge appartient aux pere & mere, ayeul ou ayeule & autres ascendans, &c.* La Coustume d'Orleans en l'art. 16. dit : *Gardiens sont pere & mere, ayeul ou ayeule ou autres ascendans.* On demande dans la Coustume de Paris, qui ne defere la garde-noble qu'aux pere & mere, ayeul ou ayeule ; si les bisayeul & bisayeule la peuvent prétendre à défaut de pere & mere, ayeul & ayeule. Il semble raisonnable de dire qu'ils ne la peuvent

pas prétendre, la garde eſt de Droit étroit & ne peut avoir lieu qu'à l'égard des perſonnes auſquelles elle eſt nommément deferée par la Couſtume. La raiſon eſt que la garde eſt onereuſe aux enfans & leur cauſe quelque perte & dommage, on ne doit pas l'étendre au préjudice des enfans. Poſtanus eſt d'avis contraire en ſon Commentaire ſur la Couſtume de Blois ; cette Couſtume par l'article 4. titre 2. dit : *Quand pere ou mere ſoit nobles ou roturiers vont de vie à trépas, délaiſſant enfans mineurs de leur mariage , au ſurvivant appartient , ipſo faĉto , ſans autre confirmation, la garde, gouvernement & adminiſtration des perſonnes & biens de leurs enfans ; & ſi les enfans demeurent orphelins de pere & mere , ladite garde, gouvernement & adminiſtration aux ayeuls & ayeules des mineurs , &c.*

45. Quoique cet article ne comprenne que les pere & mere ayeul & ayeules: Neanmoins cet Autheur dit qu'à défaut de pere & mere, ayeul & ayeule, le biſayeul ou biſayeule peuvent prétendre la garde, ſe fondant ſur l'avis de Bartole qui dit, qu'il faut étendre à la biſayeule l'authentique *matri & aviæ* , qui defere la tutelle à la mere & à l'ayeule : *Hinc non modica reſultat difficultas, quid in proavia juris ſtatuendum, cujus conſtat nullam haberi mentionem. Bartol. in terminis hanc quæſtionem movet in L. cui eorum , in princip. D. de poſtul. ſeque conſuluiſſe refert hinc tutelam ad proaviam extendi , licet ejus nulla fieret mentio. In diĉta authent. matri & aviæ Contrariam tamen opinionem tutatus eſt Ang in L. Gallus §. Inſtituens de liberis & poſthumis motus ex vi verbi (ſolis) in diĉto §. ex his in Authent. de hæred. ab inteſtato ven. eo quod illius §. diſpoſitio jus antiquum corrigat , & quod proavia ab avia differat ; mihi autem opinio Bartoli magis ſatisfacit, &c.* L'opinion de Pontanus ne me ſemble pas bien fondée ; on ne doit pas argumenter de la tutelle à la garde-noble ; la garde-noble eſt bien differente de la tutelle ; la garde-noble eſt onereuſe aux enfans, elle ne peut-être prétenduë que par ceux auſquels elle eſt deferée nommément par la Couſtume, on ne la doit pas étendre à d'autres perſonnes au préjudice des enfans, ainſi qu'il a été jugé touchant la garde-bourgeoiſe dont ſera parlé ci-après. On a jugé que la garde-bourgeoiſe qui n'eſt deferée, par la Couſtume de Paris, qu'aux pere & mere ne devoit pas être étenduë aux ayeul & ayeule De même on ne doit pas étendre la garde-noble aux biſayeuls & biſayeules, puiſque la Couſtume n'a compris dans ſa diſpoſition que les pere & mere, ayeuls & ayeules, & qu'elle n'y a pas compris les biſayeuls & & biſayeules.

46. Aprèſ

46. Après avoir parlé de la garde-noble , il est la de suite de parler de la garde-bourgeoise;l'origine de la garde bourgeoise est tres-ancienne & est immemoriale. Le grand Coustumier de France & Instruction de Pratique, dit : que par usage & coustume notoi-re en la Ville & Banlieuë de Paris, le survivant des deux mariez, tant soient de gens de poeste à la garde de leurs enfans & fait les fruits siens de leurs heritages en les nourrissant , tout ainsi comme il a accoustumé entre nobles , & pour raison de la noblesse susdite & à cause d'icelle noblesse, tous bourgeois sont en la sauve-garde du Roy. Me René Chopin, *in prœmio* de son Commentaire sur la Coustume de Paris, fait mention de Lettres accordées par le Roy Charles V. aux Bourgeois de Paris, le 9. Aoust 1371. par les-quelles il confirma le droit & possession , en laquelle étoient les bourgeois d'avoir la garde de leurs enfans à l'exemple des nobles ; & le même Autheur au même Commentai. Liv. 2. tit. 7. nomb. 10. dit: *A prisca jam sæculorum memoria tributum fuit Franciæ huic metropoli prærogataque ejus dignitati jus plebeïæ seu urbicæ, non minus ac nobilis impuberum custodiæ.*

47. La Coustume de Paris dit par l'article 265. *Il est loisible aux pere & mere, ayeul ou ayeule noble d'accepter la garde-noble de leurs enfans,* & l'article 266. dit : *Il est pareillement permis aux pere & mere bourgeois de Paris prendre & accepter la garde bourgeoise & administration de leurs enfans après le decés de l'un d'eux.* Il y a grande varieté dans les Coustumes. Il y a plusieurs Coustumes qui n'établissent la garde ou bail qu'à l'égard des personnes. Par exem-ple la Coûtume de Lodunois chap. 33. art. 1. dit: *Entre gens no-bles le bail des mineurs vient à pere & mere seulement.* La Coustu-me d'Anjou art. 88. à la fin dit : *N'échet aucun bail entre gens rotu-riers.* La Coustume de la Marche en l'article 79 dit: *Entre roturiers & non nobles , il n'y a point de bail.* Il y a d'autres Coustumes qui admettent la garde noble & bourgeoise, & qui donnent même avan-tage à la bourgeoise qu'à la noble , & ne font difference entre l'une & l'autre que pour la durée de la garde. Par exemple la Coustu-me de Montfort-Lamaury chap. 10. art, 116. dit : *Pere & mere , ayeul & ayeule ou autres ascendans tant nobles que roturiers peuvent accepter la garde de leurs enfans ou autres descendans en ligne directe, après le trépas de leur pere ou mere, & font les gardiens les fruits leurs des heritages , rentes & revenus , appartenans aux mineurs , &c.* & l'art. 117 dit : *Et dure ladite garde , quant aux nobles, aux mâles jusques à vingt ans , & aux filles jusques à quinze ans ; & quant*

aux roturiers , aux mâles jufques à quatorze ans , & aux filles juf-
ques à douze ans accomplis.

48. Il y a d'autres Couftumes qui n'admettent la garde entre non-nobles , finon qu'ils ayent Fiefs nobles. Par exemple, la Coûtume de Clermont article 176. dit : *Il n'échet point de garde à enfans non-nobles , finon qu'ils ayent fiefs nobles & pour autant que valent lefdits fiefs nobles , auquel cas les pere ou mere furvivans pourront prendre la garde des mineurs pour le regard des fiefs tant feulement.* Il y a d'autres Couftumes qui établiffent la garde-noble & bourgeoife , mais ne donnent aucun profit à la bourgeoife. Par exemple, la Couftume de Blois chap. des Bailliftres art. 4. dit : *Quand pere ou mere , foit nobles ou roturiers , vont de vie à trépas delaif- fant enfans mineurs de leur mariage , au furvivant appartient la garde;* & par l'art. 5. il eft dit : *En garde de bien de mineurs nobles les gar- diens foit pere ou mere , ayeul ou ayeule , font leurs les fruits & re- venus , &c.* & par l'art. 6. *En garde de mineurs non - nobles les gardiens ne font leurs les meubles & fruits , mais font fujets à con- fection d'Inventaire & reddition de compte.*

49. Premierement la Couftume de Paris ne deferant la garde bourgeoife qu'aux pere & mere bourgeois de Paris , & ne la de- ferant pas aux ayeul & ayeule, les ayeul & ayeule ne la peuvent pas prétendre à défaut de pere & mere. La garde comme il a été dit eft de Droit étroit & ne fe doit pas étendre d'une perfonne à une autre ; l'art. 266. qui ne defere la garde-bourgeoife qu'aux pere & mere bourgeois , ne fe doit pas étendre aux ayeul & ayeule. La queftion s'en eft prefentée pour Guillaume Rouffelet , ayeul maternel de Marc Tillois mineur. Il prétendoit la garde bourgeoife de fon petit-fils; le tuteur du mineur l'empêchoit : l'ayeul maternel difoit qu'encore que l'art. 266. ne portât pas ces mots , *ayeul & ayeule ,* comme l'article precedent , qui parle de la garde-noble , que neanmoins ils y devoient être fouf-entendus & cenfez repetez; qu'il y a plufieurs exemples dans le Droit, comme la claufe appofée en la Préface d'une Loy doit être entenduë & cenfée repetee dans tout le texte qui fuit & qui eft continu ; qu'on devoit dire même chofe des art. 265 & 266. que les pere & mere , ayeul & ayeule qui font dénommez en l'art. 265 pour la garde-noble, font cenfez repetez en l'art. 266. pour la garde bourgeoife. Neanmoins l'ayeul maternel fut débouté de fa pretention ; par Arreft du 19. Octobre 1595. on jugea que la garde bourgeoife étoit feulement déferée aux pere & mere, & non aux ayeuls & ayeules. Ce même Arreft

eſt rapporté par Chenu, premiere Centurie, queſtion 20. Par Charondas & par Tronçon ſur l'article 166. de la Couſtume. Chopin liv. 2. tit. 7. num. 2. rapporte le même Arreſt, & obſerve qu'il fut ordonné que l'Arreſt ſeroit lû & publié au Châtelet, l'Audiance tenant. Il allegue enſuite la raiſon de l'Arreſt : *Plebeio nimirum privatæque ſortis homini quod indultam eſt contra juris perpetui regulas coarctari debet, nec prætui ſingularis privilegii verba interpretatione ampliari.* Me Jean Bacquet rapporte auſſi ce même Arreſt en ſon Traité des Franc-fiefs chap. 10. nomb. 9.

50. Il y a encore une choſe à obſerver à l'égard de la garde bourgeoiſe dans la Couſtume de Paris, qui eſt que la Couſtume ne defere la garde bourgeoiſe qu'aux pere & mere Bourgeois de Paris, c'eſt-à-dire, à ceux qui ſont demeurans en la Ville & Fauxbourgs de Paris ; ceux qui ſont demeurans hors la Ville & Fauxbourgs en ſont exclus & ne peuvent pas prétendre droit de garde-bourgeoiſe : en quoi la garde-bourgeoiſe eſt differente de la garde noble, qui eſt deferée aux perſonnes nobles qui ſont demeurans dans la Ville de Paris ou dehors, dans l'étenduë de la Prevôté & Vicomté de Paris.

51 Il faut paſſer à une autre queſtion qui a été faite : Une femme noble a été mariée à un roturier demeurant en cette Ville de Paris ; de leur mariage ſont iſſus des enfans, le mari vient à deceder : on demande ſi la veuve qui eſt noble d'extraction, rentrant par la mort de ſon mari dans ſa nobleſſe, avoit droit de prétendre la garde-noble de ſes enfans, qui dure juſques à vingt ans pour les enfans mâles, & juſques à quinze ans pour les filles ; ou ſi elle ne pouvoit prétendre que la garde-bourgeoiſe, qui ne dure à l'égard des enfans mâles que juſques à quatorze ans, & à douze ans pour les filles. On pourra dire que la femme noble ſurvivant ſon mari roturier, a droit de garde-noble, qu'elle n'a pas perdu ſa nobleſſe pour avoir épouſé un roturier & qu'elle la reprend à l'inſtant du décès de ſon mari ; que pour ſçavoir ſi la garde eſt noble ou bourgeoiſe il faut plûtôt conſiderer la qualité du ſurvivant des pere & mere qui la prétend, que celle du prédecedé & de ſes enfans qui tombent en garde ; que la Couſtume de Paris dit par l'article 265. *Il eſt loiſible aux pere & mere, ayeul & ayeule nobles accepter la garde noble de leurs enfans ;* par conſequent qu'aux termes de cet article la mere étant noble, elle a droit de prétendre la garde-noble de ſes enfans. On pourra dire au contraire que les enfans étant nez d'un pere roturier & non noble, ils ſont de condition ro-

turiere & non-noble ; les enfans font de même condition que leur pere : que pour regler la qualité de la garde, fi elle eft noble ou bourgeoife, il faut confiderer la condition des enfans qui tombent en garde, & non pas la condition de leur mere, parce qu'il s'agit d'un droit de garde fur les perfonnes & biens des enfans ; que les enfans ont intereft que la garde, à leur égard, foit bourgeoife plû-tôt que noble, parce que la bourgeoife finiffant plûtôt que la noble, la bourgeoife leur eft moins onereufe que la noble, & ils en fouf-frent moins de préjudice.

52. Refolvant cette queftion il femble qu'il y a lieu de dire que la mere qui eft noble d'extraction, veuve d'un Roturier, eft bien fondée à prétendre la Garde-Noble de fes enfans. Premierement le Droit de Garde eft deferé, par la Couftume, aux pere & mere à caufe de la paternité, c'eft-à-dire, à caufe de leur qualité de pere & de mere ; par confequent que la Garde fe doit confide-rer par la qualité de la mere qui furvit fon mari & qui accepte la Garde ; que la mere étant de condition noble, elle a droit de Garde-Noble en la Couftume de Paris, quoique fon mari fût Ro-turier & fes enfans de même condition que le pere ; & cette refo-lution eft fondée fur les termes de l'article 265. qui dit, *Il eft loi-fible aux pere & mere, ayeul ou ayeule nobles accepter la Garde-Noble de leurs enfans.* Cet article détermine la qualité de la Garde par la qualité de la perfonne qui l'accepte. La Couftume defere la Garde-Noble aux pere & mere, ayeul ou ayeule nobles ; par con-fequent la mere étant de condition noble, il y a neceffité de di-re qu'elle a droit de Garde-Noble. La Couftume du Maine qui n'admet que la Garde-Noble & qui n'admet point la Garde-Bour-geoife, ne laiffe pas neanmoins de deferer la Garde-Noble à la femme noble qui a époufé un Roturier Cette Couftume dit en l'article 107. *Homme Roturier marié à femme noble eft bail des en-fans mineurs d'eux aprés la mort d'elle, & fait les fruits fiens des he-ritages mouvans devers fa feuë femme, fiens ; & femblablement femme roturiere furvivant fon mari noble, eft bail des enfans mineurs d'eux deux, & fait pareillement les fruits des heritages devers ledit mari, fiens.* La Couftume d'Anjou en l'article 94. contient même dif-pofition que la Couftume du Maine. La Couftume de Meaux chap. 1. art. 4. dit : *Entre gens nobles le fruit enfuit la condition du pere & de la mere, & il fuffit que l'un des conjoints par mariage foit noble, à ce que les enfans qui en iftront foient cenfez & repurez perfonnes nobles ; tellement que fi la mere étoit venuë & iffuë de*

noble lignée, soit conjointe par mariage à un homme roturier, les en-
fans qui istront sont reputez nobles, supposé que le pere ne le soit
pas ; & semblablement si le pere étoit noble & la mere roturiere &
non noble, les enfans qui en istront sont dits & reputez nobles.
L'art. 5. dit : Entre Roturiers le fruit ensuit la condition du ventre,
c'est-à-dire, que si la mere étoit de serve condition, les enfans qui en
istront sont de serve condition.

53. Reste de dire que la Garde-Noble ou Bourgeoise ne peut
être prohibée par testament ni autrement ; c'est-à-dire, que le premier mourant des pere & mere qui laisse des enfans mineurs, ne
peut pas empêcher que les biens de sa succession ne tombent en
garde, & que le survivant des pere & mere ne fasse les fruits siens
des biens de sa succession, si le survivant veut accepter la garde
de ses enfans ; parce que le droit de garde est legal, c'est-à-dire,
qu'il est attribué par la Coustume, & n'est ouvert que par le decès
de celui qui prédecede, auquel temps le prédecedé n'est plus au
monde & ne peut plus avoir de volonté ni de pouvoir ; il ne pouvoit pas de son vivant disposer d'un droit qui n'étoit pas ouvert
& existant ; en un mot c'est la Coustume qui donne ce droit de
Garde au survivant.

CHAPITRE III.

De l'acceptation de la Garde-Noble & Bourgeoise, & plusieurs questions sur cette matière.

SOMMAIRE.

1. *Disposition de la Coustume de Paris & autres Coustumes touchant l'acceptation de la garde.*
2. *Si l'acceptation faite au Greffe peut valoir & suffit.*
3. *L'acceptation de la garde se doit faire devant le Juge Royal & non devant le Juge de Seigneurie. Arrest qui l'a ainsi jugé.*
4. 5. *Dans quel temps se doit accepter la garde. Les Coustumes ne sont pas sur cela uniformes.*
6. 7. 8. 9. *Quelle resolution on doit prendre dans la Coustume de Paris qui ne prescrit point de temps pour accepter la garde.*
10. *Lorsque le survivant des pere & mere a accepté la garde noble au lieu de la bourgeoise, qu'il pouvoit accepter, si son acceptation peut operer pour la bourgeoise.*
11. *Resolution de la question.*
12. *Si le survivant des pere & mere peut accepter la garde-noble ou bourgeoise, d'aucuns de*
ses enfans seulement, & ne la pas accepter à l'égard des autres.
13. *Quelle resolution on doit prendre.*
14. 15. 16. *Lorsque le survivant des pere & mere, ou l'ayeul ou l'ayeule, à defaut des pere & mere a accepté la garde-noble, s'il peut renoncer à la garde pour se décharger du payement des dettes; ou si celui qui a accepté la garde n'est pas recevable à y renoncer.*
17. *Arrests qui ont jugé la question.*
18. *Si on a obtenu des Lettres de benefice d'Inventaire pour les enfans qui sont en garde, quoique le benefice d'inventaire soit personnel aux enfans, neanmoins il sert au Gardien pour estre déchargé des dettes.*
19. *Les biens du Gardien sont affectez & hipothequez aux dettes, dont il est tenu en qualité de Gardien.*

1. LA Couſtume de Paris en l'article 265. dit: *Il eſt loiſible aux pere & mere, ayeul & ayeule accepter la Garde-Noble de leurs enfans après le trepas de l'un d'eux*; & l'article 266. dit : *Pareillement eſt permis aux pere & mere Bourgeois de Paris prendre & accepter la Garde-Bourgeoiſe & adminiſtration de leurs enfans après le decés de l'un d'eux*; & l'article 269. dit: *La Garde-Noble & Bourgeoiſe ſe doit accepter en jugement.* Il y a pluſieurs Couſtumes ſemblables à celle de Paris. Par exemple, la Couſtume de Melun article 288. dit: *La Garde-Noble & auſſi le Bail d'enfans mineurs ſe doit accepter en jugement.* La Couſtume de Mante dit en l'article 75. *Le Bail & Garde ſe doit demander en Juſtice.* La Couſtume d'Eſtampes en l'article 90. dit : *Garde-Noble ſe doit accepter en jugement & la Garde Bourgeoiſe y doit être demandée.*

2. Nous avons dit que la Couſtume de Paris veut que la Garde-Noble & Bourgeoiſe ſoit acceptée en jugement, c'eſt-à-dire, devant le Juge où la Garde a été ouverte & deferée, *coram Judice in Tribunali ſedente*, à jour de plaids ordinaire; il ne ſuffiroit pas d'aller au Greffe & y faire ſa déclaration qu'on accepte la Garde, parce que l'authorité de la Juſtice eſt en la perſonne de celui qui a le caractere & l'authorité de Juge; l'acceptation faite au Greffe ne ſeroit pas faite en jugement & ne ſeroit pas aux termes de la Couſtume. Comme la Garde-Noble & Bourgeoiſe eſt deferée par la Couſtume au Gardien, il doit ſatisfaire à ce que deſire la Couſtume. La queſtion s'en eſt preſentée, & il y a eu Arreſt rendu le 24 Janvier 1587. au profit de Monſieur de Burges Conſeiller en la Cour, contre la veuve Hupeau, par lequel Arreſt la Cour a jugé que l'acceptation de la Garde ſe devoit faire en jugement à jour de plaids ordinaire, le Juge étant au Siege & tenant ſa Juriſdiction, & que l'acceptation faite au Greffe n'étoit pas ſuffiſante. Lequel Arreſt eſt rapporté par Charondas en ſes Annotations ſur la Somme-Rurale de Bouteiller, & au Livre 7. de ſes Réponſes, chapitre 241. Ce même Arreſt eſt rapporté par Me Jean Tournet ſur l'article 269. de la Couſtume de Paris; de ſorte que ſi celui auquel la Garde eſt deferée par la Couſtume, a fait acceptation de la Garde au Greffe ſeulement, il ne fait les fruits ſiens & en doit rendre compte à ſes enfans venus à leur âge.

3. La Couſtume de Paris deſire que la Garde s'accepte en jugement, afin que l'acceptation qui eſt faite ſoit connuë aux parens des mineurs & aux créanciers ſi aucuns y avoit; & l'acceptation

ſe doit faire devant le Juge Royal & non pas devant un Juge de Seigneurie. Cela a ainſi été jugé par un Arreſt rendu le 14. May 1614. à l'Audiance de la Grande Chambre, plaidant Joubert & le Feron entre les Officiers du Siége de Sézannes & le Juge de la Seigneurie, appartenant à la Dame de Monſaut. Lequel Arreſt eſt rapporté dans les Memoires manuſcrits de Me Barthelemi Oza-net ſur l'art. 269. L'acceptation ſe doit faire devant le Juge Royal du domicile du pere ou de la mere qui a donné ouverture à la Garde; c'eſt à-dire, devant le Juge ordinaire & non pas devant un Juge de privilege. Mais cet Arreſt du 14. May 1614. ne doit pas être allegué pour regle generale; car il y a des Couſtumes qui diſent que l'acceptation ſe peut faire en Juſtice de Seigneurie. Par exemple, la Couſtume de Rheims en l'art 334. dit: *Garde Noble ſe doit accepter en jugement, le Procureur du Roy ou du Seigneur Haut-Juſticier appellé.* La Couſtume du Grand Perche, art. 171. dit: *Le Procureur du Roy ou de Seigneurie appellé;* ce qui donne lieu de dire que dans ces Couſtumes la Garde ſe pourroit accepter devant le Juge de Seigneurie, où les pere & mere des mineurs auroient leur domicile.

4. La Couſtume de Paris qui deſire que la Garde-noble & Bourgeoiſe ſoit acceptée en jugement, n'a point défini de temps pour faire l'acceptation; il y a pluſieurs Couſtumes qui n'ont point pareillement, de même que la Couſtume de Paris, preſcrit de temps pour faire l'acceptation de la Garde. Par exemple, la Coûtu-me de Calais ès articles 176. & 140. eſt ſemblable à celle de Paris & conçuë en mêmes termes. Il y a d'autres Couſtumes qui ont défini un certain temps dans lequel la garde doit être acceptée. Par exemple, la Couſtume de Rheims en l'article 334. dit: *Celui qui la voudra accepter, doit en faire déclaration dans trois mois aprés la mort du premier décedé, ſi plûtôt il n'eſt ſommé de le faire par le Procureur du Roy ou de Juſtice, ou des parens du deffunt. Et quant à la Garde Bourgeoiſe elle ſe doit donner, les parens appellez, qui pourront empêcher pour cauſes raiſonnables, que la Garde ſoit baillée aux pere & mere, ayeul ou ayeule, & qu'il ſoit au lieu d'icelle pourvû de Tuteur ou Curateur aux enfans mineurs.* La Couſtume de Berry au titre de l'état des perſonnes article 38. dit: *Celui auquel le bail eſt déferé, eſt tenu dans trente jours aprés, déclarer s'il veut avoir le bail; & les trente jours paſſez il en demeure privé, & eſt le bail déferé aux autres plus prochains.* La Couſtume d'Orleans, article 23. dit: *Quand un homme ou femme noble ou non-noble va de vie à*

trepas

trépas, délaissant un ou plusieurs enfans mineurs, le survivant a &
peut avoir, si bon lui semble, la Garde d'iceux ; & en leur défaut
ou refus, l'ayeul ou l'ayeule du côté du decedé, si aucun y a, & en
cas de refus d'accepter par eux la Garde, seront les pere & mere,
ayeul & ayeule subordinément tenus dans quinzaine en faire déclara-
tion au Greffe, & faire pourvoir à leurs frais & dedans la huitaine
ensuivant, de Tuteurs ou Curateurs aux enfans, à peine de tous dé-
pens, dommages & interests des mineurs.

5. Il y a d'autres Couſtumes qui ne défirent pas que la garde-
noble & bourgeoiſe ſoit acceptée en jugement ; mais elles déferent
la garde noble ou bourgeoiſe de plein droit, *ipſo faĉto*, quand
pere ou mere nobles ou roturiers vont de vie à trépas. Par exemple, la Couſtume de Blois en l'article 4. chap. 2. dit : *Quand pere*
ou mere, ſoit nobles ou roturiers vont de vie à trépas, délaiſſans en-
fans mineurs de leur mariage, au ſurvivant appartient, ipſo faĉto,
ſans autre confirmation, la garde, gouvernement & adminiſtration
des perſonnes & biens de leurs enfans ; & ſi les enfans demeuroient
orphelins de pere & de mere, ladite garde, gouvernement & admini-
ſtration eſt déferée aux ayeul & ayeule des mineurs. Les Couſtumes d'Anjou & du Maine ne défirent point que la garde, qui
eſt appellée Bail, ſoit acceptée en jugement & demandée en Juſtice, & n'en contiennent aucune diſpoſition. L'art. 98. de la Couſtume du Maine dit ſimplement : *Le pere ou la mere tant ſeulement*
auront le Bail de leurs enfans mineurs ; & l'article 85. de la Couſtume d'Anjou eſt ſemblable.

6. Mais on demande dans la Couſtume de Paris, qui dit ſimplement que la garde-noble ou bourgeoiſe ſe doit accepter en
jugement, & qui n'a point défini de temps dans lequel elle doit
être acceptée ; ſi celui auquel la garde eſt déferée par la Couſtume, n'ayant pas accepté la garde incontinent après qu'elle a été
déferée, doit profiter des fruits & revenus intermediaires depuis
l'ouverture de la garde juſques au jour de l'acceptation ; & ſi l'acceptation a un effet retroaĉtif, ou s'il ne doit avoir les fruits &
revenus que dépuis l'acceptation. On pourra dire que la Couſtume de Paris n'ayant pas admis la garde noble & bourgeoiſe de
plein droit, & ayant voulu que la garde fut acceptée en jugement,
le Gardien noble ou bourgeois ne doit avoir le profit de la garde
que du jour qu'il l'a accepté en jugement, & que l'acceptation ne
doit pas avoir un effet retroaĉtif.

7. On pourra dire au contraire que la Couſtume n'ayant point

défini de temps aux pere & mere, ayeul & ayeule pour accepter
la garde, qu'elle peut toûjours être acceptée pendant tout le temps,
que la Garde peut durer ; c'eſt-à-dire, à l'égard des Nobles juſques à ce que les mâles ayent atteint l'âge de quatorze ans , &
les filles douze ans ; que l'acceptation de la Garde peut toûjours
être faite pendant ce temps, & que l'acceptation a un effet retroactif juſques au jour qu'elle a été ouverte & déferée.

8. Cette derniere opinion eſt ſuivie & obſervée, & ſemble raiſonnable ; la raiſon ſur laquelle elle eſt fondée eſt que la Couſtume de Paris a défini & déterminé le temps que la Garde Noble &
Bourgeoiſe devoit durer , & n'a point défini le temps qu'elle devoit être acceptée ; elle deſire ſimplement que la Garde Noble &
Bourgeoiſe ſoit acceptée en jugement: ainſi pourvû qu'elle ſoit
acceptée pendant le temps que la Couſtume a preſcrit pour ſa
durée ; on a ſatisfait à tout ce que deſire la Couſtume, & celui à
qui la Garde eſt deferée en doit avoir le profit qui en peut provenir depuis le temps qu'elle a été ouverte, & l'acceptation doit
avoir un effet retroactif.

9. En effet ſi dans les Couſtumes qui ne parlent point d'acceptation , les profits & émolumens de la Garde ſont acquis de plein
droit au Gardien, à commencer du temps que la Garde a été ouverte & déferée par le deces du pere ou de la mere ; il eſt pareillement raiſonnable de dire dans la Couſtume de Paris qui n'a
point défini de temps pour accepter la Garde Noble & Bourgeoiſe, que l'acceptation doit avoir un effet retroactif, c'eſt à dire,
qu'elle doit avoir effet du jour que la Garde a été ouverte & déferée ; que l'acceptation peut être faite toutesfois & quantes, pourvû qu'elle ſoit faite dans le temps que la Garde peut avoir durée.
Mais ſi le ſurvivant des pere & mere, ayeul & ayeule ont laiſſé
paſſer le temps que la Garde a pû durer, ſans qu'il l'ait acceptée,
il n'y eſt plus recevable & il en ſera exclus, parce que le temps,
pendant lequel la Garde a duré eſt fini & expiré ; il ſeroit inutile
de l'accepter après, parce qu'on n'eſt plus dans le temps. Il eſt bien
vrai que ſi on reformoit la Couſtume de Paris il ſeroit plus raiſonnable & plus expedient de définir un certain temps dans lequel
celui auquel la Garde ſeroit déferée, ſeroit tenu de l'accepter , autrement qu'après le temps paſſé il ne ſeroit plus reçû , mais juſques à ce que cela ait été fait , il ſemble qu'il en faut demeurer
aux termes de la Couſtume , & qu'on doit ſuivre la reſolution ci-
deſſus. Reſte de dire que la **Garde-Noble & Bourgeoiſe** doit être

acceptée en perfonne, ou par Procureur fondé de procuration fpeciale; par la raifon que la perfonne à qui la garde eft deferée & qui l'accepte s'oblige envers fes mineurs.

10. Il y a une autre queftion dont voici l'efpece. Un particulier étoit demeurant à Paris, il y étoit Treforiér de France, il y decede laiffant des enfans mineurs; la veuve peu de temps après le decès de fon mari s'en va au Châtelet, & déclare en jugement qu'elle accepte la garde-noble de fes enfans: dans la fuite elle eft élûë tutrice de fes enfans mineurs par l'avis des parens; elle fait faire inventaire & le fait clorre: les enfans venus à leur âge demandent que leur mere qui a été leur tutrice, foit tenuë de leur rendre compte du bien de leur défunt pere; la mere fe défend, difant qu'elle a accepté la garde de fes enfans; qu'elle avoit, en qualité de Gardienne, l'adminiftration des meubles, & qu'elle a fait les fruits fiens de leurs immeubles. Les enfans au contraire foûtiennent que leur mere leur doit rendre compte en qualité de tutrice, de tout ce qu'elle a reçû; qu'il eft bien vrai qu'elle a accepté la garde-noble de fes enfans, mais que leur pere n'étant pas de condition noble, ni par fa naiffance ni par fon Office de Treforier de France, l'acceptation qu'elle a faite de la garde-noble eft vaine & inutile & ne peut avoir aucun effet. La mere replique qu'elle fe reftraint à la garde-bourgeoife; les enfans foûtiennent que leur mere n'y eft pas recevable; qu'elle ne peut prétendre la garde-noble, parce que leur pere n'étoit pas de condition noble; qu'elle ne peut pas auffi prétendre la garde-bourgeoife, parce qu'elle n'a pas accepté la garde-bourgeoife; par confequent qu'elle ne peut prétendre ni la garde-noble, ni la garde-bourgeoife, que la Garde eft de Droit étroit.

11. Pour refoudre cette queftion, il femble que la Couftume ayant attribué droit de garde-noble & bourgeoife, & l'ayant deferée à differentes perfonnes, avec faculté de l'accepter, qu'on doit l'accepter fuivant la Couftume, c'eft-à-dire, que les perfonnes nobles doivent accepter la garde-noble, & les perfonnes non nobles doivent accepter la garde bourgeoife. L'article 265. dit: *Il eft loifible aux pere & mere, ayeul ou ayeule nobles, demeurans en la Ville de Paris ou dehors, accepter la garde noble de leurs enfans après le trépas de l'un d'eux;* & l'article 266. dit: *Pareillement eft permis aux pere & mere Bourgeois de Paris de prendre & accepter la Garde-Bourgeoife & adminiftration de leurs enfans, après le decés de l'un d'eux.* Il eft bien vrai que la mere qui avoit accep-

té la garde-noble au lieu d'avoir accepté la garde-bourgeoise, pouvoit, en reformant son erreur, se départir de cette acceptation & accepter en jugement la garde-bourgeoise; auquel cas elle auroit eu, sans doute, droit de garde-bourgeoise : mais ne l'ayant pas fait, & ayant laissé passer le temps de la durée de la garde-bourgeoise sans l'avoir acceptée & sans avoir reformé son erreur; elle n'est pas recevable, après le temps expiré, de l'accepter, & elle doit rendre compte à ses enfans en qualité de tutrice, de tout ce qu'elle a reçû, par la raison que l'acceptation qu'elle a faite de la garde-noble ne lui peut donner aucun droit, puisqu'elle n'a pas droit de garde-noble.

12. On fait une autre question : On demande si le survivant des pere & mere peut prendre & accepter la garde-noble & bourgeoise d'aucuns de ses enfans & ne la pas accepter à l'égard des autres, & laisser à ceux-ci leurs parts & portions libres dans le bien du prédecedé de leur pere & mere. Aucuns ont dit que la Garde est un Acte legitime qui ne se doit pas diviser; que le survivant des pere & mere la doit accepter comme elle est déferée, c'est-à-dire, qu'il la doit accepter à l'égard de tous les enfans mineurs ou ne la point accepter de tout; qu'il ne la peut pas accepter à l'égard des uns & ne la pas accepter à l'égard des autres. Par exemple, le prédecedé des pere & mere auroit fait par son testament grand avantage à un de ses enfans, & lui a legué des biens qui excedent sa portion hereditaire; le survivant des pere & mere ne pourra pas accepter la garde de l'enfant avantagé, pour joüir du bien du fils avantagé, & renoncer à la garde des autres enfans.

13. On dit au contraire qu'il n'y a point d'inconvenient que cela se fasse; que la Coustume de Paris ne contient aucune disposition qui puisse être opposée. En second lieu, la Coustume divise la garde des enfans par leur âge; car comme les uns sont plus âgez que les autres, il faut de necessité que la garde finisse plûtôt à l'égard des uns que des autres; ainsi il n'y a rien qui puisse empêcher que le survivant des pere & mere ne puisse accepter la garde-noble à l'égard d'aucuns de ses enfans, & faire remise de son droit de garde aux autres. Il y a sur cela differentes opinions. La question ne s'en est pas présentée en jugement, il n'y a point d'exemple que pere ou mere ait accepté la garde-noble ou bourgeoise à l'égard d'aucuns de ses enfans, & ne l'ait pas acceptée à l'égard des autres, ni que cela ait été admis ou rejetté. Mais néanmoins à bien considerer la chose, il semble qu'il n'y a rien qui

empêche que cela ne puiſſe être admis : car comme un pere ou
une mere qui auroit accepté la garde de ſes enfans, pourroit ſans
doute, après l'avoir acceptée, remettre le profit de la garde à aucuns de ſes enfans & ne le pas remettre aux autres ; il peut auſſi
d'abord accepter la garde à l'égard d'aucuns de ſes enfans ſeulement, & ne la pas accepter à l'égard des autres, il peut gratifier
les uns plus que les autres ; il eſt vrai que ſi les enfans ſont tous
heritiers, l'enfant auquel le pere ou la mere auroit remis le droit
de Garde, ſeroit tenu de faire le rapport à ſes coheritiers du
profit & de l'avantage qu'il en auroit reçû.

14. Il faut paſſer à une autre queſtion : On demande lorſque
le ſurvivant des pere & mere, ou l'ayeul ou l'ayeule ont accepté
la garde-noble en jugement, s'ils peuvent renoncer au benefice
& profit de la garde, pour ſe décharger & liberer des dettes &
charges de la garde ; ou ſi celui qui a accepté la garde n'y eſt
pas recevable, ſi nonobſtant ſa renonciation il demeure tenu de
ſatisfaire à toutes les charges dont la Couſtume rend le Gardien
tenu. D'un côté on dit que le droit de garde doit être conſideré comme un titre purement lucratif ; que comme un Légatai.e
univerſel n'eſt pas tenu des dettes du teſtateur au-delà des forces
de la ſucceſſion & de ce qui eſt compris dans ſon legs univerſel,
& qu'il peut ſe décharger des dettes & charges, en délaiſſant &
abandonnant aux créanciers les biens leguez ; de même auſſi un
Gardien peut abandonner & délaiſſer le profit de la garde noble
aux enfans pour ſe liberer des charges dont il pourroit être tenu
en qualité de gardien ; qu'il doit être reçû à rendre compte aux
enfans de ce qu'il auroit reçû ; que la Couſtume de Paris attribuë
le droit de garde aux pere & mere, ayeul & ayeule, plûtôt pour
les favoriſer & gratifier, en conſideration du ſoin qu'ils prennent
de l'éducation de leurs enfans, que pour les charger ; que celui
qui accepte la garde doit avoir la faculté d'y renoncer toutefois
& quantes après l'avoir acceptée, & qu'il doit demeurer quitte &
déchargé, en rendant compte de ce qu'il a reçû. Pour cela on
allegue l'article 22. du Reglement du Parlement de Normandie,
fait le 6. Avril 1666. ſur pluſieurs articles de la Couſtume de
Normandie, & reſolus, les Chambres aſſemblées, qui dit : *Le
Seigneur feodal qui par la Couſtume a la garde des Fiefs-nobles appartenans aux mineurs, tenus immediatement de lui, peut, quand bon
lui ſemble, quitter les biens de ſon Vaſſal, deſquels il a joüi à droit de
garde-noble, en payant les arrerages des rentes & autres charges*

annuelles écheus pendant fa joüiffance. Pour appuyer encore cette opinion on allegue la Couftume de Berry tit. 1. art. 23. qui veut que le Gardien ne foit tenu des charges de la Garde que jufques à concurrence des fruits, & non plus avant. Cette Couftume dit en l'article 23. *En acceptant, par le pere, l'adminiftration, il fera tenu acquitter les enfans des dettes mobilieres, aufquelles ils étoient tenus lors de l'acceptation de la Garde, fur les heritages de fes enfans, enfemble les arrerages des rentes, fi aucunes font dües, les nourrir, alimenter & entretenir & faire les frais des Procés, le tout jufques à la concurrence de la valeur des fruits & revenus & non plus avant.*

15. Neanmoins dans la Couftume de Paris & autres Couftumes, qui n'ont point de difpofition contraire, il eft raifonnable de dire que le Gardien noble & bourgeois ne peut plus renoncer à la Garde, après l'avoir accepté en jugement; l'acceptation eft de volonté, celui auquel la Garde eft deferée par la Couftume, la peut accepter quand bon lui femble; ce qui a donné lieu à un ancien brocard, N'accepte Bail ou Garde qui ne veut: mais quand la Garde a été acceptée elle eft obligatoire & de neceffité lorfqu'elle eft acceptée en jugement; fuivant la Couftume, on n'eft pas recevable à y renoncer. *In judicio quafi contrahimus*; le Gardien par fon acceptation a donné fa foy publiquement; en acceptant la Garde il s'oblige d'acquitter fes mineurs; il les doit acquitter des dettes & arrerages de rentes, les nourrir & entretenir fuivant leur état & qualité. Quand la Loy defere une option & que l'option eft faite, elle eft obligatoire: *Electio feu acceptio rei fecum attrahit executionem.* D'ailleurs il eft jufte de pourvoir à l'interêt des mineurs & de rendre leur condition certaine & affeurée. Philippe de Beaumanoir dit qu'on avoit jugé au Bailliage de Clermont, que puifque le Gardien étoit entré en bail, il devoit les enfans mainbournir & les rendre quitte, encore que le Fief fût fi petit qu'il ne pût convenir au vivre ni à la vêture des enfans, fans rien prétendre des Villenages, dont il doit faire fauves toutes les dépoüilles, pour bonne feureté.

16. La queftion s'en eft prefentée, & par l'Arreft qui eft intervenu à l'Audiance le 9. Juin 1561. on a jugé que le Gardien, après avoir accepté la Garde, n'étoit plus recevable à renoncer au profit de la Garde, & à rendre compte, pour fe décharger des dettes & charges dont il étoit tenu en qualité de Gardien. Lequel Arreft eft rapporté par Mᶜ Jean Tournet fur l'article 266. de la Couftume de Paris, & par Charondas fur le même article. Il y a

un autre Arreſt rendu encore en plus forts termes : Un pere avoit
accepté la garde de ſes enfans, étant lors mineur de vingt-cinq
ans, il avoit renoncé à la garde & offroit de rendre compte de
ce qu'il avoit reçû ; le pere fut déclaré non-recevable par Arreſt
rendu le 19. Avril 1622. à la Grande Chambre, plaidant Chamil-
lard pour Marſilly, l'une des Parties. Lequel Arreſt eſt rapporté
par Mᶜ Barthelemy Ozanet, en ſes Memoires ſur ledit article 265.
La raiſon ſur laquelle cet Arreſt eſt fondé, eſt que le pere étoit capable, quoique mineur de vingt-cinq ans, d'accepter la garde
de ſes enfans, par conſequent qu'il étoit capable de s'obliger en
acceptant la garde. La queſtion s'en eſt renouvellée par une mere
qui avoit accepté, en majorité, la garde bourgeoiſe de ſes enfans;
ayant depuis reconnu que la garde lui étoit onereuſe, elle avoit
obtenu Lettres pour être relevée de ſon acceptation. Par Sentence
du Prevôt de Paris, elle fut déboutée de ſes Lettes ; ayant interjetté appel de la Sentence, la Sentence fut confirmée par Arreſt
du 5. Aouſt 1621. Lequel Arreſt eſt rapporté par Mᶜ Jean du Freſne en ſon Journal des Audiances, Liv. I. chap. 137.

18. Mais ſi on avoit obtenu des Lettres de Benefice d'Inventaire au nom des enfans mineurs, étant en garde ; quoique le Benefice d'Inventaire ſoit perſonnel aux enfans, neanmoins il peut
ſervir au Gardien, pour être déchargé des dettes ; de même que
les enfans qui ſont heritiers par Benefice d'Inventaire ſont déchar-
gez des dettes de la ſucceſſion, s'ils veulent renoncer à la ſucceſſion
& ſe tenir au Benefice d'Inventaire. Par exemple, un pere eſt decedé qui a laiſſé des enfans mineurs, la mere qui a ſurvêcu le pere, a
accepté la garde-noble de ſes enfans mineurs ; elle a dépuis été
élûë tutrice par l'avis des parens, & a obtenu Lettres de Benefice d'Inventaire au nom de ſes enfans, touchant l'herdité de
leur deffunt pere. Dans la ſuite on reconnoît que dans la ſuccef-
ſion du pere il y a plus de dettes que de bien, & les enfans venus
à leur majorité renoncent à la ſucceſſion de leur pere, purement
& ſimplement : la mere qui avoit accepté la garde noble de ſes
enfans, pourra ſe ſervir du Benefice d'Inventaire & ſera reçûë à
rendre compte des fruits pour ſe décharger du payement des dettes dont elle ſeroit tenuë, en qualité de Gardienne ; l'obligation
qu'elle avoit contractée par l'acceptation qu'elle avoit faite de la
garde-noble, ne regardoit que les enfans, c'eſt pourquoi les enfans ayant obtenu des Lettres de Benefice d'Inventaire, & ayant
depuis renoncé purement & ſimplement à la ſucceſſion de leur

pere, l'obligation qu'elle avoit contractée envers ses enfans, par l'acceptation qu'elle avoit faite de la garde, s'est évanoüie, & les créanciers de l'heredité du pere n'en peuvent pas tirer avantage contr'elle, ni prétendre qu'elle doit acquitter les dettes de l'heredité ; elle n'est tenuë que de rendre compte.

19. Nous avons dit que celui qui a accepté la garde en jugement, ne peut plus renoncer à la garde pour se décharger des dettes, & qu'il est tenu de toutes les charges ausquelles la Coustume oblige le gardien : il y doit satisfaire & les mineurs ont pour cela hipotheque sur les biens du gardien du jour de l'acceptation ; la raison est qu'en acceptant la garde, il est censé l'avoir acceptée avec ses charges, & tous ses biens y sont affectez & hipothequez.

CHAPITRE IV.

Si le Gardien Noble doit être privé du Droit de Garde-Noble faute d'avoir fait faire Inventaire ; comme aussi si le Gardien Bourgeois doit être privé du droit de Garde-Bourgeoise, faute d'avoir fait faire Inventaire & donné caution.

SOMMAIRE.

1. *Plusieurs Coustumes obligent le Gardien de faire Inventaire.*
2. *Il y a des Coustumes qui n'obligent pas le Gardien de faire Inventaire.*
3. *L'Inventaire est necessaire pour connoitre les biens des mineurs.*
4. *Lorsque celui auquel la Garde est deferée & qui l'a acceptée, a laissé passer le temps de la Garde sans avoir fait Inventaire, s'il doit être privé du droit de Garde ?*
5. *Raisons pour l'affirmative.*
6. *Raisons pour la negative.*
7. *La commune opinion sur cette question est que le Gardien ne doit pas être privé des droits & émolumens de la Garde, faute d'avoir fait Inventaire.*
8. 9. 10. *Sur quoi cette opinion est fondée.*
11. 12. *Par le droit commun les usufruitiers sont tenus de bailler caution, pour conserver au proprietaire son droit de proprieté.*

13. La

13. *La Couſtume de Paris oblige le Gardien Bourgeois de donner caution, & n'oblige pas le Gardien Noble de donner caution.*

14. *Il y a des Couſtumes qui obligent le Gardien noble de donner caution.*

1. NOus avons parlé de l'acceptation de la Garde-Noble & Bourgeoiſe, & nous avons dit que la Garde-Noble & Bourgeoiſe ſe doit accepter en jugement; il eſt de la ſuite de parler de l'Inventaire que le Gardien Noble & Bourgeois doit faire. La Couſtume de Paris donne au Gardien Noble & au Gardien Bourgeois *l'adminiſtration des meubles*, & les rend tenus par l'article 269. *de faire inventaire.* La Coûſtume du Maine article 98. dit : *Et ſeront tenus les pere & mere, en prenant le bail, de faire Inventaire des meubles des mineurs.* Il y a d'autres Couſtumes qui ſe ſont expliquées davantage. Par exemple, la Couſtume de Clermont dit : *Sont tenus les Gardiens faire faire Inventaire ſolemnel de tous & chacuns les Lettres, Titres & autres enſeignemens des heritages, cens & rentes, tant Feodaux que Roturiers, appartenans aux mineurs.* La Couſtume de Tours article 340. dit : *Le Bailliſtre fait les fruits-ſiens, & prend les meubles, &c.* & par l'article 341. il eſt dit : *Si aux mineurs advient quelque ſucceſſion directe ou collaterale pendant le bail, elle leur appartient pour le tout ; en aura toutesfois le Bailliſtre, l'adminiſtration, à la charge de faire Inventaire & appretiation dedans quarante jours, & d'en rendre compte & reliqua au mineur venu en âge, & à faute de ce faire, eſt privé du bail,* & l'article 342. dit : *Le Bailliſtre en prenant le bail, ſera tenu faire Inventaire & appretiation du Bétail & autres meubles neceſſaires à l'agriculture étant aux métairies, appartenans aux mineurs; ſelon lequel Inventaire & appretiation il rendra leſdites choſes, le bail fini, & laiſſera les métairies bien & düëment garnies, ſelon la ſaiſon.*

2. La Couſtume du grand Perche article 171. dit : *Le Gardien doit faire Inventaire des biens meubles de ſon mineur par l'authorité du Juge du lieu, appellé le Procureur du Roy ou de la Seigneurie; & peut uſer des deniers & meubles qui pour uſer ſe dégaſtent & déperiſſent, & la Garde finie, les doit rendre au mineur, ſelon l'Inventaire, tel qu'il les a pris.* La Couſtume de Peronne article 220. dit : *Quand l'un des deux perſonnes nobles conjoints par mariage décede, délaiſſant enfans en bas âge, il eſt loiſible au ſurvivant, encore qu'il ſoit mineur de vingt-cinq ans, prendre le Bail ou Garde-Noble de ſes enfans, & à défaut de l'un d'eux, ou à leur refus l'ayeul ou*

H

l'ayeule ou autre ascendant, &c. & l'art. 222. dit : *Si les dessusdits prennent la Garde-noble, sont tenus la prendre en Justice, faire faire Inventaire des biens meubles & immeubles des mineurs, & en rendre bon compte & reliqua* ; & l'art. 223. dit : *Et s'ils prennent ledit bail, ils ont les meubles des mineurs à leur profit, tant ceux qui leur sont advenus & échûs, que ceux qui leur adviennent & échéent pendant le temps du bail,* & l'art. 224. dit : *Sont lesdits Bailliftres tenus nourrir & entretenir à leurs dépens, les enfans mineurs, selon leur état, entretenir les heritages feodaux, & les rendre à la fin du bail en bon état, relever les Fiefs, payer les droits pour ce dûs, décharger les charges & rentes foncieres, réelles & hipothequées ; & les acquitter de toutes dettes mobilieres, obseques & funerailles & accomplissement du testament du défunt, ensemble les frais des Procés concernans les Fiefs ; & aussi sont tenus faire inventaire de tous les titres & heritages & immeubles des mineurs.* La Coustume de Berry, tit. 1. de l'état & qualité des personnes, art. 27. dit : *Et au regard des biens meubles, appartenans aux enfans mineurs, étant sous le bail & administration du pere ou de la mere, ayeul ou ayeule entre Nobles, appartiennent ausdits Bailliftres & Administrateurs, & les font leurs, à la charge de l'entretenement & nourriture des mineurs, d'acquiter iceux mineurs de toutes charges & dettes mobilieres, & payer pendant ledit bail les charges réelles, les arrerages échûs, faire tous les frais & dépens des Procès & de rendre à la fin du bail les heritages en bon état, &c.* & l'art. 28. dit : *Et où lesdits pere & mere ayant le bail & administration de leurs enfans mineurs durant ladite administration, n'auroient satisfait ausdites charges dessus déclarées, seront & demeureront privez du gain ddesdits meubles & fruits ; & seront tenus iceux rendre à leurs enfans, eux venus à l'âge dessus declaré, & à cette fin seront tenus de faire Inventaire des meubles, incontinent après que le Bail & Administration leur seront deferez, avant qu'eux immiscer à ladite administration* La Coustume de Poitou en l'art. 308. dit : *Le pere soit noble ou roturier n'est Tuteur ou Curateur de ses enfans : ains est appellé loyal administrateur d'iceux ; car il a l'administration de la personne & biens de ses enfans, desquels biens n'est tenu faire Inventaire, sinon à la poursuite des prochains parens des mineurs, en faveur desquels peut être contraint faire Inventaire dûëment, &c.*

3. Les enfans ont bien interest que le Gardien fasse faire Inventaire, & l'Inventaire est necessaire pour connoître les biens des enfans mineurs ; il y a les biens meubles dont le Gardien n'a que

·la ſimple adminiſtration dans la Couſtume de Paris; il y a les Titres, Papiers & enſeignemens concernans les immeubles de la
ſucceſſion ; les enfans ont interêt qu'ils ſoient compris dans l'Inventaire, afin qu'ils ne puiſſent pas s'égarer, & que les enfans venus à leur âge puiſſent connoître leurs biens & effets mobiliers &
immobiliers. La Couſtume de Paris qui dit que le Gardien eſt
tenu faire Inventaire, n'a point déclaré le temps dans lequel l'Inventaire doit être fait par le Gardien. La Couſtume n'a point auſſi
déclaré le temps dans lequel la garde doit être acceptée par celui
auquel elle eſt déferée.

3. Mais on demande en la Couſtume de Paris, ſi celui auquel
la garde a été déferée, & qui l'avoit acceptée en jugement, avoit
laiſſé paſſer le temps que la garde doit durer, ſans avoir fait faire
Inventaire, s'il a perdu le droit de garde, s'il en eſt déchû, s'il
doit être privé des fruits & émolumens de la garde, pour tout
le temps que la garde devoit durer, & s'il en doit rendre compte
à ſes enfans. Par exemple, une mere eſt décedée, ayant laiſſé
des enfans en bas âge; le pere ſurvivant accepte la garde en jugement , & ne fait point faire Inventaire, il vient à déceder, il avoit
contracté pluſieurs dettes , & les enfans ſe trouvent obligez de
renoncer à ſa ſucceſſion : les biens du pere ayant été ſaiſis à la re-
queſte de ſes créanciers, les enfans prétendent que leur pere leur
doit rendre compte des fruits & joüiſſances du bien de leur mere;
que n'ayant point fait Inventaire il doit être déclaré décheu de
la garde, que leur pere n'a point fait les fruits ſiens, qu'il leur
en doit rendre compte.

4. On pourra dire que la Couſtume de Paris n'a point impoſé
de peine au Gardien faute de faire Inventaire ; qu'elle ne dit pas
qu'il demeurera privé de la garde faute de le faire faire ; que cette
Couſtume dit ſimplement que le gardien noble ou bourgeois eſt
tenu faire Inventaire ; qu'on ne doit pas rendre la Loy pénale
quand elle ne l'eſt pas, & qu'elle n'en dit rien ; qu'il y a encore
moins lieu de le faire contre des pere & mere, ayeul & ayeule ,
qui doivent toûjours être traitez favorablement à l'égard de leurs
enfans, qu'on n'en doit pas uſer avec tant de rigueur contre des
pere & mere.

5. On pourra dire au contraire, que quand la Loy attribuë à
quelqu'un quelque profit & émolument , & qu'elle preſcrit quelque choſe à faire à ceux auſquels elle l'attribuë, on doit ſatisfaire
à ce que la Couſtume déſire, autrement qu'on doit être décheu

du profit & de l'émolument qu'elle attribuë. La Couſtume de Paris dit par l'article 267. *Le Gardien fait les fruits ſiens*, & par l'article 269. elle dit : *Le Gardien Noble & Bourgeois eſt tenu faire Inventaire.* Quand la Loy dit, *qu'on eſt tenu*, cela doit être obſervé à la rigueur, & faute d'y ſatisfaire on doit être déchû du profit & de l'émolument qu'elle a voulu attribuer, que c'eſt l'intention de la Couſtume, autrement la diſpoſition de la Couſtume, & la précaution qu'elle apporte ſeroit vaine & inutile; les Gardiens negligeroient de faire Inventaire, s'ils n'encourroient aucune peine faute de l'avoir fait, & les enfans en ſouffriroient grand préjudice. Me Jean Tronçon en ſon Commentaire ſur la Couſtume de Paris, art. 269. ſur ces mots, *faire faire Inventaire*, fait mention d'un Arreſt du 20. Aouſt 1605. rendu au rapport de Monſieur Boüin, qui a privé un Gardien de la Garde, pour n'avoir fait Inventaire.

6. L'Inventaire eſt neceſſaire pour donner connoiſſance aux enfans, non ſeulement des meubles & effets mobiliers, mais auſſi de leurs meubles & heritages, & pour leur faire connoître ſi le Gardien n'auroit point abuſé des fruits & joüiſſances, & s'il a acquitté les charges. La Couſtume de Touraine chap. 31. du Bail art. 341. dit : *Si aux mineurs advient quelque ſucceſſion directe ou collaterale pendant ledit Bail, elle leur appartient pour le tout ; en aura toutesfois ledit Bailliſtre l'adminiſtration, à la charge de faire Inventaire & appretiation dedans quarante jours, & d'en rendre compte & reliqua au mineur venu à ſon âge, ou à ſon Curateur ; & à faute de faire inventaire eſt ledit Bailliſtre privé du bail.* La Loy *Tutor D). de Adminiſt. & periculo Tutorum.* dit que le Tuteur qui n'a pas fait Inventaire eſt ſuſpect de fraude. *Tutor qui repertorium non fecit quod Inventarium appellatur, dolo feciſſe videtur, niſi fortè aliqua neceſſaria & juſtiſſima cauſa allegari poſſit cur id non fecit:* La Couſtume ayant donné un avantage au Gardien, & l'ayant obligé de faire Inventaire, s'il ne fait pas Inventaire il ne doit pas avoir l'avantage que lui donne la Coûtume. Pontanus titre 2. art. 5. de la Couſtume de Blois, *in verbo, Inventarium*, dit : *Certa eſt juris regula eum qui id ad quod ex injuncti ſibi officii munere ſe teneri ſcit aut ſcire debuit non adimplet, in dolo ſaltem præſumpto eſſe.* Quand il n'y a point eu d'Inventaire fait, pluſieurs titres peuvent être ſupprimez ; par exemple, les Contrats de Conſtitution, les acquiſitions, les Actes ſous ſeigns privez, les mineurs n'en peuvent avoir connoiſſance que par Inventaire.

7. Plufieurs tiennent au Palais , & la commune opinion eft que dans la Couftume de Paris , les pere & mere , ayeul & ayeule qui ont accepté la garde , ne doivent pas être privez du droit de garde pour n'avoir pas fait Inventaire. La raifon fur laquelle cette opinion peut être fondée , eft que la Couftume de Paris n'a pas impofé de peine aux Gardiens , & ne prive pas de la garde faute d'Inventaire. La Couftume n'en dit rien. On peut alleguer ce qui eft dit dans la Couftume de Paris , touchant la caution que le donataire mutuel eft tenu de donner pour joüir du don mutuel fait entre conjoints. La Couftume dit en l'article 280. *Les conjoints fe pourront faire donation mutuelle l'un à l'autre, de tous les meubles & conquêts immeubles pour en joüir par le furvivant fa vie durant , en donnant par lui caution fuffifante.* La Couftume n'en eft pas demeurée là , elle dit en l'article 285. que le donataire mutuel ne gagne les fruits que du jour qu'il a prefenté caution fuffifante ; mais la Couftume de Paris à l'égard du Gardien dit fimplement : *Le Gardien fera tenu faire faire Inventaire ;* il n'eft pas dit auffi que le Gardien fera privé de la garde , faute de faire faire Inventaire ; il n'eft pas dit auffi que le Gardien ne fera les fruits fiens que du jour qu'il aura fait Inventaire , & par confequent le défaut d'Inventaire ne le doit pas faire priver des fruits.

8. Ils fe fondent fur la Note de Mc Charles du Moulin , fur l'article 174 de la Couftume de Bourbonnois , qui dit : *Le pere eft Adminiftrateur legitime des biens maternels & adventifs de fes enfans étant en fa puiffance , & fait les fruits fiens , & eft tenu le pere de faire Inventaire de leurs biens.* Cet Autheur fur les mots , *Inventaire de leurs biens* , a dit : *Tamen hoc omiffo non definit facere fructus fuos , quia Inventarium nihil habet commune cum reliquis.* Cet Autheur veut dire que l'Inventaire n'a rien de commun avec le gain des fruits ; que ce font deux chofes diftinctes & indépendantes l'une de l'autre ; que ce n'eft pas à caufe du gain des fruits qu'il eft dit que le Gardien fera tenu de faire Inventaire , parce que les fruits ne s'inventorient point , ils fe confument annuellement & le Gardien les fait fiens ; par confequent que le défaut d'inventaire ne doit pas faire priver le Gardien des fruits & revenus que lui attribuë la Couftume en qualité de Gardien.

9. Mais le Tuteur des enfans peut pourvoir à l'intereft des enfans ; ou s'il n'y a pas de Tuteur , leurs parens , s'ils voient que le furvivant des pere & mere , qui a accepté la garde , neglige de faire faire Inventaire , & que les enfans en puiffent fouffrir quelque

préjudice ; ils peuvent faire ordonner que le gardien sera tenu faire faire Inventaire dans un certain temps, sinon à faute de ce faire dans le temps, qu'il demeurera décheu du profit de la garde; après quoi si celui qui a accepté la garde, laisse passer le temps de la garde sans y avoir satisfait, il n'y aura plus lieu de douter qu'il ne doit pas profiter du droit de garde & qu'il doit rendre compte des fruits.

10. Les enfans ont encore un remede contre le survivant de leur pere & mere qui accepté la garde & qui a laissé passer le temps de la garde sans avoir fait faire Inventaire, qui est qu'ils peuvent demander la continuation de Communauté, s'ils jugent que la continuation de la Communauté leur soit avantageuse ; les profits & émolumens de la garde entreront en la continuation de Communauté ou si les enfans voient que la continuation de Communauté ne leur soit pas avantageuse, le Juge leur pourra déferer le serment *in litem*, contre celui qui a accepté la garde, de même qu'on le déferoit en Droit Romain aux pupilles contre leurs Tuteurs qui n'avoient pas fait faire Inventaire suivant la Loy derniere, *D. arbit. tut. & l. tutor qui repertorium, de suspect. tut.* Mais neanmoins s'il s'agissoit de reformer la Coustume, il seroit expedient pour le bien & l'interest des enfans mineurs, d'ajoûter à la Coustume que le gardien seroit tenu de faire faire Inventaire dans un certain temps, sinon & à faute de le faire, qu'il demeureroit déchû du profit de la garde, ou qu'il ne feroit les fruits siens que du jour qu'il auroit fait Inventaire.

11. Après avoir parlé de l'Inventaire que doit faire faire le gardien noble & bourgeois, il est de la suite d'observer que la Coustume de Paris n'oblige pas le gardien-noble de donner caution, elle y oblige seulement le gardien bourgeois, suivant l'art. 269. qui dit : *La Garde-Noble ou Bourgeoise se doit accepter en jugement, & le Gardien-Noble ou Bourgeois est tenu faire faire Inventaire & outre le Gardien Bourgeois doit bailler caution.* Par le Droit commun les usufruitiers sont tenus de bailler caution pour conserver au proprietaire son droit de proprieté. *Ususfructus est jus utendi fruendi rebus alienis salva rerum substantia. Instit. lib. 2. tit. 4. de ususfructu* ; par la raison que la chose doit être conservée au proprietaire, & être renduë saine & entiere, l'usufruit fini.

12. Cela est encore dit en la Loy premiere, *D. usufructuarius quemadmodum caveat, si cujus rei ususfructus legatus sit. Æquissimum Prætori visum est de utroque legatarium cavere, & usurum se boni viri*

arbitratu , cùm ususfructus ad eum pertinere desinet, restituturum quod indè exstabit. Hæc stipulatio sive mobilis sit sive res soli , interponi debet , cavere autem debet se boni viri arbitratu perceptum iri usum-fructum, hoc est non deteriorem se causam ususfructus facturum. Pontanus sur la Coustume de Blois tit. 2. art. 5. *in verbo , bonus pater-familias ,* dit : *Fructuarii bonis uti debent tanquam boni patres-familias , & propterea cautionem præstare debent boni viri arbitratu usuros re in qua ususfructus consistit, &c. Fructuarii ad utendum fruendumque re in qua jus habent sicut boni patres familias solent, cogi possunt, quo fit ut in ea securitatem proprietario præstent, interpositâ cautione. Cum stipulatione ut si boni viri arbitratu re ita non utantur , statim in eos committatur stipulatio.*

13. La Coustume de Paris oblige , comme il a été dit, le Gardien-Bourgeois, de donner caution , & n'oblige pas le Gardien-Noble de la donner. La Caution que le Gardien Bourgeois doit donner , est pour la restitution des meubles & pour l'acquittement des dettes & autres charges dont le Gardien est tenu. La Coustume de Paris en cela a donné plus de prérogative & d'avantage aux Nobles qu'aux Bourgeois. Il y a beaucoup de choses dans lesquelles on a eu plus de consideration pour les Nobles que pour les non Nobles : *Non immeritò plus fidei Nobilium tribuitur quàm plebeiorum ;* parce qu'on présume qu'ils ne sont parvenus à la qualité de Noble , eux ou leurs prédecesseurs, que par des degrez d'honneur & de vertu, qu'ils ont plus de prudhomie, & que cela les oblige à mieux s'acquitter de leur devoir. Neanmoins si un Gardien Noble paroissoit être de mauvais ménage & de mauvaise conduite , & suspect d'insuffisance, le Tuteur des mineurs, ou s'il n'y a pas de Tuteur, les parens pourroient se pourvoir en Justice, & demander que le Gardien Noble fût tenu de donner caution , & le Juge en connoissance de cause la pourroit ordonner. La Coustume de Paris ne dit point avec qui la caution doit reçûë, il sembleroit raisonnable de dire qu'elle doit être reçûë avec le Procureur du Roy, & les parens des enfans.

14. Il y a plusieurs Coustumes qui obligent le Gardien Noble aussi bien que le Gardien Bourgeois de donner caution. La Coûtution de Mante qui ne donne la garde qu'aux pere & mere nobles , dit en l'article 181. *Et dure la garde , quant aux mâles , jusques à vingt ans, & aux filles jusques à dix-huit ans, ou jusques à ce qu'elles soient mariées , & doit celui qui a ladite Garde-Noble , faire Inventaire & bailler caution telle qu'il pourra bailler , avec obligation &*

hipotheque de tous jes biens, prefens & à venir. La Couſtume de Montfort, art. 118. dit comme celle de Paris: *La Garde-Noble ou Bourgeoife fe doit accepter en jugement :* & l'art. 119. dit: *Doit celui qui a la Garde-Bourgeoife faire Inventaire & bailler caution telle qu'il pourra, avec hipotheque & obligation de fes biens prefens & à venir.* La Couſtume de Peronne article 229. dit : *Celui qui prend le bail eſt tenu bailler bonne & fuffifante caution, d'accomplir toutes les charges aufquelles ledit Bailliſtre eſt tenu, appeller le Procureur du Roy & les deux plus prochains parens du mineur, refidans dedans le Gouvernement, fi aucuns y a, finon aux autres voifins ou amis dudit mineur.* Nous avons dit que la Couſtume de Paris oblige le Gardien-Bourgeois de donner caution. Mais on demande lorfque le furvivant des pere & mere, auquel la garde bourgeoife eſt déferée, n'a pas donné caution, & qu'il a laiſſé paſſer le temps de la garde fans l'avoir prefentée, fi les enfans le peuvent faire déclarer décheu du droit de garde, & lui faire rendre compte des fruits & joüiſſances qu'il a perceuës. On pourra dire que la précaution de la Couſtume ne doit pas être inutile; que la Couſtume difant expreſſément que le Gardien bourgeois doit donner caution, il a dû y fatisfaire; & que n'y ayant pas fatisfait, il ne doit pas profiter du benefice de la Couſtume; il doit être déclaré privé des droits & émolumens de la garde. Charondas fur les articles 268. & 269. eſt d'avis que fi le Gardien bourgeois ne donne caution, il doit être privé de la garde. Neanmoins il y a lieu de dire que le furvivant des pere & mere qui a accepté la garde-bourgeoife de fes enfans, & qui a laiſſé expirer le temps de la garde fans avoir prefenté caution, ne doit pas être privé des droits & émolumens de la garde. puifque la couſtume ne dit pas qu'il en fera privé lorfqu'il n'a pas donné caution; on doit juger même chofe que lorfqu'il n'a pas fait Inventaire : mais le Tuteur des enfans fi aucun y a, ou les parens des enfans peuvent fe pourvoir en Juſtice, & faire condamner le furvivant des pere & mere qui a accepté la garde-bourgeoife de donner caution, & empêcher qu'il ne continuë la joüiſſance, jufques à ce qu'il ait donné bonne & fuffifante caution : & fuppofé que le furvivant des pere & mere après une Sentence qui auroit ordonné qu'il donneroit caution, n'eût pas laiſſé de continuer la joüiſſance, ce feroit le cas auquel il doit être privé de la garde, faute de l'avoir donnée. Mais fi les parens des mineurs ou leur Tuteur font demeurez dans le filence, & ont laiſſé joüir le furvivant des pere & mere, qui a accepté la

garde

garde, fans l'obliger de donner caution ; les enfans ne font pas
bien fondez, après le tems de la garde expiré, de prétendre que
le furvivant de leur pere ou mere foit privé du droit de garde,
& qu'il foit tenu de leur rendre compte des fruits & revenus de
leur bien.

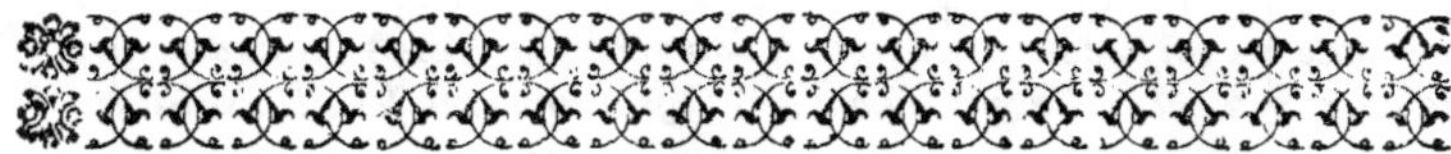

C H A P I T R E V.

Par la Couftume de Paris celui qui a accepté la Garde ne fait
pas fonction de Tuteur, s'il n'a été élû Tuteur.

S O M M A I R E.

1. *Par la Couftume de Paris le*
Gardien ne fait pas fonction de
Tuteur, s'il n'a été élû Tuteur
par les parens. Les Couftumes
fur cela ne font pas uniformes.

2. *Si on avoit faifi réellement le*
bien d'un mineur fur un Gardien
qui ne feroit pas Tuteur, la fai-
fie réelle feroit nulle.

3. *Il y a des Couftumes qui attri-*
buënt la fonction de Tuteur au
Gardien.

4. *Dans la Couftume de Paris,*
lorfqu'il y a un Tuteur élû par
les parens autre que le Gar-
dien, fi le Gardien eft tenu de
fournir au Tuteur les frais &
impenfes qu'il convient faire
pour la pourfuite des Procès.

1. **L**A Couftume de Paris par l'art. 270. dit : *Pendant la Garde*
noble ou bourgeoife font élûs Tuteurs ou Curateurs aux mineurs,
fi befoin eft, pour intenter & déduire les actions reelles & perfonnelles
autres que pour les fruits & revenus pendant la garde, & les Gar-
diens n'étant Tuteurs ne les peuvent intenter & déduire ; & l'article
271. dit : *Celui qui a la garde-noble ou bourgeoife peut être Tuteur*
ou Curateur, & font les deux qualitez compatibles en une même per-
fonne. La Couftume ne permet pas que le Gardien faffe fonction
de Tuteur ou Curateur des mineurs, s'il n'a été élû & nommé
Tuteur par les parens. Le Gardien pourroit être mauvais Adminiftrateur ; il eft bon que les parens entrent en connoiffance s'il y

a lieu, pour l'intereſt des mineurs, de l'admettre ou de ne le pas admettre à la fonction de Tuteur. Il y a des Couſtumes ſemblables à celle de Paris. Par exemple, la Couſtume de Calais ès articles 141. & 142. eſt ſemblable à Paris & conçûë en ces mêmes termes. La Couſtume de la Marche, article 75. dit : *Si le Bailliſtre dépopule ou empire les heritages, il doit perdre le Bail ; & audit cas, doit être pourvû de Tuteur au mineur, & neanmoins ſera le Bailliſtre tenu, envers le mineur, en tous dommages & intereſts, provenus à cauſe de la dépopulation & empirement.* La Couſtume de Clermont par l'article 178. dit : *Le Gardien ne peut intenter, deduire, ne ſoûtenir les actions & droits réels des mineurs durant la Garde, mais appartient à ce faire aux Tuteurs & Curateurs des mineurs, aux dépens raiſonnables des Gardiens, durant le temps de la Garde.* La Couſtume de Mante, article 182. dit : *Le Gardien ne peut faire pourſuite des actions réelles pour le mineur, mais ſeulement des perſonnelles, & pour pourſuivre les reelles ſera elû Tuteur.*

2. Mᵉ Charles du Moulin en ſa Note ſur l'article 270. de la Couſtume de Paris, qui étoit le 103. de l'ancienne, dit que ceux qui ont la garde ne peuvent ſe preſenter en jugement pour la défenſe du bien des mineurs, que c'eſt au Tuteur ou Curateur. *Cuſtodem non poſſe actiones reales activè nec paſſivè exercere.* En effet ſi on avoit ſaiſi réellement le bien d'un mineur ſur un Gardien qui ne ſeroit pas Tuteur, la ſaiſie réelle ſeroit nulle ; enſemble le decret qui ſeroit intervenu. Mᵉ Jean Tronçon en ſon Commentaire ſur la Couſtume de Paris article 270. rapporte un Arreſt de 1498. qui l'a ainſi jugé.

3. Il y a d'autres Couſtumes qui attribuent la fonction de Tuteur au Gardien. Par exemple, la Couſtume de Melun en l'article 289. dit : *Le Gardien mâle doit, à ſes dépens, intenter toutes actions & faire les pourſuites que le Tuteur doit faire ; tellement qu'il n'eſt beſoin de pourvoir de Tuteur ou Curateur aux mineurs qui ont Gardiens, ſinon qu'il y eût differend & Procés entre les Gardiens & les mineurs.* La Couſtume du Grand Perche article 169. dit : *Le Gardien doit pourſuivre toutes & chacunes les actions perſonnelles, réelles, & mixtes, tout ainſi que pourroit le Tuteur & Curateur.* La Coûtume d'Anjou, article 9. dit : *Le bail ne pourra demander attente d'heritier ; ſous ombre qu'il ſoit pourſuivi d'aucune action reelle, perſonnelle, ou autre qui depende du fait des prédeceſſeurs des mineurs, quelque moyen qu'il y ait entr'eux ; mais bien aura délay competent de s'enquerir : mais toutesfois s'il defend mal le mineur, il en ſera*

tenu pour fa male adminiſtration. La Couſtume de Montfort par
l'article 120. oblige le Gardien de pourſuivre toutes actions, tant
réelles qu'autres des mineurs, à ſes dépens pourvû qu'il ſoit perſonne capable; & s'il n'eſt trouvé perſonne capable, ſera pourvû d'un Tuteur pour pourſuivre leſdites actions aux dépens du
Gardien.

4. Mais on demande dans la Couſtume de Paris, lorſqu'il y a
un Tuteur élû par les parens, autre que le Gardien, ſi le Gardien
eſt tenu, ſur les fruits & revenus des mineurs, ou ſur les meubles
& effets mobiliers, fournir au Tuteur les frais & impenſes qu'il
lui convient faire pour la pourſuite des affaires des mineurs. Par
exemple, une mere a ſurvêcu ſon mari; elle a accepté la garde-
noble de ſes enfans; ſes enfans ont élû pour Tuteur l'oncle paternel des mineurs pour agir & défendre les mineurs; la mere agit
contre le Tuteur de ſes enfans pour la liquidation de ſes conven-
tions matrimoniales & proceder au partage de la Communauté
d'entr'elle & ſes enfans; ou les mineurs ont Procès, concernant
la proprieté de leurs immeubles, droits réels & fonciers. On demande ſi la mere qui a accepté la garde, ſera tenuë de fournir
au Tuteur les deniers neceſſaires pour la pourſuite de toutes les
affaires des mineurs; enſemble les frais de la nomination qui a été
faite du Tuteur; comme auſſi ſi la mere gardienne ſera tenuë acquitter les mineurs des dépens èſquels les mineurs pourront être
condamnez. Cette queſtion ſera traitée au chapitre 7. qui parle
des dettes & charges dont le Gardien eſt tenu.

CHAPITRE VI.

Quels sont les droits & émolumens du Gardien-Noble & du Gardien-Bourgeois, & sur quels biens le droit de Garde-Noble & Garde-Bourgeoise s'étend ; & plusieurs questions sur cette matiere.

SOMMAIRE.

1. *Si le Gardien fait les fruits siens de tous les immeubles des mineurs, non seulement de ceux qui viennent du prédecedé des pere & mere qui a donné ouverture à la Garde ; mais aussi des autres biens écheus aux enfans par don, succession directe & collaterale ou autrement.*

2. 3. *Differentes dispositions des Coustumes sur cela.*

4. *Differentes opinions dans la Coustume de Paris sur cette question.*

5. *Opinion de Me Charles du Moulin sur cette question.*

6. 7. *Opinion de Me Jean Bacquet.*

8. *Arrests qui ont jugé que le Gardien n'avoit son droit de Garde que sur les biens écheus par le decès du pere ou de la mere, qui a donné ouverture à la Garde.*

9. *La Jurisprudence de ces Arrests est observée dans la Coustume de Paris, & n'est plus revoquée en doute.*

10. *Lorsque les pere & mere sont tous deux decedez, & que le survivant a accepté la Garde ; si l'ayeul l'acceptant, fait les fruits siens, non seulement des biens de la mere prédecedée, mais aussi des biens du pere decedé après la mere.*

11. *Resolution de la question.*

12. *Le Gardien dans la Coustume de Paris n'a que la simple administration des meubles.*

13. *Il y a des Coustumes qui ne donnent au Gardien aucun droit sur les meubles, mais seulement l'administration.*

14. *Les meubles, dont la Coustume de Paris donne au Gardien l'administration, s'entendent de ce qui est de nature mobiliere dans la succession du prédecedé des pere & mere qui a donné ouverture à la Garde : Si les*

meubles meublans & autres ,
sujets à estimation, ont été esti-
mez & n'ont pas été vendus ;
le Gardien en doit la cruë.

15. Lorsqu'il y a des promesses &
obligations , le Gardien doit
veiller à la solvabilité des débiteurs : si le Gardien ayant fait
condamner les débiteurs aux interêts , ou si ayant employé les
deniers provenans des meubles
& effets mobiliers en Contrat
de Constitution, il en doit avoir
le profit.

16. Si le Gardien peut se servir
des meubles meublans, & s'il
n'est tenu que de les rendre en
espece & en l'état qu'ils se
trouveront aprés la Garde finie.

17. Si le Gardien-Noble & Bourgeois fait les fruits siens de
tous les immeubles, tant heritages que rentes, appartenans
aux mineurs assis en la Ville de
Paris ou dehors ; & comment
cela s'entend.

18. Si le survivant des pere &
mere demeurans à Paris , qui
a accepté la Garde , fera les
fruits siens, non seulement des
heritages de la succession du
prédecedé, situez en la Coustume de Paris, mais aussi de ceux
situez en païs de Droit écrit ,
ou ailleurs.

19. Differentes opinions sur cette
question ; opinion de du Moulin
& de Bacquet, que la Garde-
Noble & Bourgeoise s'étend
seulement sur les immeubles si-

tuez en la Prevôté & Vicomté
de Paris.

20. Opinion de Pontanus contraire
à du Moulin & à Bacquet. .

21. Raisons pour dire que le Droit
de Garde s'étend sur les biens
écheus aux enfans par le décés
du premier mourant des pere &
mere , en quelque lieu qu'ils
soient situez.

22. Raisons contraires pour dire
que le Droit de Garde s'étend
seulement sur les immeubles situez en la Prevôté & Vicomté
de Paris.

23. 24. 25. Distinction de M.
d'Argentré quand le Statut est
personnel ou réel ou mixte.

26. Il y a dans les Coustumes des
dispositions generales qui ne se
doivent point diviser, & qui
doivent s'étendre sur tous les
biens de la personne qui les possede.

27. La forme & solemnité des
Actes se regle par la Coustume
où les Actes sont passez.

28. Lorsque les Coustumes sont
conformes on les doit considerer
comme une seule & même Coûtume.

29. 30. 31. 32. Si le survivant des
pere & mere qui a ce droit de
Garde en Touraine où il est demeurant, & où il n'est pas necessaire de l'accepter en jugement
pour les biens qui sont situez en
Touraine, est tenu de l'accepter à
Paris, pour faire les fruits siens
des biens situez à Paris.

33. *Si l'ayeul ou l'ayeule n'ayant pas droit de Garde, par la Coûtume de Tourraine, où il est demeurant, peut neanmons prétendre le droit de Garde sur les biens des mineurs situez en la Couftume de Paris, où le droit de Garde est deferé aux ayeul & ayeule.*

34. *Si le survivant des pere & mere qui est demeurant à Paris & qui y a accepté la Garde-noble fait les fruits siens, non-seulement des heritages situez dans la Couftume de Paris, mais aussi de ceux qui font situez en païs de droit écrit.*

35. 36. *Question qui s'est presentée en la Couftume de Berry touchant la Garde-Noble, entre les parens paternels & maternels, à défaut de pere & mere.*

37. *Ce qui est compris fous le mot* Fructus.

38. *Si le Tréfor trouvé dans l'heritage du mineur appartient au Gardien.*

39. 40. *Plusieurs Couftumes parlent du Tréfor & fortune d'or & d'argent.*

41. *Opinion de Me Charles du Moulin sur la question si un Tréfor trouvé dans un heritage appartient à l'usufruitier ou au proprietaire.*

42. Quid? *Des mines d'or & d'argent.*

43 *Quelques Couftumes refervent les mines d'or au Roy, & les mines d'argent au Seigneur qui*

a Comté, Vicomté ou Baronie.

44. *Quels font les fruits civils.*

45. 46. *Si le Gardien joüit du droit de Patronage & prefentation aux Benefices, dépendans des terres appartenans aux mineurs; s'il peut prefenter le fils mineur dont il est gardien.*

47 *Si le mineur qui a paffé sept ans, peut lui-même user de son droit & prefenter aux Benefices qui dépendent de fa terre.*

48 *Si le Gardien a droit de joüir des droits honorifiques.*

49. *Si le Gardien a droit de pourvoir aux Offices des Juftices dépendantes des terres appartenantes aux mineurs, & s'il peut deftituer les anciens Officiers.*

50. *Si le Gardien peut donner des survivances.*

51. *Si le Gardien a les amendes adjugées en matiere civile & criminelle dans les Juftices appartenantes à fes mineurs.*

52. 53. 54. 55. 56. 57. 58 59 60. 61. 62. Quid? *Des Confifcations; si les biens confifquez appartiennent au Haut Jufticier.*

63. *Si le Gardien, à cause de la Garde, peut prétendre les biens confifquez du condamné à mort qui avoit son domicile dans la Haute-Juftice, appartenante à fes enfans mineurs.*

64. 65. 66. 67. *Si le Gardien peut prétendre non-feulement les meubles confifquez, mais aussi les immeubles.*

68. Si pour regler lequel des deux ou du proprietaire ou de l'ufu-fruitier de la Haute-Juſtice, doit avoir le profit de la con fiſcation ; on doit conſiderer le temps auquel le crime a été commis, qui a donné cauſe à la confiſcation ; ou ſi on doit conſiderer le temps du jugement & de la condamnation. Il y a des Couſtumes qui en contiennent diſpoſition.

69. Quelle reſolution on doit prendre dans la Couſtume de Paris & autres qui n'en con-tiennent aucune diſpoſition.

70. 71. Pluſieurs tiennent que la confiſcation étant düe du jour que le crime a été commis, elle appartient à celui qui avoit droit d'uſufruit au temps que le crime a été commis.

72. 73. La Commiſe de Fief eſt une eſpece de confiſcation ; à qui eſt-ce qu'elle appartient, au proprietaire ou à l'uſufruitier.

74. 75. 76. Si le Gardien qui a droit de joüir du Fief domi-nant, appartenant à ſes mineurs a droit de joüir du Fief du Vaſ-

ſal, qui eſt tombé en commiſe durant la Garde.

77. 78. 79. 80. 81. 82. Si le Gardien qui a droit, à cauſe de la Garde, de joüir d'un Fief ap-partenant à ſes mineurs, peut intenter l'action de retrait feo-dal, & pluſieurs queſtions ſur cette matiere.

83 84. 85 86. Si le Gardien qui joüit du Fief appartenant à ſes enfans, peut ſaiſir féodalement les Fiefs des Vaſſaux, & s'il doit avoir le profit de la ſaiſie féodale.

87. 88 89. 90 91. Si dans les Couſtumes qui attribuent au Gardien les meubles en pro-prieté, tous ſes effets mobiliers y ſont compris.

92 Le droit d'uſufruit eſt un droit perſonnel qui reſide en la per-ſonne de celui auquel il a été concedé, & ne peut être cedé & tranſporté ; mais les fruits qui proviennent de l'uſufruit, peu-vent être vendus, cedez & tranſportez.

93. Il y a quelques Coûtumes qui en contiennent diſpoſition expreſſe.

1. NOus avons à expliquer dans ce Chapitre quels droits & émolumens a le Gardien Noble & Bourgeois, & ſur quels biens la Garde Noble & Bourgeoiſe s'étend dans la Coûtu-me de Paris. L'article 267. de la Couſtume de Paris, dit : Le Gar-dien noble demeurant hors la Ville de Paris ou dedans la Ville & Fauxbourgs d'icelle, & pareillement le Gardien Bourgeois, & l'admi-niſtration des meubles, & fait les fruits ſiens de tous les immeubles, tant heritages, que rentes, appartenans aux mineurs, aſſis en la Ville de Paris ou dehors, &c. Il y a eu ſur cet article quelque difficulté

pour son interpretation sur le mot *Tous*. On a demandé si le Gardien a l'administration de tous les meubles, & s'il fait les fruits siens de tous les immeubles, c'est-à-dire, non seulement de ceux qui viennent du prédecedé des pere & mere, qui par son decès a donné ouverture à la Garde; mais aussi de tous les autres biens avenus aux enfans mineurs, par don ou par succession directe ou collaterale ou autrement, avant & depuis l'ouverture de la Garde. Par exemple, une mere est decedée, le pere accepte la Garde-Noble de ses enfans; la succession d'un oncle maternel vient à échoir aux enfans depuis le decès de leur mere, comme aussi la succession de l'ayeul maternel avant que le pere eût accepté la Garde. On demande si le pere qui a accepté la Garde de ses enfans, doit avoir les fruits non seulement des immeubles de la succession de la mere, qui a donné ouverture à la Garde; mais aussi des immeubles des successions de l'oncle maternel & de l'ayeul maternel, decedez depuis la mere; ou si le pere, à cause de la Garde, doit avoir seulement les fruits des immeubles de la succession de la mere, & l'administration des meubles de la même succession.

2. La plûpart des Coustumes ne se font pas sur cela bien expliquées, il y a seulement quelques Coustumes qui en ont plus dit que les autres, & qui sont differentes entr'elles. Par exemple, la Coustume de Peronne article 223. dit: *Si le survivant de deux personnes nobles conjoints par mariage, prend bail des enfans mineurs dudit mariage, il a les meubles des mineurs à son profit, tant ceux qui leur sont advenus & écheus, que ceux qui adviennent & échéent pendant le temps dudit bail; prennent aussi à leur profit les fruits de toutes les terres féodales.* La Coustume de Tours est differente, & dit en l'art. 341. *Si aux enfans lorsqu'ils sont en garde advient quelque succession directe ou collaterale, pendant le bail, elle leur appartient pour le tout; mais en aura le Baillistre, l'administration, à la charge de faire Inventaire & appretiation dedans quarante jours, & d'en rendre compte & reliqua au mineur, lui venu à son âge, ou à son Curateur; & à faute de faire Inventaire, est le Baillistre privé du Bail.* La Coustume de Lodunois, chapitre 33. article 2. dit: *Et si succession directe on collaterale advient au mineur, durant le Bail, la succession appartiendra au mineur, sans que le Baily ait aucun droit; toutesfois il aura l'administration de ladite succession, tant des meubles que des fruits des immeubles, à la charge de rendre compte & reliqua desdits meubles seulement au mineur, ou son Curateur, venu en âge* La

Coustume

Couftume de Blois en l'article 5. dit : *En Garde de mineurs nobles ,
foient pere ou mere , ayeul ou ayeule , font leurs les fruits des heritages des mineurs , tant comme dure la Garde , dont ils font tenus ufer
comme bon pere de famille , & à la charge de payer les obfeques &.
funerailles des pere & mere des mineurs ou autres parens aufquels ils
fuccedent.*

3. La Couftume du Maine article 98. dit : *Le pere ou la mere
tant feulement auront le Bail de leurs enfans mineurs , fi bon leur
femble ; & en ce cas feront les fruits des heritages de leurs enfans
mineurs leurs tant feulement , &c.* & l'article 105. dit : *Si aucun don
eft fait au mineur durant le Bail, ou s'il acquiert quelque chofe, icelui don ou acquèt appartient au mineur & non pas au Bail.* La Coûtume d'Anjou en l'article 92. dit : *Si aucun don de meuble ou d'heritage eft fait au mineur durant le Bail, icelui don appartient au mineur
& non pas au Bail, refervé les fruits de l'heritage.* Me René Chopin
fur la Couft. d'Anjou , *lib. 2. tit. 2. nomb. 8.* dit : *In Andibus tamen
nobilis cuftos nullo difcrimine fibi quærit omnes pupillarium hærediorum reditus ; unde illacunque profecta fint à tempore nobilis cuftodiæ.*

4. Comme la Couftume de Paris ne s'eft pas affez expliquée ,
ni la plûpart des Couftumes, il y a eu varieté d'opinions fur la
queftion propofée, qui eft de fçavoir fi le Gardien a l'adminiftration de tous les meubles, & fait les fruits fiens de tous les immeubles, non feulement de ceux qui viennent du prédecedé des pere
& mere dont le decès a donné ouverture à la Garde, mais auffi
de tous les autres biens avenus & échûs aux enfans par don,
fucceffion directe & collaterale ou autrement, avant & depuis
l'ouverture de la Garde. Aucuns difent que l'article 267. de la
Couftume de Paris comprend tous les biens qui appartiennent
aux enfans mineurs, & qui leur échéent pendant le temps & durée
de la Garde, fans aucune exception ; que la Couftume a ufé du
mot, *tous immeubles* ; qui dit tous, n'excepte rien.

5. Pour appuyer cette propofition on allegue plufieurs authori-
tez. Il y a premierement Me Charles du Moulin qui agite cette
queftion fur l'article 32. de l'ancienne Couftume de Paris, nomb.
5. où il dit que le Gardien a droit de Garde fur tous les biens des
mineurs, qui font fituez dans l'étenduë de la Prevôté & Vicomté
de Paris & non ailleurs, c'eft à-dire, non feulement ceux qui appartiennent aux mineurs, au temps que la Garde a été ouverte &
deferée par le decès du pere ou de la mere qui a donné ouverture à la Garde, mais auffi tous autres biens avenus aux mineurs

depuis que la Garde a été ouverte & deferée par don ou par succeffion directe & collaterale ou autrement : Voici les termes de Me Charles du Moulin : *Quæro utrum hujufmodi cuftodia extendatur ad alia feuda quàm ad ea quæ obvenerunt pupillo ex linea directa. Refpondeo, hæc quæftio concernit materiam §. 99. & ibi videlicet dixi ad omnia, infrà tamen territorium extendi, quocunque titulo, five fucceffionis, five legati aut donationis ad pupillum pertineant. Imò nedum ad ea quæ pertinent pupillo tempore cuftodiæ delatæ vel agnitæ & acceptatæ in judicio, fed etiam ad omnia quæ poft acceptatam cuftodiam obveniunt quocunque titulo vel modo, quia confuetudo non diftinguit ; falva tamen modificatione & limitatione quam ibi dedi, & ficut cuftos generalem habet adminiftrationem omnium bonorum quæ fpectant & incipiunt fpectare minorem tempore minoris ætatis, ita eorum fructus fuos facit.*

6.   Me Jean Bacquet en fon Traité du Droit de Franc-Fiefs, chap. 10. nomb. 16. dit que fi pendant le temps de la Garde-Noble ou Bourgeoife adviennent des fucceffions directes ou collaterales, les Gardiens ont l'adminiftration des meubles, & font leurs les fruits de tous les immeubles defdites fucceffions, tant heritages que rentes, &c. Me René Chopin fur la Couftume de Paris, liv. 2. n. 6. traitant la queftion fi le Gardien eft tenu aprehender une heredité échûë à fon mineur ; il dit que cela dépend de la volonté du Gardien ; qu'il feroit injufte de le contraindre de l'accepter, car en l'acceptant il s'engageroit à payer les dettes mobilieres & arrerages de rentes de la fucceffion : que comme il eft libre à un mari de ne pas apprehender une heredité échûë à fa femme, pour n'être pas chargé des dettes de l'heredité ; qu'il eft pareillement libre à un Gardien de ne pas apprehender une heredité échûë à fes mineurs, pour n'être point tenu des dettes de l'heredité, ce qui donne lieu de dire que cet Autheur préfuppofoit, que la fucceffion échûë au mineur depuis l'acceptation de la Garde, tomboit en la Garde, & que c'étoit fon opinion : Voici fes termes : *Sed quia Parifiis liberorum cuftodia fruitur omnibus eorum rebus foli, videamus faltem ne is cogatur fi novæ cuidam impuberum hæreditati quæ hæreditariis creditoribus fua pecunia fatisfiat ; æquitas plane fuadet eum qui tunc confulto inierit hujufmodi cuftodiam cum pupilli debitorum mole non premeretur, nihilo gravius urgeri ad recentem hæreditatem quæ onerofior fit agnofcendam, quàm maritum, qui uxoriis anterioribus debitis lege alligatus eft municipali ; haud ideò enim ifte pofterius delatam uxori hæreditatem cepiffet invitus, cujus*

ergo hæreditariis oneribus immergatur ; at repudiatæ illius alieno ære eximetur.

7. Le même Autheur Me René Chopin fur la Couft. d'Anjou, *l. 2. tit. 2. de jure deportus. n. 8.* prend une refolution qui femble differente de la precedente, & dit que plufieurs croyent que le Gardien n'a pas droit de joüir des immeubles d'une fucceffion collaterale échûë à fes mineurs, depuis la Garde acceptée, que la Garde ne comprend que les fucceffions échûës en ligne directe au temps que la Garde eft deferée , & cite l'Arreft rendu au rapport des enfans mineurs de Monfieur Roillard Confeiller en la Cour , qu'il datte de 1576. *Conftat nobilem cuftodem rei pupillaris fructuum lucro affici : fed quid de laterali hæreditate impuberi delata, poft cuftodiam initam & acceptatam ? Credunt plerique ejus cuftodis ufumfructum ad novam horum fundorum poßeßionem fucceßoriam non pertinere, fiquidem noto juris theoremate ufusfructus cuftodiæ fequela & acceßio intelligitur fecundùm tempus delatæ cuftodiæ , nec ad alia referri bona videtur, quàm quæ pupillus eo die qua fructuaria tutela agnita fit poßideret. Ad hæc nobilis cuftodis ufusfructus à jure communi fumpta interpretatione refpicit maternas facultates , quæque recta ex linea non tranfverfa ad pupillos devenerint ; & ita Senatus judicio decretum fub annum 1576. fecundùm impuberis quofdam Jacobi Roillarti Senatoris hæredes.*

8. Me Loüis Charondas en fon Commentaire fur la Couftume de Paris, art. 267. rapporte deux Arrefts qui ont jugé que le Gardien n'avoit fon droit de Garde que fur les biens écheus par le decès du pere ou de la mere qui decede le premier, & qui par fon decès donne ouverture à la Garde. L'un rendu au profit des enfans mineurs de Monfieur Roillart, Confeiller en la Cour, dont Me René Chopin fait mention au nombre precedent ; & l'autre du 20. May 1564. Me Jean Tronçon fur l'article 267. dit que la commune opinion eft qu'il n'y a que les biens écheus aux enfans mineurs par le decès du pere ou de la mere, qui a donné ouverture à la Garde, qui tombent en la Garde, & dit que cette opinion a prévalu. Me Barthelemy Ozanet en fes Memoires, a tenu auffi que la Garde ne comprend que les biens écheus aux enfans par le decès du pere ou de la mere qui a donné ouverture à la Garde; & dit que l'actif & le paffif des chofes données aux mineurs , avant l'ouverture de la Garde, n'entre point en la Garde, autrement que les enfans mineurs feroient de pire condition après la mort de leur pere ou de leur mere, qu'ils n'auroient été de leur

vivant; ils feroient privez des fruits & revenus des chofes données, qui leur appartenoient du vivant de leur pere ou mere prédecedé.

9. Cela fe pratique de la forte à prefent dans la Couftume de Paris, & ne doit plus être revoqué en doute; L'opinion de Me Charles du Moulin n'a point été en cela fuivie : on peut dire que cette refolution qui s'eft établie fe tire & s'induit en quelque façon des termes de la Couftume de Paris, ès articles 265. & 266. L'article 265. dit qu'il eft loifible aux pere & mere, ayeul ou ayeule Nobles demeurans dans la Ville de Paris ou dehors, accepter la Garde-Noble de leurs enfans, après le decès de l'un d'eux ; & l'article 266. dit qu'il eft pareillement permis aux pere & mere, Bourgeois de Paris, accepter la Garde-Bourgeoife & adminiftration de leurs enfans après le decès de l'un d'eux, c'eft-à-dire, après le decès du pere ou de la mere, qui a donné ouverture à la garde. L'article 266. ne peut pas s'étendre ni s'expliquer autrement ; car cet article ne parle que du pere ou de la mere, & l'article 265. ne doit pas auffi s'expliquer differemment de l'article 266. ainfi il y a neceffité de dire, fuivant l'intention de la Couftume & les termes précis de ces deux articles ; que la Garde-noble & Bourgeoife ne comprend que les biens échûs aux enfans, par le decès du pere ou de la mere, qui a donné ouverture à la Garde. La Coûtume ne dit pas que ce droit de garde augmente par le decès d'autres perfonnes, ni que d'autres biens que ceux du prédecedé des pere & mere entrent en la garde. Quand un droit d'ufufruit a été conftitué, on regarde fur quels biens il a été conftitué ; il ne s'étend pas fur d'autres biens quand cela n'eft pas dit expreffément. D'ailleurs comme la Garde-Noble & Bourgeoife eft lucrative au Gardien, & onereufe aux mineurs, elle eft de *Droit* étroit, on ne la doit pas étendre plus loin que ce qui eft exprimé par la Couftume, au préjudice des enfans mineurs. La même refolution doit être fuivie dans les Couftumes qui n'ont point de difpofition contraire.

10. Mais on demande fi cette même refolution doit être fuivie & avoir lieu dans l'efpece ci-après. Une mere decede, & le pere decede enfuite fans avoir accepté la Garde-Noble de fes enfans mineurs, l'ayeul maternel des enfans ayant accepté la garde après le decès du pere, & le temps de la garde étant fini, il prétend avoir fait les fruits fiens, non feulement des biens de la fucceffion de la mere prédecedée, mais auffi avoir fait les fruits fiens des biens du pere, decedé après la mere ; les enfans au contraire

prétendent que leur ayeul maternel n'a fait les fruits siens que des
biens de la mere decedée avant le pere ; que c'est le decès de la
mere qui donne ouverture à la garde ; que leur ayeul maternel
leur doit rendre compte des fruits & revenus de la succession de
leur pere decedé après la mere. L'ayeul maternel replique & dit
que la garde n'est deferée aux ayeul & ayeule que quand le survivant des pere & mere refuse d'accepter la garde, ou que le survivant des pere & mere decede sans l'avoir acceptée ; que dans le
cas dont il s'agit, le pere étant decedé après la mere, sans l'avoir
acceptée, la garde a été deferée à l'ayeul, qui doit avoir le
droit de garde, tant sur les biens du pere, que sur les biens de la
mere ; qu'il n'y auroit pas de raison de vouloir que l'ayeul eût le
droit de garde sur les biens de la mere seulement, & qu'il ne
l'eût pas sur le bien du pere, puisque le pere & la mere étoient
tous deux decedez lorsque la garde a été deferée à l'ayeul.

11. Neanmoins le droit des enfans est le mieux fondé, & il n'y
a pas lieu de faire une exception à la regle pour le cas dont il s'a-
git. La garde a commencé d'être deferée par le decès de la mere
qui est decedée la premiere ; le droit de garde n'augmente point.
En effet, si le pere qui a survêcu la mere, avoit accepté la garde,
il n'auroit eu le droit de garde que sur les biens de la mere échûs
aux enfans ; l'ayeul ne doit pas avoir, dans le cas dont il s'agit,
plus de droit, en qualité de Gardien, que le pere en auroit eu s'il
avoit accepté la garde ; car la garde n'est deferée à l'ayeul qu'au
lieu du pere, qui est decedé sans l'avoir acceptée ; le droit de garde n'appartient aux ayeul & ayeule que quand le survivant des
pere & mere refuse d'accepter la garde, ou qu'il vient à deceder
sans l'avoir acceptée : par consequent il y a lieu de conclure que
la garde ne comprend que les biens du prédecedé des pere &
mere par le decès duquel la garde a été ouverte & deferée.

12. Nous avons dit que dans la Coustume de Paris la garde
ne comprend que les biens échûs aux enfans par le decès du pere
ou de la mere, qui a donné ouverture à la garde. Il y a premierement les meubles, dont le Gardien n'a que la simple administration. L'article 167. dit que le Gardien Noble, demeurant hors la
Ville & Fauxbourgs de Paris, & pareillement le gardien-bourgeois
a l'administration des meubles, &c. Il y a des Coustumes qui attribuënt au Gardien ou Bail la proprieté des meubles. Par exemple,
la Coustume d'Orleans en l'article 25. dit que les Gardiens-Nobles
prennent les meubles de leurs enfans mineurs & les font leurs

jufques à ce que les enfans mineurs foient en âge de porter la foy, &c. La Couftume de Peronne, article 223. dit que pere & mere, ayeul & ayeule qui prennent le Bail, prennent les meubles des mineurs à leur profit, &c. La Couftume de Clermont en Beau-voifis, article 170. dit qu'il eft loifible aux pere ou mere noble furvivant, accepter la Garde-Noble de leurs enfans mineurs, & font tels Gardiens les meubles leurs. La Couftume de Montargis chap. 1. art. 27. dit que les Gardiens prennent les meubles, fauf ceux qui font pour la fortification des maifons, & ceux qui y font pour perpetuelle demeure.

13. Il y a des Couftumes qui ne donnent aucun droit au Gar-dien fur les meubles, non pas même la fimple adminiftration. Par exemple, la Couftume d'Amiens ne donne aucun droit au Gardien fur les meubles; elle dit en l'article 130. que celui qui a pris le bail & a ce titre leve les Fiefs Nobles du mineur, des Seigneurs dont ils font tenus, & fait les fruits fiens d'iceux Fiefs, durant ledit âge du mineur, à la charge de vêtir, alimenter & entretenir le mineur felon fon état & qualité, &c. Par l'article 132. il eft dit que les meu-bles ne tombent en bail & doivent être regis & gouvernez par les Tuteurs & Curateurs des mineurs, dont leur doit être pourvû par Juftice, jufques à la majorité.

14. Les meubles, dont la Couftume de Paris donne au Gardien l'adminiftration, comprennent tout ce qui eft de nature mobilie-re dans la fucceffion du prédecedé des pere & mere, dont le de-cès a donné ouverture à la Garde; il y a l'argent comptant, meu-bles meublans, promeffes, obligations, & generalement tout ce qui eft de nature mobiliere; il y a les meubles qui fe confument par l'ufage, comme bled, vin, & autres chofes fervans à la nourriture; le Gardien doit faire vendre les meubles meublans qui fe déterio-rent par l'ufage, & autres meubles fujets à eftimation, ou les faire eftimer & apprécier, pour en rendre la valeur après la Garde finie, aux enfans; fi le Gardien les a fait vendre, il doit rendre aux en-fans le prix de la vente, & la vente doit être faite publiquement par autorité de Juftice, dont il doit être dreffé Procès verbal; fi le Gardien n'a pas fait vendre les meubles & qu'il les ait fait fim-plement apprécier & eftimer par l'Inventaire, il doit rendre aux enfans l'eftimation avec la cruë. A Paris & autres grandes Villes du Royaume, la cruë ordinairement eft de cinq fols pour livre, ce qu'on appelloit autrefois le Parifis des meubles. Le Gardien qui a l'adminiftration des meubles dans la Couftume de Paris, eft tenu

comme le Tuteur , de payer la cruë. C'eſt un uſage qui s'eſt établi, ſur ce qu'on préſume que quand les meubles n'ont pas été vendus & qu'on en a fait ſimplement l'eſtimation par l'Inventaire, ils
ne ſont pas eſtimez & appréciez leur juſte valeur ; c'eſt pourquoi
l'uſage a voulu qu'on donnât , en ce cas , la cruë aux enfans mineurs ; ainſi c'eſt au Gardien ou au Tuteur de faire vendre les
meubles , ſinon les enfans doivent avoir la cruë·

15. Nous avons dit que le Gardien qui a l'adminiſtration des
meubles & effets mobiliers les doit rendre aux mineurs, après la
Garde finie, au même état, c'eſt-à-dire, de la même valeur qu'ils
étoient au temps que la Garde a été ouverte ; les enfans mineurs
n'en doivent ſouffrir aucun préjudice ; s'il y a des promeſſes &
obligations, le Gardien doit veiller à la ſolvabilité des debiteurs;
ſi le Gardien a fait condamner les debiteurs aux interêts, ou s'il
a employé les deniers comptans & le prix des meubles en Contrats de Conſtitution, le Gardien en aura le profit pendant la durée
de la Garde ſeulement, & il demeurera garant envers les mineurs
de la ſolvabilité des debiteurs ; à l'égard des meubles meublans &
autres qui ſe déteriorent par l'uſage, le Gardien, comme il a été
dit, les doit faire vendre ou eſtimer.

16. On pourra dire que le Gardien s'en peut ſervir & qu'il eſt
tenu ſeulement de les rendre en eſpece & en l'état qu'ils ſe trouveront après la Garde finie : mais cela ne ſeroit pas raiſonnable :
le Gardien doit rendre & reſtituer , après la Garde finie, la valeur
des meubles , eu égard à ce qu'ils valoient au temps que la Garde
a été deferée ; il n'a tenu qu'à lui de les faire vendre, ou s'il vou-
loit s'en ſervir, il devoit les faire eſtimer pour en rendre l'eſtimation , avec la cruë, après la Garde finie; le Gardien par la Coûtume, n'a que l'adminiſtration des meubles , c'eſt-à-dire, qu'il en
doit faire un emploi utile , en telle ſorte que la valeur en ſoit conſervée aux mineurs. En effet ſi le ſurvivant des conjoints par mariage donataire mutuel, qui a la joüiſſance des meubles , par la
Coûtume de Paris, eſt tenu de rendre & reſtituer aux heritiers
du prédecedé la juſte valeur des meubles de la Communauté ; de
même auſſi le Gardien qui n'a que l'adminiſtration des meubles ,
appartenans à ſes enfans mineurs, leur en doit rendre, après la
Garde finie, la juſte valeur.

17. Après avoir parlé des meubles dont le Gardien a l'adminiſtration par l'article 267. de la Coûtume de Paris, il eſt de la
ſuite de parler des fruits que le Gardien Noble & Bourgeois fait

ſiens, ſuivant le même article 167. qui dit que le Gardien-Noble
& Bourgeois fait les fruits ſiens durant ladite Garde, de tous les
immeubles, tant heritages que rentes, appartenans aux mineurs,
aſſis en la Ville de Paris ou dehors ; cela s'entend ſeulement de
tous les immeubles tant heritages que rentes, appartenans aux mineurs qui leur ſont échûs de la ſucceſſion du prédecedé des pere
& mere, par le decès duquel la garde a été ouverte, & non pas
de ceux qui ſeroient advenus aux enfans d'ailleurs, comme il a été
montré au commencement de ce Chapitre.

18. Mais il y a une autre queſtion qui eſt de ſçavoir comment
ſe doivent entendre ces mots : *Tous les immeubles aſſis en la Ville de
Paris ou dehors* : Par exemple, le prédecedé des pere & mere a
laiſſé des heritages aſſis en la Ville de Paris & dans l'étenduë de
la Prevôté & Vicomté de Paris ; il a encore laiſſé des heritages
ſituez en pays de Droit écrit, où il n'y a point de Garde Noble
ni Bourgeoiſe. On demande ſi le ſurvivant des pere & mere qui
a accepté la garde de ſes enfans, fera les fruits ſiens, non ſeulement des heritages de la ſucceſſion du prédecedé des pere & mere
ſituez en la Couſtume de Paris ; mais auſſi de ceux ſituez en pays
de Droit écrit, ou ès autres Couſtumes qui reglent autrement la
garde que la Couſtume de Paris ; par exemple, dans les Couſtumes qui diſent que le Gardien fait les fruits ſiens des heritages en
fief, & non des heritages cenſifs & roturiers.

19. Il y a ſur cette queſtion varieté d'opinions. Me Charles du
Moulin ſur l'art. 32. de l'ancienne Couſtume de Paris, dit que la
diſpoſition de la Couſtume de Paris, touchant la Garde-Noble &
Bourgeoiſe, comprend tous les biens des enfans ; que neanmoins
cela s'entend de ceux aſſis en la Prevôté & Vicomté de Paris ſeulement, & non pas ceux qui ſont ſituez ailleurs : *Cuſtodia extenditur ad omnia, infrà tamen territorium.* Me Jean Bacquet, Traité des
Franc-fiefs, tit. 10. n. 10. a ſuivi Me Charles du Moulin, & dit :
*Combien que l'effet de la Garde, tant Noble que Bourgeoiſe s'étende
ſinon aux heritages qui ſont ſituez au-dedans de la Ville, Prevôté &
Vicomté de Paris, à l'exemple du Douaire couſtumier, toutesfois le Gardien fait les fruits ſiens des rentes conſtituées ſur l'Hôtel de Ville de Paris, ſuppoſé qu'elles ſoient aſſignées ſur les heritages, revenus & droits ſituez hors la Ville, Prevôté & Vicomté de Paris, comme ſur les Greniers
à Sel de Picardie, Normandie & autres, parce que les Prevôts des
Marchands & Echevins de Paris ont conſtitué leſdites rentes, & au
payement d'icelles, obligé les Domaines & revenus de la Ville de Paris.*

20. Pontanus

20. Pontanus en fon Commentaire fur la Couftume de Blois
tit. 2. art. 5. in verbo fructus, verficulo, his igitur, eft contraire à
Me Charles du Moulin & à Me Jean Bacquet, & dit que le Gardien
fait les fruits fiens des heritages appartenans aux mineurs, fituez
dans l'étenduë de la Couftume de Blois & ailleurs, & cite Paul
de Caftre Jurifconfulte Napolitain en fon Confeil 371. qui parle
d'une Province où le Tuteur avoit droit de joüir des biens de fes
mineurs, à la charge de les nourrir & entretenir, & dit qu'il a droit
de joüir, non feulement de ceux qui font fituez dans la Province
où cette Couftume & ce droit eft en vigueur, mais auffi de ceux
qui font fituez ailleurs. *Extat confilium Pauli Caftr. 371. ubi vigente
hac confuetudine in Canodiftria, quod tutores quorumcumque bonorum
pupillarium fructus lucrentur, omnibus interim quæ ad victum vefti-
tumque neceffaria funt debitè ac legitimè ipfis pupillis exhibitis, nihil
fibi videri obftare ait, cur reditus quoque ac emolumenta ex his bonis
quæ extra Provinciam in qua obfervabatur illa confuetudo provenire
fibi acquirant, vigore illius confuetudinis, quæ vim fuam etiam ad ea
bona quæ tempore fufceptæ tutelæ habebat pupillus alio in loco, exten-
dit. Ex qua conclufione facile eft concludere, ex vi hujus Confuetudinis
Gardianos fuos facere fructus prædiorum quæ ad pupillum Blefenfem
pertinent, etiam extra Provinciam Blefenfem exiftentium, &c.*

21. On pourra dire que le droit de Garde eft mixte, c'eft à dire,
perfonnel & réel, mais qu'il eft plus perfonnel que réel, parce
que la Garde Noble eft deferée aux perfonnes des pere & mere,
ayeul & ayeule nobles; & la Garde Bourgeoife aux pere & mere
Bourgeois, pour avoir foin de l'éducation de leurs enfans, de leur
inftruction, nourriture & entretien; que la Garde leur eft deferée
à caufe de la paternité & de la puiffance que le droit naturel donne
aux pere & mere & autres afcendans fur leurs enfans; que le droit
de Garde étant plus perfonnel que réel, il doit s'étendre fur tous
les biens échûs aux enfans par le decès du pere ou de la mere
qui a donné ouverture à la Garde en quelque lieu qu'ils puiffent
être fituez, c'eft à-dire, dans l'étenduë de la Prevôté & Vicomté
de Paris & ailleurs; que la Couftume de Paris femble s'être affez
expliquée en l'article 167. qui dit que le Gardien fait les fruis fiens
de tous les immeubles, tant heritages appartenans aux mineurs affis
en la Ville de Paris ou dehors, c'eft à-dire, en quelque lieu qu'ils
puiffent être fituez, même hors le Territoire de la Couftume.

22. On pourra dire au contraire que le droit de Garde eft plus
réel que perfonnel, que la Garde-Noble & Bourgeoife va à

L

l'adminiftration & joüiffance des biens & ne regarde point les perfonnes ; que cela s'induit de l'article 270. qui veut que durant la
Garde il foit donné des Tuteurs & Curateurs aux enfans ; & de
l'article 271. qui permet d'élire le Gardien pour Tuteur , & par
confequent que ce droit de Garde-Noble & Bourgeoife ne comprend que les biens échûs aux enfans par le decès du pere & de
la mere , qui a donné ouverture à la Garde, qui font fituez dans la
Prevôté & Vicomté de Paris, & non fur les biens fituez ailleurs ;
que l'article 267. qui dit que le Gardien fait les fruits fiens de tous
les immeubles, tant heritages que rentes, appartenans aux mineurs,
affis en la Ville de Paris ou dehors la Ville , c'eft-à-dire , en la
Ville de Paris ou dehors, dans l'étenduë de la Prevôté & Vicomté
de Paris. On pourra ajoûter que les Couftumes font réelles &
indépendantes les unes des autres. Une Couftume eft confiderée
comme un Contrat & une convention expreffe ou tacite entre
les peuples qui demeurent dans l'étenduë de fon territoire , qui
fe font fait des Loix pour entretenir leur fociété. Originairement
chaque Province avoit fa domination diftincte & feparée; & quoique dans la fuite des temps elles ayent été réunies fous la domination d'un même Souverain, neanmoins chaque Province a confervé fes Loix & fes Couftumes, & les Peuples y ont toûjours été maintenus, & il eft toûjours vrai de dire que chaque Couftume n'a de
pouvoir que fur les biens de fon territoire.

23. M. d'Argentré fur la Couftume de Bretagne, titre des Do-
nations, article 218. Glofe 6. nomb. 5. a voulu expliquer la réalité
des Couftumes, c'eft-à-dire , ce qu'on dit vulgairement que les
Couftumes font réelles, & quel effet cette réalité peut avoir; il s'eft
fort étendu fur cette matiere, & tout fon difcours aboutit à dire
que le Statut eft perfonnel, lorfqu'il parle du droit des perfonnes
purement & fimplement par abftraction aux chofes. *Citra adjectio-
nem aut fubjectum reale.* Il allegue pour exemple l'article 457. de
la Couftume de Bretagne, qui dit qu'une perfonne eft majeure
à vingt ans pour pouvoir difpofer librement de fes biens ; & il dit
que le Statut eft réel , lorfqu'il parle des biens par abftraction aux
perfonnes. Par exemple, lorfque le Statut dit qu'il y aura reprefentation en ligne directe. & que les fucceffions fe partageront par
fouches, fans faire aucune difference entre les perfonnes nobles
& non-nobles; que cette difpofition eft réelle, & regarde les biens
par abftraction aux perfonnes. Cet Autheur dit que le Statut eft
mixte, c'eft-à-dire, réel & perfonnel lorfqu'il parle du partage

des biens, & qu'il fait difference du partage des biens entre les perfonnes nobles, & le partage des biens entre perfonnes non-nobles
. & roturieres. Par exemple, fi la Couftume dit que dans les fucceffions il y aura reprefentation en ligne directe, mais qu'entre
Nobles l'aîné aura un préciput, & qu'entre Roturiers l'aîné n'aura
point de préciput; il dit que cette difpofition eft mixte, parce qu'elle parle du partage des biens & fait difference entre le partage des
perfonnes nobles & le partage des perfonnes non-nobles.

24. Le même Autheur dit que le Statut, lorfqu'il eft purement
réel ou mixte, fa difpofition a fon effet limité aux fonds fituez dans
l'étenduë de fon territoire, qu'il ne s'étend pas plus loin que fon
territoire. *Statuta realia aut mixta, haud dubiè locorum & rerum
fitum fic fpectant, ut aliis legibus quàm territorii judicari non poffint.*
Il ajoûte que quand la difpofition du Statut ne regarde pas fimplement la condition des perfonnes par abftraction à tous fonds d'heritages ou droits réels, fur lefquelles une tierce perfonne puiffe
avoir interêt ; que fa difpofition n'a fon effet & ne doit être
confiderée que pour ceux qui font fituez dans l'étenduë de fon
territoire, & non pas pour les biens fituez hors fon territoire. *Sic
etiam contendo cùm Statutum non fimpliciter inhabilitat fed ratione
fundi aut juris realis alterum refpicientis extra perfonas contrahentes,
hanc inhabilitatem non egredi locum Statuti.*

25. Si on fait reflexion fur cette diftinction qu'on á toûjours
faite & qu'on continuë toûjours de faire, touchant les difpofitions
des Statuts & Couftumes ; fi leur difpofition eft perfonnelle, réelle ou mixte ; fi la difpofition mixte eft plus perfonnelle que réelle,
ou fi elle eft plus réelle que perfonnelle : il femble que cette diftinction n'eft pas tout à-fait folide, qu'elle ne fatisfait pas l'efprit
& qu'elle n'eft pas fuffifante pour décider les queftions qui fe pré-
fentent ; & l'explication qu'on en doit faire aux perfonnes, ou aux
chofes, n'en eft pas aifée & il eft difficile d'en faire un jufte difcer-
nement. Il femble que ce qui eft ordonné par les Loix & Couftumes, en matiere civile, regarde les perfonnes par rapport à leurs
biens, & les biens par rapport aux perfonnes qui les poffedent ; il
femble que les difpofitions font mixtes ; les biens font relatifs aux
perfonnes qui les poffedent, & les perfonnes font confiderées par
rapport à leurs biens & par le droit qu'ils y ont ; on ne peut pas regarder les biens purement & fimplement par abftraction aux perfonnes qui les poffedent, ni auffi regarder purement & fimplement

les perſonnes par abſtraction à leurs biens ; ou s'il y a quelque diſpoſition dans les Couſtumes, qui regardent purement & ſimplement les perſonnes par abſtraction à leurs biens , il eſt inutile de
regarder où leurs biens ſont ſituez , car il ne s'en agiroit pas : comme auſſi s'il y a quelque diſpoſition dans les Couſtumes qui regarde purement & ſimplement les biens par abſtraction aux perſonnes ,
il ſeroit inutile de regarder la Couſtume du domicile de la perſonne , car telle diſpoſition ne regarderoit point la perſonne ; cela fait
voir que cette diſtinction n'eſt pas ſolide & qu'on n'en peut pas faire
de juſte application pour la deciſion des queſtions qui tombent
ſur cette matiere.

26. Ce qu'on peut dire eſt qu'il y a dans les Couſtumes quelques diſpoſitions generales , qui ne ſe doivent pas diviſer & qui ſe
doivent étendre indiſtinctement ſur tous les biens de la perſonne
qui les poſſede , en quelques lieux qu'ils ſoient ſituez ; il y auroit
de l'inconvenient de limiter & reſtraindre la diſpoſition de la Coûtume aux biens qui y ſont ſituez. Par exemple , deux conjoints par
mariage ſont domiciliez à Paris ; ils y ont été mariez & ſont en
Communauté de biens ; le mari fait des acquiſitions en pays de
Droit écrit, où il n'y a point de Communauté ; les acquiſitions
que le mari fait en pays de Droit écrit, ſont biens de la Communauté , & la femme ou ſes heritiers acceptant la Communauté **y**
auront part, *& vice verſa*, deux conjoints ſont domiciliez en pays de
Droit écrit, & ils y ont été mariez, le mari fait des acquiſitions en
pays couſtumier où il y a Communauté : les acquiſitions appartiendront ſeulement au mari , & la femme n'y pourra prétendre aucune
part , ni ſes heritiers , ſous prétexte que les biens acquis ſont ſituez
en pays couſtumier , où il y a Communauté ; la raiſon eſt que la
diſpoſition de la Couſtume & de la Loy, qui admet la Communauté
ou celle qui ne l'admet pas entre conjoints ne ſe doit pas diviſer ;
elle comprend indiſtinctement tous les biens acquis pendant le
mariage. Il y auroit de l'inconvenient qu'un mari, qui eſt en Communauté de biens avec ſa femme & qui eſt maître de la Communauté, pût faire fraude à ſa femme en faiſant des acquiſitions en
pays de Droit écrit où il n'y a point de Communauté, pour en
profiter lui ſeul & en fruſtrer ſa femme ; cela impliqueroit contra-
diction , ils ſeroient en Communauté & ne ſeroient pas en Communauté : c'eſt pourquoi il eſt raiſonnable de dire que la diſpoſition de la Couſtume & de la Loy qui admet la Communauté ou
celle qui ne l'admet pas, ne ſe doit pas diviſer, & qu'elle comprend

indiſtinctement tous les biens acquis pendant le mariage, en quelque lieu qu'ils ſoient ſituez.

27. Il y a un autre exemple. Pluſieurs Couſtumes ſont differentes touchant la forme & ſolemnité des Teſtamens; on conſidere ſeulement la Couſtume où le Teſtateur a ſon domicile, & le Teſtateur ayant ſuivi la forme preſcrite par la Couſtume de ſon domicile, ſon Teſtament ſera valable quant à la forme & la ſolemnité, pour tous les biens dont il a pû diſpoſer, encore qu'il ait des biens ſituez en d'autres Couſtumes, qui requierent une autre forme & ſolemnité pour les Teſtamens. La raiſon eſt que la forme & ſolemnité des Actes ſe regle par la Couſtume où les Actes ſont paſſez ; les perſonnes qui les paſſent ſont obligez de ſuivre la Couſtume de leur domicile & ignorent ſouvent les autres Couſtumes ; il y auroit de l'inconvenient d'obliger le Teſtateur qui auroit des biens ſituez en differentes Couſtumes, de faire autant de Teſtamens qu'il y auroit de Couſtumes differentes pour la forme & ſolemnité. Ce feroit une propoſition qui reſiſteroit à la raiſon & au bon ſens ; le Teſtament eſt valable, quant à la forme & ſolemnité, pour tous les biens dont il peut diſpoſer en quelque lieu qu'ils ſoient ſituez ; le Teſtateur n'eſt aſſujetti à la diſpoſition de chaque Couſtume que quant au pouvoir de diſpoſer.

28. Que dira-t-on dans la matiere qui concerne la Garde-Noble & Bourgeoiſe? Par exemple, la Garde eſt ouverte & déferée dans la Couſtume de Paris par le decès du pere ou de là mere qui y avoient leur domicile ; le prédecedé des pere & mere laiſſe des immeubles dans la Couſtume de Paris & dans une autre Couſtume, qui a ſa diſpoſition ſemblable à celle de Paris, touchant le Droit de Garde. On demande ſi le ſurvivant des pere & mere Noble, qui a accepté la Garde Noble de ſes enfans mineurs fera les fruits ſiens, à cauſe de la Garde, non ſeulement des biens échûs aux enfans par le decès du pere ou de la mere, qui a donné ouverture à la Garde, ſituez dans la Prevôté & Vicomté de Paris, mais auſſi de ceux ſituez en l'autre Couſtume, qui a diſpoſition ſemblable à la Couſtume de Paris, touchant la Garde. Il y a lieu de dire que les deux Couſtumes où les biens ſont ſituez, ayant même diſpoſition & n'étant point contraires l'une à l'autre touchant le profit & l'émolument de la Garde ; elles doivent être conſiderées comme une ſeule & même Couſtume, & que le ſurvivant des pere & mere qui accepte la Garde, a le droit de Garde ſur les biens de l'une & l'autre Couſtume ; c'eſt-à-dire, non-ſeulement ſur le

biens fituez en la Couftume de Paris , mais fur les biens fituez en l'autre Couftume femblable.

29. Me René Chopin en fon Commentaire fur la Couftume de Paris , *l. 2. tit. 7. de Impuberum cuftodia nobili & plebeia, n. 5.* propofe la queftion, fi à Paris un pere qui accepte en jugement la Garde de fes enfans huit mois après le decès de fa femme, fait les fruits fiens des heritages fituez en Touraine , de même que des heritages fituez en la Couftume de Paris , & dit que le droit de Garde étant une efpece d'ufufruit ne s'étend pas fur les biens fituez en Touraine. *Nihilominus fecius opinor pupillorum tutelam fructuariam quafi ufumfructum partemque fundi prædiaria quæque lege metiendam & difcernendam , vix eft ut naturali cuftodiæ præfcripta mote Parifiorum folemnia ferantur extra fuum territorium , & externo Turonum funde jus dicant.* Mais cet Autheur ne s'eft pas affez expliqué ; car fi le furvivant des pere & mere accepte en jugement la Garde de fes enfans à Paris , où la Garde eft ouverte & déferée, il femble qu'il a droit de faire les fruits fiens , non feulement des biens fituez en la Prevôté & Vicomté de Paris , mais auffi de ceux fituez en Touraine, par la raifon que la Couftume de Touraine n'eft point en cela contraire à la Couftume de Paris. La Couftume de Paris dit que la Garde fe doit accepter en jugement , & ne détermine point le temps dans lequel l'acceptation fe doit faire ; & la Couftume de Tours dit comme celle de Paris, que le Gardien fait les fruits fiens, & ne dit rien touchant l'acceptation de la Garde , elle ne dit point que le Gardien foit tenu de l'accepter en jugement ; cette Couftume défere la Garde , fans qu'il foit befoin de l'accepter en jugement ; ainfi il n'y a rien dans la Couftume de Tours qui puiffe empêcher que la Garde déferée à Paris au furvivant des pere & mere, & par lui acceptée en jugement, ne puiffe lui donner auffi droit de joüir des biens fituez en la Couftume de Touraine , de même que de ceux fituez en la Couftume de Paris. Les difpofitions des Couftumes doivent être confiderées comme une feule & même Couftume dans les chofes èfquelles elles ne font point contraires & oppofées. Il eft bien vrai que la Garde-Noble , par la Couftume de Paris , ayant fa durée aux enfans mâles jufques à vingt ans , & aux femelles jufques à quinze ans , elle n'aura pas pareille durée pour les biens fituez en la Couftume de Touraine, qui veut que la Garde-Noble ne dure aux mâles que jufques à dix-huit ans, & aux femelles iufques à quatorze ans. La Garde-Noble pour les biens fituez en Touraine finira à dix-huit

ans pour les mâles, & à quatorze ans pour les filles.

30. Que dira-t-on, *vice verſa*. Par exemple, deux conjoints ſont demeurans dans la Ville de Tours ; la femme decede laiſſant des enfans mineurs ; il y a dans la ſucceſſion non ſeulement des biens ſituez en Touraine, mais auſſi en la Prevôté & Vicomté de Paris. La Couſtume de Touraine ne diſant point que la Garde ſe doive accepter en jugement, & déferant la Garde de plein droit ; on demande ſi le ſurvivant des pere & mere qui a la Garde de plein droit, par la Couſtume de Touraine, eſt tenu d'accepter la Garde en jugement à Paris, ſoit en perſonne ou par Procureur fondé de procuration, pour faire les fruits ſiens des biens ſituez en la Prevôté & Vicomté de Paris ; ou ſi n'ayant pas accepté la Garde à Paris, il ne fait les fruits ſiens que des biens ſituez en la Couſtume de Touraine, qui donne la Garde-Noble de plein droit, ſans qu'il ſoit beſoin de l'accepter en jugement. Ce cas reçoit plus de difficulté que le cas precedent ; car dans le cas précedent la Garde étoit ouverte à Paris, où les pere & mere étoient demeurans, & le ſurvivant des pere & mere y avoit accepté la Garde en jugement ; il n'y a rien qui empêche que la Garde-Noble acceptée en jugement à Paris, ne s'étende ſur les biens de Touraine, où la Garde eſt attribuée de plein droit au ſurvivant des pere & mere, ſans qu'il ſoit beſoin de l'accepter en jugement : mais il y a plus de difficulté ſi la Garde-Noble attribuée de plein droit par la Couſtume de Touraine, s'étendra auſſi de plein droit ſur les biens de la Couſtume de Paris, qui n'attribuë pas la Garde-Noble de plein droit, & qui veut que la Garde ſoit acceptée en jugement.

31. On pourra dire que le plus comprend le moins, mais que le moins ne comprend pas le plus ; que la Garde-Noble n'ayant point été acceptée en jugement en Touraine, parce que la Couſtume ne deſire pas qu'elle ſoit acceptée en jugement, elle ne doit pas s'étendre ſur les biens de la Couſtume de Paris, qui veut expreſſément que celui à qui la Garde eſt déferée, ſoit tenu de l'accepter en jugement ; qu'il eſt neceſſaire que le ſurvivant des pere & mere qui ont leur domicile en Touraine, accepte à Paris en jugement la Garde, ou en perſonne, ou par Procureur, s'il veut faire les fruits ſiens des biens de la Couſtume de Paris ; qu'il faut obſerver les formalitez & ſolemnitez preſcrites par la Couſtume de Paris, ſi on veut joüir du benefice de la Couſtume & du droit qu'elle attribuë ; par la raiſon que les Couſtumes reglent les biens qui ſont dans leur étenduë.

32. Neanmoins il femble raifonnable de conclure, que le fur-vivant des pere & mere qui ont été demeurans en Touraine, où la Garde-Noble eft attribuée de plein droit, doit faire les fruits fiens, non feulement des biens fituez en Touraine, mais auffi de ceux fituez à Paris, & qu'il n'a pas befoin de faire une accepta-tion de la Garde-Noble à Paris en jugement; par la raifon que le droit de Garde lui eft acquis par la Couftume de fon domicile, qui ne defire pas que la Garde foit acceptée en jugement. Il faut faire grande difference entre le droit que les Loix & Couftumes attribuënt & deferent, & les folemnitez & formalitez que les mê-mes Loix & Couftumes prefcrivent, pour joüir du droit. Nous avons rapporté l'exemple des Teftamens; il fuffit qu'un Teftament foit revêtu des folemnitez requifes par la Couftume du lieu où il a été paffé; le Teftament eft bon & valable, même pour les biens fituez en d'autres Couftumes, qui requierent d'autres folemnitez que celles prefcrites par la Couftume où il a été paffé. On peut dire même chofe pour la Garde Noble; il n'eft pas neceffaire que le furvivant des pere & mere, qui eft demeurant en Touraine, aille à Paris faire l'acceptation de la Garde en jugement, pour faire les fruits fiens des biens fituez en la Couftume de Paris. La raifon eft que les perfonnes qui font demeurans dans une Couftume ne fon-gent qu'à obferver ce qui eft requis par la Couftume de leur domi-cile, & ignorent fouvent ce qui eft requis par les autres Couftu-mes; autrement ce feroit admettre plufieurs fortes de Gardes en une même perfonne.

33. Il y a une autre difficulté qui eft plus grande, dont voici le fait. Deux conjoints nobles font demeurans en Touraine, la fem-me decede laiffant des enfans mineurs; elle avoit des immeubles fituez en la Province de Touraine; elle en avoit auffi en la Prevôté & Vicomté de Paris: le pere decede incontinent après la mere, fans s'être declaré Gardien, ni avoir fait aucun Acte de Gardien. La Couftume de Touraine attribuë la garde noble aux pere & mere feulement & ne l'attribuë point aux ayeul & aveule. On de-mande fi l'ayeul paternel des mineurs, n'ayant pas droit de garde en Touraine où il eft demeurant, & où les pere & mere des en-fans avoient auffi leur domicile & leur établiffement, pourra nean-moins prétendre le droit de garde-noble fur les biens des mineurs fituez en la Prevôté & Vicomté de Paris? On pourra dire que quoi-que l'ayeul paternel foit exclus du droit de garde en Touraine, il peut neanmoins prétendre le droit de garde fur les immeubles ap-

partenans

partenans aux mineurs, situez en la Coustume de Paris , qui défere
le droit de Garde-Noble aux ayeuls & ayeules à défaut des pere &
mere ; neanmoins il y a lieu de dire que l'ayeul paternel des mineurs étant exclus du droit de Garde sur les biens de Touraine, par
la Coustume de Touraine où il a son domicile & où les pere & mere des mineurs avoient leur domicile, il ne peut aussi prétendre droit
de Garde sur les biens situez dans la Coustume de Paris , quoique
la Coustume de Paris défere aux ayeul & ayeule Nobles la Garde-
Noble des mineurs, à défaut de pere & mere. La raison est que
l'ayeul est exclus du droit de Garde par la Coustume de Touraine
où il a son domicile; il ne doit pas être admis à se dire Gardien
en la Coustume de Paris qui lui est étrangere. En second lieu le
pere des mineurs ayant survécu la mere, le droit de Garde a été
acquis au pere. La Coustume de Touraine attribuë la Garde-
Noble de plein droit au survivant des pere & mere , & n'oblige
pas de l'accepter en jugement ; ainsi la Garde-Noble ayant eu
effet en la personne du pere, & le pere étant depuis decedé, le droit
de Garde-Noble est fini par son decès & ne doit pas être renouvellé en la personne de l'ayeul, ce seroit geminer le droit de Garde,
qui est de Droit étroit.

34. Il y a un autre cas. Deux conjoints sont demeurans à Paris;
la femme decede la premiere, laissant des enfans mineurs ; elle
avoit des immeubles situez en la Coustume de Paris , elle en avoit
pareillement qui étoient situez en pays de Droit écrit. La Coustume de Paris donne au Gardien les fruits & revenus des biens échûs
aux enfans par le decès du pere & de la mere qui a donné ouverture à la Garde; & le Droit écrit n'admet point le droit de
Garde : limitera t-on & restraindra-t on le droit de Garde aux
fruits & revenus des biens situez dans la Coustume de Paris, lorsqu'il y a des biens situez en pays de Droit écrit, qui n admet point
le droit de Garde ? ou étendra-t-on le droit de Garde sur tous les
biens des enfans indistinctement ? On pourra dire que la Coustume de Paris obligeant le Gardien de nourrir & entretenir les enfans pendant le temps de la Garde, & de payer les dettes personnelles & mobilieres , & arrerages de rente ; il est juste que le
Gardien joüisse des biens des enfans & qu'il en fasse les fruits siens
en quelque lieu qu'ils soient situez; qu'il ne seroit pas juste qu'il
fist seulement les fruits siens des biens situez en la Coustume de
Paris , & qu'il fût tenu de la nourriture & de l'entretien des enfans
& de payer les dettes personnelles & mobilieres, & arrerages de

M

rentes ; que le droit de Garde a été reftraint aux fruits & revenus des biens échûs aux enfans mineurs par le decès du pere ou de la mere qui a donné ouverture à la Garde ; qu'on ne le doit pas encore reftraindre aux biens fituez dans la Prevôté & Vicomté de Paris : que d'un autre côté il y auroit de l'inconvenient que le Gardien ne fût tenu de la nourriture & entretien des enfans & du payement des dettes qu'à proportion des biens fituez en la Couftume de Paris ; il y auroit de l'embarras pour regler cette proportion , & de la difficulté dans l'exécution , fi on étoit obligé de faire une eftimation de ce que le Gardien feroit tenu de contribuer à la nourriture & entretien des enfans & au payement des dettes perfonnelles & mobilieres & arrerages de rente , cela cauferoit de grands frais, qu'il feroit plus expedient pour le Gardien, & pour les enfans qui tombent en Garde, que le Gardien fift les fruits fiens de tous les biens des enfans en quelque lieu qu'ils fuffent fituez , & qu'il fut tenu de la nourriture & entretien des enfans & du payement des dettes. Neanmoins la commune opinion dans le cas propofé a toûjours été, que le Gardien ne fait les fruits fiens que des biens fituez dans la Couftume de Paris , & qu'il doit feulement contribuer à la nourriture & entretien des enfans, & au payement des dettes perfonnelles & mobilieres & arrerages de rente , à proportion des biens fituez en la Couftume de Paris.

35. Il y a une queftion qui fut plaidée en 1646. en la Grande-Chambre, étant au Rôle de Paris : Le fait étoit que le Sieur Comte de la Chaftre Maître de la Garde-Robe du Roy & Colonel General des Suiffes , étant prêt de partir pour le fervice du Roy , il fit fon teftament à Paris où il étoit demeurant, & nomma pour Tuteurs de fes enfans Monfieur l'Evêque de Toulon & le Sieur Comte de Montrefor ; quelque temps après il mourut à Philifbourg au fervice du Roy : neanmoins la Dame de la Chaftre fut éûë Tutrice de fes enfans ; mais étant decedée trois mois après fon mari, les parens paternels des enfans procederent à l'élection d'un Tuteur devant le Prevôt de Paris, qui étoit le lieu de la naiffance des enfans , & de la demeure des pere & mere, & les parens affemblez nommerent Monfieur l'Evêque de Toulon & le Sieur Comte de Montrefor. Le Marquis de Dampierre grand oncle des mineurs du côté maternel prétendit avoir le Bail des enfans & l'accepta devant le Bailly de Berry ; les parens maternels interjetterent appel de la procedure faite par le Marquis de Dampierre devant le Bailly de Berry ; & d'un autre côté le Marquis de Dam-

pierre interjetta appel de la nomination & élection faite de Tuteurs aux mineurs devant le Prevôt de Paris. Le Marquis de Dampierre difoit qu'il étoit grand oncle maternel des mineurs , qu'il
étoit le plus proche parent collateral , & qu'en cette qualité la
Garde-Noble lui étoit déferée par la Couſtume de Berry , à défaut de pere & mere ; qu'à la verité la Couſtume de Berry pré-
fere les parens paternels aux maternels , mais que cela s'entend
en parité de degré.

36. Les parens paternels au contraire difoient, que l'élection de
Tuteur des enfans du deffunt Sieur Comte de la Chaſtre ne pouvoit être faite que devant le Prevôt de Paris, qui étoit le Juge du
lieu du domicile des pere & mere des enfans mineurs ; qu'il étoit
inutile au Sieur Marquis de Dampierre d'alleguer ſa qualité de
grand oncle , qu'il ne pouvoit pas auſſi tirer aucun avantage de
la Couſtume de Berry ; il eſt vrai qu'elle dit au titre 1. article 33.
Aprés les pere & mere le Bail du mineur noble appartient au plus
prochain parent & lignager mâle du côté du pere du mineur , s'il y
en a , ou au plus proche parent & lignager du côté de la mere ; &
l'article ſuivant dit : *S'ils ſont pluſieurs parens en même dégré , au*
plus ancien le Bail appartient, c'eſt-à-dire , que s'il y a des parens
paternels & maternels , les paternels ſont préferez aux maternels;
& s'il n'y a des parens que d'un côté, le plus proche eſt préferé au plus éloigné ; ou s'ils ſont en parité de degré , le plus ancien eſt préferé au moins ancien ; ainſi qu'il n'y avoit aucune difficulté, puiſqu'il y avoit des parens paternels ; que le *Sieur Marquis*
de Dampierre, qui étoit ſeulement parent du côté maternel , ne
pouvoit pas prétendre le droit de Garde-Noble , & cela fut ainſi
jugé par l'Arreſt qui fut rendu le 20. Mars 1646. ſuivant les concluſions de Monſieur l'Avocat General Talon, par lequel ſur l'appel de la procedure faite devant le Lieutenant General de Bourges,
la Cour mit l'appellation & ce dont étoit appellé au neant ; émendant , débouta le Marquis de Dampierre du Bail & Garde-Noble
de ſes petits neveux , &c. Ce même Arreſt eſt rapporté par
Me Jean Dufreſne en ſon Journal des Audiances Liv. 4. chap. 36.

37. Aprèsavoir expliqué ſur quels immeubles le droit de Garde
s'étend , il eſt de la ſuite de parler des fruits de ces mêmes immeubles que le Gardien fait ſiens pendant la durée de la Garde , &
d'expliquer ce qui eſt compris ſous le mot *Fruɛtus.* Il y a pluſieurs
eſpeces de fruits ; il y en a de deux ſortes : les uns ſont appellez
fruits naturels ſimplement ; les autres , fruits naturels induſtriaux.

Les fruits naturels simplement sont ceux que la terre produit naturellement d'elle-même, sans travail & industrie de l'homme, comme les herbages des **Prez**, les fruits des arbres, les profits & revenus qui proviennent des Bestiaux, les Bois taillis, dans lesquels sont compris tous ceux qui se coupent ordinairement de temps en temps, & qui renaissent des souches & racines, les grands arbres s'ils tombent d'eux-mêmes par vieillesse *sunt in fructu*, mais s'ils sont tombez par orage & tempête ils ne sont pas *in fructu*. Pontanus en son Commentaire sur la Coustume de Blois, tit. 2. art. 5. *in verbo Fructus*, dit : *Quoad verò ad silvas cæduas quas vocant germinales pertinet, quæ sunt eæ quæ succisæ rursus ex stirpibus aut radicibus renascuntur, eas in fructu esse, non autem arbores non cæduas, quæ vel cæsæ vel vi ventorum aut tempestatis impetu discretæ sunt, quæ in fructu esse non dicuntur; sin verò vetustate sive collapsæ sint, vel sua sponte decidant, tunc in fructu eas esse certum est. Ideò jure communi ad fructuarium & ex consuetudine ad Gardianum pertinet.* Les fruits naturels industriaux sont ceux que la terre ne produit pas naturellement d'elle-même sans l'industrie & le travail de l'homme ; il faut labourer la terre, la cultiver ; la vigne a aussi besoin de travail & de l'industrie de l'homme pour produire son fruit, il faut la tailler, la provigner & cultiver la terre où elle est plantée.

38. Il faut passer ensuite à quelques questions qui ont été faites. Premierement on a demandé lorsqu'un trésor a été trouvé pendant le temps de la Garde, dans l'heritage appartenant aux mineurs, si le trésor est un fruit, s'il appartient au Gardien, ou s'il appartient aux enfans mineurs proprietaires du fonds. Nous avons la disposition de Droit en la Loi *Divortio lib.* 24. *D. soluto matrimonio.* §. 12. qui parle du Trésor trouvé & des grands arbres déracinez. Cette Loy dit que si le fonds dotal consiste en Bois-Taillis que la coupe est un fruit auquel le mari doit avoir part à proportion du temps de l'année en laquelle le divorce est arrivé. Mais que s'il y a des Bois non taillables, par exemple, si ce sont Arbres fruitiers, ou grands Bois qu'on appelle vulgairement de haute-futaye, le mari n'y a aucun droit, & n'en peut pas profiter; c'est pourquoi si le mari les avoit fait couper, il en doit recompenser sa femme, ou quand même ils auroient été déracinez pas vents & tempête, le mari n'en doit pas profiter, de même qu'il ne pourroit pas aussi profiter du trésor trouvé dans le fonds dotal de sa femme, par la raison que le trésor n'est pas un fruit ; & cette Loy ajoûte que le mari qui auroit trouvé un trésor dans le fond dotal de sa femme, seroit

obligé de rendre la moitié du tréfor comme l'ayant trouvé dans le fond d'autrui, l'autre moitié lui appartenant pour l'avoir trouvé. Voici les termes de la Loy §. 12. *Si fundum viro uxor in dotem dederit, ifque inde arbores deciderit, fi hæ fructus intelligantur, pro portione anni debent reftitui ; puto autem fi arbores cæducæ fuerint vel germinales dici oportere in fructu cedere, fin minus, id eft, fi non fint cæducæ, quia quafi deteriorem fundum fecerit, maritum teneri. Sed fi vi tempeftatis ceciderint, dici oportet pretium earum reftituendum mulieri nec in fructum cedere, non magis quàm fi thefaurus fuerit inventus ; non enim in fructum computabitur, fed pars ejus dimidia reftituetur, quafi in alieno inventi.*

39. Nous avons plufieurs Couftumes qui parlent du Tréfor & fortune d'or & d'argent, & qui déclarent ceux aufquels le Tréfor d'or doit appartenir ; mais elles ne contiennent point de difpofition, lorfqu'il y a un proprietaire & un ufufruitier, à qui de l'un ou de l'autre le Tréfor doit appartenir. La Couftume de Sens article 8. dit : *Tréfor muffé d'ancienneté dont on ne peut avoir connoiffance à qui il puiffe appartenir, fera diftribué, fçavoir, à celui qui le trouvera en l'heritage fien, la moitié, & au Seigneur Haut Jufticier l'autre moitié : & celui qui le trouvera en l'heritage d'autrui en aura un tiers, le proprietaire un tiers, & le Seigneur l'autre tiers.* La Couftume de Bar art. 44 dit : *Tréfor trouvé en lieu public appartient pour la moitié au Haut Jufticier du lieu où il eft trouvé, & l'autre moitié à celui qui l'a trouvé, lequel eft tenu incontinent le manifefter au Seigneur Haut-Jufticier, & s'il ne le fait il eft amendable ; & s'il trouve le Tréfor au fond d'un particulier, il en aura un tiers, le proprietaire un tiers, & le Seigneur Haut-Jufticier l'autre tiers ; & s'il le trouve en fon fond il en aura les deux tiers, & le Seigneur Haut-Jufticier l'autre tiers.*

40. La Couftume de Cambray, titre Des chofes qui peuvent être acquifes au Seigneur, article 3. dit : *Tréfor muffe d'ancienneté dont on ne peut avoir connoiffance à qui il puiffe appartenir, trouvé és lieux publics, doit appartenir moitié au Seigneur Haut Jufticier, & l'autre moitié à celui qui l'a trouvé.* La Couftume de Bourbonnois, article 335. dit : *Tréfors muffés d'ancienneté appartiennent, le tiers au Seigneur Haut-Jufticie, le tiers au Seigneur de l'heritage où ils feront trouvez, & le tiers à celui qui les a trouvez.* La Couftume de Bretagne article 46. dit : *Tréfor d'or ou d'argent trouvé en terre par béchement ou ouverture eft au Prince, s'il n'y a pourfuite ; & fi terre n'etoit béchée & ouverte, ce qui eft trouve doit être rendu à la Juftice defdits lieux.*

pour le faire bannir & rendre à qui il appartient. La Couſtume de Normandie en l'article 211. dit: *Tréſor trouvé aux terres du Domaine du Roy appartient au Roy, & s'il eſt trouvé ailleurs, appartient au Seigneur de Fief, ſoit Laïque ou Eccleſiaſtique,* & l'art. 212. dit: *Neanmoins s'il eſt trouvé dans la Nef ou Cimetiere de l'Egliſe il appartient à la Fabrique, & s'il eſt trouvé dans le Chœur de l'Egliſe, il appartient à celui qui doit entretenir le Chœur ou Chancel.* La Couſtume d'Anjou, art. 61. dit: *Tréſor trouvé au Fief & Nobleſſe d'aucun Seigneur foncier, ayant Baſſe-Juſtice, appartient moitié audit Seigneur de Fief ou Seigneur Foncier, & l'autre moitié à celui qui tel tréſor a trouvé; & ſi tel tréſor étoit trouvé en quelque lieu non hommagé, le Seigneur de Fief aura un tiers, le Seigneur du fonds un autre tiers, & l'autre tiers aura l'inventeur du Tréſor.*

41. Me Charles du Moulin tit. 1. des Matieres Féodales §. 1. *Gloſ.* 1. *in verbo,* le Seigneur Féodal, *nomb.* 60. agite la queſtion ſi un Tréſor trouvé dans un heritage eſt un fruit, s'il appartient à l'uſufruitier; ou ſi ce n'eſt pas un fruit, & s'il appartient au proprietaire; & cet Autheur reſout que l'uſufruitier n'y peut rien prétendre, & dit même que l'uſufruitier ne pourroit pas prétendre en avoir l'uſage & l'adminiſtration pendant la durée de ſon uſufruit. *Non ſpectat ad uſufructuarium etiam quoad uſum tantùm pendente uſufructu quia Theſaurus nullo modo eſt fructus fundi nec naturalis nec civilis, nec etiam pars vel portio aliqualis fundi, ſed res prorſus ſeparata nihil cum fundo habens commune.* De ſorte qu'il n'y a pas lieu de douter que le Gardien ne peut prétendre, à cauſe de la Garde, aucune part au Tréſor trouvé dans l'heritage appartenant à ſes mineurs dont il joüit en qualité de Gardien; màis qu'il en doit rendre compte à ſes mineurs, comme de ce qui pourroit advenir à ſes mineurs pendant la durée de la Garde, par ſucceſſion, donation ou autrement.

42. Que dira-t-on des Mines d'Or & d'Argent, de Fer, de Plomb & autres Métaux, comme auſſi des Quarrieres de Marbre, de Pierre, d'Ardoiſe, de Crez & autres. La ſuſdite Loy, *Divortio D. ſoluto matrimonio.* §. *ſi vir.* parle du Marbre qui ſe trouve dans le fonds dotal de la femme, dont le mari a droit de joüir pendant le mariage, & dit que le Marbre qui y eſt trouvé n'eſt pas un fruit, mais fait partie du fonds, ſi ce n'eſt que le Marbre fût de la nature de la Pierre qui eſt en France ou en Aſie, qui croît ou renaît. *Nec in fructu marmor eſt, niſi talis ſit, ut lapis ibi renaſcatur, quales in Gallia ſunt & in Aſia;* & le paragraphe ſuivant dit que

les Mines d'Or & d'Argent & autre matiere, *funt in fruĉtu. Sed ſi creto fodinæ, argenti fodinæ vel auri, vel alterius materiæ ſint vel arenæ, utique in fruĉtu habebuntur.* La Loy derniere *D. de fundo dotali,* parle auſſi d'une Quarriere de Pierre & de Marbre, qui ſeroit dans le fonds dotal de la femme, & dit que le mari en a pû tirer, ſi la Pierre ou le Marbre eſt de telle nature qu'il y croiſſe. *Nec puto fundum deteriorem eſſe ſi tales ſunt lapidicinæ in quibus lapis creſcere poſſit.* Il y en a qui diſent que ſi la Quarriere n'étoit pas ouverte au temps que la Garde a été déferée, que le Gardien n'en doit pas faire l'ouverture; qu'il doit joüir ſeulement des heritages au même état qu'il les a trouvez. Pontanus en ſon Commentaire ſur la Couſtume de Blois, tit. 2. art. 5. *in verbo fruĉtus. verſiculo ſecundo, fruĉtus,* dit: *Lucro Gardiani cedit quicquid frugis appellatione continetur. Unde non ſolùm frumenta & legumina; verùm etiam quicquid ex eis provenit fruĉtus appellatione ut palea, item quod ex vitibus, ſilvis cæduis, creto-fodinis & lapidicinis, pratiſque percipitur.* Et dans la ſuite il dit: *Quod de creti-fodinis diĉtum eſt, idem de auri-fodinis & & argenti-fodinis judicandum eſt. Idem quoque & de ferro-fodinis quarum maximè abundat Pertica.*

43. Il y a quelques Couſtumes qui exceptent les Mines d'Or & d'Argent, & qui veulent que les Mines d'Or & d'Argent n'appartiennent ni au proprietaire du fonds où elles ſe trouvent, ni à l'uſufruitier, reſervant les Mines d'Or au Roy, & les Mines d'Argent au Seigneur qui a titre de Comté, Vicomté ou Baronie. Il y a la Couſtume d'Anjou qui dit en l'article 61. *La fortune d'Or trouvée en Mine appartient au Roy, & la fortune d'Argent trouvée en Mine appartient au Comte, Vicomte & Baron.* La Couſtume du Maine en l'article 70. contient ſemblable diſpoſition que la Couſtume d'Anjou.

44. Après avoir parlé des fruits naturels, il eſt de la ſuite de parler des fruits qu'on appelle Civils, qui ſont compris ſous le mot general de Fruits; ils ne proviennent pas naturellement du corps de la choſe, comme les fruits naturels; mais ils ont quelqu'autre cauſe; ce ne ſont pas proprement fruits, mais plûtôt obventions qui ſont duës *ob rem. Propriè non dicuntur fruĉtus rei, ſed potiùs obventiones, quia non ex ipſo corpore, ſed ex alia cauſa proveniunt. Tamen veniunt appellatione fruĉtuum ſimpliciter* comme dit Mꝰ Charles du Moulin ſur l'ancienne Couſtume de Paris, §. 1. Gloſe 1. nomb. 50. Par exemple, les rentes conſtituées, les loyers de maiſon, & generalement tous droits & revenus qui ſont dús; ils ſont

appellez Fruits Civils, parce qu'ils sont dûs en vertu de nos Loix Civiles & Coustumes, ou en vertu des Contrats ou quasi Contrats qui tirent leur authorité de nos Loix Civiles & Coustumes. Les Loix sont appellées Civiles, parce qu'elles sont faites entre Concitoyens, pour vivre en concorde & entretenir leur societé. Pontanus en son Commentaire sur la Coustume de Blois, liv. 1. art. 5. expliquant en general le mot *Fructus*, dit : *Fructus appellatione veniunt omnes commoditates & emolumenta quæ rebus pupillorum percipi possunt.* Les fruits en general comprennent tous droits, profits, revenus & émolumens generalement quelconques, qui peuvent provenir des biens appartenans aux enfans mineurs. Le Gardien a droit d'en joüir, il joüit du droit de chasse, droit de garennes, droit de pêche qui appartiennent aux mineurs, à cause de leurs Fiefs ; des profits & émolumens de Fief, droits de quints, lods & ventes, & tous autres droits qui peuvent être dûs, à cause des Fiefs, Seigneuries & Justices appartenans aux mineurs, *jure dominii*, ce sont droits réels utiles, qui sont mis au nombre des revenus.

45. Le Gardien joüit aussi du droit de Patronage & presentation aux Benefices, qui dépend des Terres, Fiefs & Seigneuries appartenans aux mineurs. Le droit de Patronage & de presentation aux Benefices est *in fructu, quia sæpius renascitur.* Les Gardiens sont considerez en quelque façon comme les Sequestres qui sont établis par Justice, pour l'administration des biens litigieux pendant le litige : en effet les Sequestres sont vulgairement appellez Gardiens ; & comme les Sequestres doivent conserver tous les droits des biens sequestrez, s'il y a droit de Patronage, les Sequestres exercent ce droit & presentent au Benefice, le cas de vacance avenant ; de même ceux qui ont le Bail ou Garde des enfans joüissent du droit de Patronage dépendant des terres appartenans aux enfans, & ont droit de presenter aux Benefices vacans.

46. Me René Chopin sur la Coustume d'Anjou, Livre second, titre second, *de jure Deportus num.* 8. dit qu'une mere ayant la Garde-Noble de son fils mineur, qui est proprietaire d'une terre dont la mere a droit de joüir comme Gardienne Noble, à laquelle terre il y a droit de Patronage, c'est-à-dire, droit de presenter à un Benefice ; elle peut presenter son fils mineur : mais que si la mere n'étoit pas Gardienne & qu'elle fût simplement tutrice, elle ne le pourroit pas faire, parce que le Tuteur est censé même personne que le mineur. *In Andibus nobilis custos nullo discrimine sibi*
quærit

*quærit omnes pupillarium hærediorum reditus, unde illaci nque profe-
Eta fint à tempore nobilis cuftodiæ : ex quo pariter elic tur, obili cufto-
di, impuberem filium Pontifici inftituendum, offerre fa e'lo præfettum,
cujus nominatio facellanci pendeat à pupillari latifundio nobili ; &*
plus bas il dit : *Licet tutor hoc nomine pupillo gratificari non queat,
ne fub tutoris perfona impubes patronus fibi infi ceciniffe videatur.*

47. Me Charles du Moulin, *de mater feod. tit.* I. §. *Glof.* I. *in
verbo*, Le Seigneur Féodal, *num.* 5. dit : *Jus patronatus ad facer-
dotia tranfit cum univerfitate dominii. & per confequentiam rei cui
adhæret tranfit in fructuarium.* Pontanus en fon Commentaire fur
la Couftume de Blois, tit. 2. art. 5. *verficulo, verum inter*, dit que le
droit de Patronage, c'eft-à-dire, le droit de prefenter à un Benefice vacant, qui dépend d'une terre dont un mineur eft proprietaire, appartient à la verité au Gardien ; mais que fi le mineur a
paffé fept ans, il peut lui-même ufer de fon droit & prefenter au
Benefice, & que celui qui fera prefenté par le pupille fera preferé à celui qui aura éé prefenté par le Gardien. *Poffunt præfentare
refpettivè ; fed concurrentibus, eo qui à Gardiano præfentatus eft, &
eo qui præfentatus eft à pupillo, hic illi omnino præferatur, tanquam
caufam habens potiorem, nempe à vero domino, & eft textus in C. de-
cernimus* 16. *quæft.* 7. *cap. cum olim. juncta Gloff. Extra de majoritat.
& obed. cap.* 9 *extra de jure patronat. in antiq. collect Decretal.*

48. Mais on demande fi le Gardien a droit de joüir des droiss
honorifiques, dépendans des Fiefs & Seigneuries appartenans à
fes enfans mineurs. Aucuns difent que les droics honorifiques font
droits perfonnels, qui appartiennent au Seigneur proprietaire perfonnellement, & qui n'appartiennent pas au Gardien. Me Jean
Tronçon en fon Commentaire de la Couftume de Paris, fur l'art.
268. fur les mots, *Fruits fiens*, dit que les droits honorifiques qui
dépendent des terres de leurs mineurs ne leur appartiennent pas,
qu'ils font tenu pour perfonnels : neanmoins il eft raifonnable de
dire que les pere & mere, ayeuls & ayeules, ayant qualité de Gardiens en doivent joüir. Premierenent les droits honorifiques font
droits réels, dépendans des terres & Seigneuries ; ils ont droit de joüir
en qualité de Gardiens, des droits réels. En fecond lieu, les droits
honorifiques des terres appartenans aux enfans mineurs, étant dé-
ferez aux pere & mere, ayeuls & ayeules, qui ont qualité de Gardiens, cela ne fait point de préjudice aux enfans mineurs ; les
Gardiens confervent les droits de leurs enfans. *Gardianus cenfetur
procurator ad ea quæ refpiciunt cuftodiam defenfionis & adminiftra-*

tionis rei & jurium eju. En troiſiéme lieu, il n'y a aucune raiſon de vouloir que des pere & mere qui ont droit de joüir des Terres & Seigneuries de leurs enfans, en qualité de Gardiens, fuſſent privez pendant la durée de leur Garde, des droits honorifiques qui en dépendent ; les honneurs qui ſont rendus aux pere & mere, ayeuls & ayeules, ſont cenſez rendus à leurs enfans ; d'ailleurs l'uſufruitier d'une terre uſant des droits de la terre, conſerve mieux les droits de la terre que s'il n'en uſoit pas. *Jura feudalia magis conſervantur fructuario utente, quàm ſi nullus uteretur,* comme dit Me Charles du Moulin ſur l'ancienne Couſtume de Paris, *tit.* I. *de mater. feod.* §. I. *Gloſ.* I. *in verbo,* Le Seigneur *feod. num.* 16. De ſorte qu'il n'y a pas lieu de douter que le Gardien a droit de joüir des honneurs & droits honorifiques dépendans des Fiefs des Terres & Seigneuries, appartenans à leurs enfans qui tombent en la Garde.

49. Le Gardien a auſſi droit de pourvoir aux Offices des Juſtices dépendant des Terres appartenans aux mineurs qui viennent à vaquer pendant la durée de la Garde ; il en peut diſpoſer & donner des Proviſions, & ceux qui les auront obtenuës au ont droit de joüir pendant la durée de la Garde. Les enfans, après la Garde finie, pourront y pourvoir, ſi bon leur ſemble ; mais le Gardien ne pourroit pas deſtituer les anciens Officiers des Terres & Seigneuries pendant le temps de la joüiſſance, ſi ce n'eſt qu'il y eût faute notable qui pût donner lieu à la deſtitution. Me Charles Loiſeau, en ſon Traité des Offices, Liv. 3. chap. 5. rapporte trois Arreſts, par leſquels il a été jugé que le Gardien ne pouvoit pas deſtituer les anciens Officiers. Le premier Arreſt du 23. Septembre 1639. rendu pour les Officiers du Comte de Dunois, contre Monſieur de Guiſe Tuteur de Monſieur de Longueville. Le ſecond Arreſt eſt du 16. Fevrier 1564. rendu contre Madame de Guiſe, qui comme Tutrice & Gardienne de Meſſieurs ſes enfans avoit deſtitué le Procureur Fiſcal de la Ferté Bernard ; le troiſiéme Arreſt a été rendu le 5. Aouſt 1586. pour le Bailli f de Roanne, que la mere Gardienne avoit deſtitué. La raiſon qu'il en rend eſt que le Gardien qui n'eſt qu'uſufruitier ne peut donner de nouvelles proviſions qu'au nom du Seigneur proprietaire ; que le Seigneur proprietaire étant mineur, il n'eſt pas capable de conſentement, par conſequent de deſtituer les anciens Officiers ; que le Gardien ne peut donner de nouvelles Proviſions qu'en cas de neceſſité, quand les Offices ſont vacans.

50. Le Gardien ne peut pas aussi donner des survivances d'Offices, dépendans des Terres appartenans à ses mineurs, qui passent le temps de la durée de la Garde, parce qu'il ne peut pas donner plus de droit qu'il en a. *Nemo plus juris in alium transferre potest quàm ipse haberet, lib.* 34. *D. de Regulis juris* ; il ne peut pas étendre son droit de Garde plus long temps que la durée de la Garde. Cela a ainsi été jugé par Arrest du 18. Juillet 1617. entre le Seigneur de Rostain & Pierre le Roux, Bailly de Brou, dans le Perche ; quoique le fils eût pris qualité d'heritier de son pere. Lequel Arrest est rapporté par Mornac, *ad L. sed etsi* 25. *D. de petitione hæred.*

51. Le Gardien a aussi les amendes adjugées en matiere civile & criminelle dans les Justices appartenans aux mineurs proprietaires des Justices ; les amendes *sunt fructus & emolumenta jurisdictionis*, ce sont fruits qui appartiennent à l'usufruitier, & par consequent au Gardien qui a une espece d'usufruit pendant la durée de la Garde. *Inter jurisdictionum fructus mulctæ quas Practici emendas vocant continentur.*

52. Que dira-t-on des Confiscations adjugées en matiere criminelle ? par exemple, un pere a accepté la Garde-Noble de ses enfans, proprietaire d'une Terre où il y a droit de Haute-Justice, & dans l'étenduë de cette Haute-Justice il y a des biens appartenans à un homme qui a été convaincu de crime capital & condamné à mort civile ou naturelle. La condamnation de mort emportant confiscation de corps, emporte confiscation de biens dans la Coustume de Paris, suivant l'article 183. qui dit que, qui confisque le corps, confisque les biens ; cela donne lieu à deux questions. Premierement on demande si la confiscation appartient au Haut Justicier dans la Coustume de Paris. En second lieu, supposé que la confiscation appartienne au Haut-Justicier, on demande si le pere qui a accepté la Garde Noble de ses enfans, & qui en qualité de Gardien, a droit de joüir des biens de ses enfans, peut prétendre les biens du condamné situez dans l'étenduë de la Haute-Justice de ses enfans, ou si les biens confisquez appartiennent à ses enfans, Seigneurs proprietaires de la Haute-Justice.

53. Quant à la premiere question de sçavoir si les biens confisquez appartiennent au Haut-Justicier. La plûpart des Coustumes en contiennent des dispositions expresses. La Coustume de Meaux art. 206 dit: *Aux Haut-Justicier appartient la confiscation des biens meubles & heritages, étant en sa Justice, au temps & heure de la déclaration de la confiscation desdits biens, sinon que ce fût pour crime*

de léze-majefté, herefie ou fauffe-monnoye, éfquels cas iceux biens appartiennent au Roy feul. La Couftume de Troye par l'article 120. dit : *Le Haut-Jufticier a & lui appartient la confifcation des biens meubles & heritages, étant en fa Juftice, au temps & heure de la déclaration de la confifcation defdits biens, finon que la déclaration dépende de crime de léze-majefté, auquel cas elle appartient au Roy.* La Couftume de Sens art. 24. dit : *Celui qui pour aucun crime eft condamné au dernier fupplice, confifque corps & biens ; car qui confifque le corps, il confifque les biens, & appartient aux Seigneurs Hauts-Jufticiers, en la Juftice defquels font trouvez lefdits biens, excepté toutesfois en cas de crime de leze-majefté. Et quand les heritages feront mains mortables envers aucun Seigneur.*

54. Il y a plufieurs autres Couftumes conformes, c'eft-à-dire, qui donnent les biens confifquez au Seigneur Haut-Jufticier; c'eft le droit commun de la France couftumiere, & le droit le plus general. Bouteiller en fa Somme-Rurale, Liv. 2. titre 15. du Droit de confifcation, dit : Tu peus & dois fçavoir qu'aux Seigneurs qui tiennent Juftice par leur droit Seigneurial, compete & appartient droit de confifcation fur les biens de ceux qui perdent vie pour leur méfait, & dont Juftice, fi elle tenoit le corps, feroit punition corporelle, &c. La Couftume de Paris ne dit pas que la confifcation de biens pour crime appartienne au Haut-Jufticier, & n'en contient aucune difpofition expreffe ; mais cela y eft obfervé.

55. Me Jean Bacquet qui étoit Avocat du Roy en la Chambre du Tréfor qui avoit grand foin de conferver les droits du Fifc, c'eft-à-dire, les droits du Roy, dit en fon Traité des Droits de Juftice chapitre 13. nomb. 1. & fuivans : Combien que de droit commun toutes confifcations appartinffent au Roy comme feul Souverain & Empereur en fon Royaume; que neanmoins les Hauts-Jufticiers de France fe font attribuez le droit de confifcation comme dépendant de leur droit de Haute-Juftice, & en joüiffent ; que cela eft pratiqué dans la Couftume de Paris, & que par les Sentences & Arrefts qui interviennent, on declare les biens des délinquans acquis & confifquez, à qui il appartiendra ; que les Hauts-Jufticiers, chacun dans l'étenduë de fa Haute-Juftice, a les biens du condamné qui font au détroit de fa Haute-Juftice, féodaux ou en cenfive, & qu'ils n'appartiennent pas au Seigneur de Fief dominant.

56. D'autres fe font déclaré plus ouvertement contre les Hauts-

Jufticiers, & ont dit que les Hauts-Jufticiers n'avoient le droit de confifcation que par ufurpation, & qu'ils ne devoient avoir aucune part aux confifcations ordonnées par les Juges Royaux. Neanmoins les Hauts-Jufticiers ont toûjours été maintenus dans le droit de confifcation, non feulement quand la confifcation a été ordonnée en leur Haute-Juftice, mais auffi quand elle a été ordonnée en la Juftice Royale, & leur poffeffion eft immemoriale. Le droit de Haute Juftice & la puiffance du glaive ayant été concedée aux Seigneurs Hauts-Jufticiers, pour la punition des crimes, & ayant le pouvoir de condamner à mort civile ou naturelle, le cas y échéant, il ne feroit pas raifonnable de leur contefter le droit de confifcation, qui eft une fuite & une dépendance du droit de Haute Juftice ; & quoique les perfonnes dont les biens font confifquez, foient condamnez dans une Juftice Royale, cela ne peut ôter aux Seigneurs le droit de confifcation fur les biens qui font fituez dans l'étenduë de leur Haute-Juftice : car comme les Seigneurs Hauts-Jufticiers font obligez de faire faire la punition des crimes qui fe commettent dans l'étenduë de leur Haute-Juftice ; il eft jufte auffi que les biens qui font fituez dans leur Haute-Juftice, lorfqu'ils font confifquez, que la confifcation leur appartienne, quoique le crime ait été commis en une autre Juftice , & que le coupable y ait été condamné & la confifcation de fes biens ordonnée.

57. Il faut paffer enfuite à quelques queftions qui ont été faites. On a demandé premierement lorfqu'une perfonne eft condamnée à mort , fi le Haut-Jufticier, dans le territoire duquel le condamné à mort avoit fon domicile, peut prétendre tous les meubles du condamné en quelque lieu qu'ils foient fituez, c'eft-à dire , non feulement ceux qui font dans l'étenduë de fa Haute-Juftice, où le condamné avoit fon domicile, mais auffi ceux qui font ailleurs hors l'étenduë de la Haute Juftice, ou fi le Haut Jufticier ne peut prétendre que ceux qui font dans fon territoire. Aucuns ont dit que le Haut Jufticier ne peut prétendre que les meubles qui font dans l'étenduë de fa Haute-Juftice, & que ceux qui fe trouvent ailleurs doivent appartenir aux autres Hauts-Jufticiers, au territoire defquels ils fe trouvent. Il y a quelques Couftumes qui en contiennent des difpofitions expreffes. Par exemple, la Couftume de Rheims en l'article 346 dit , que s'il y a biens vacans en divers lieux , chacun Seigneur Haut Jufticier doit avoir ceux qui font en fa Seigneurie & Haute-Juftice , tant meubles qu'immeubles, & en ce cas les meubles ne fuivent le domicile.

58. Neanmoins la plus commune opinion eſt que le Haut-Juſticier, dans le territoire duquel le condamné à mort civile ou naturelle étoit demeurant, doit avoir tous les meubles du condamné à mort, en quelque lieu que les meubles puiſſent être ; c'eſt-à-dire, dans les Couſtumes qui ne contiennent pas diſpoſition contraire, par la raiſon que la perſonne à laquelle ils appartiennent les peut tranſporter où bon lui ſemble, & ils ſont cenſez avoir leur ſituation au lieu où la perſonne a ſon domicile, *quia mobilia cohærent aut cohærere cenſentur perſonæ.* On dit même choſe pour les droits & actions perſonnelles, qu'on appelle en Droit, *Jura & nomina,* même pour les rentes conſtituées qui appartenoient au condamné à mort : car les rentes conſtituées ſe reglent ſuivant la Loy du domicile du creancier, quoiqu'elles ſoient reputées immeubles par la Couſtume de Paris ; c'eſt-là le Droit commun & general, qui s'obſerve dans toutes les Couſtumes qui n'ont point de diſpoſition contraire : de ſorte que dans la Couſtume de Paris tous les meubles & effets mobiliers du condamné à mort, même les rentes conſtituées appartiennent au Haut-Juſticier, dans le territoire duquel le condamné à mort avoit ſon domicile ; c'eſt ce qui eſt obſervé par Pontanus en ſon Commentaire ſur la Couſtume de Blois, tit. 3. art. 20. touchant la queſtion ſi les biens du condamné ayant été confiſquez, le Haut-Juſticier peut prétendre *Nomina, jura & actiones : & reſponſum eſt perpetuò domicilii locum attendi, ideo ad eum qui illa confiſcavit pertinere ea enim etſi cum aliis perſonis foris contractæ ſint, non tamen extra territorium intelliguntur cùm locum non occupent, ſed perſonæ cohæreant.*

59. Autre choſe eſt pour les immeubles, comme les maiſons & fonds de terre qui ont leur ſituation fixe & certaine ; les rentes foncieres de bail d'heritages non racheptables & tous autres droits fonciers, qui ſont cenſez de même nature & qualité que les fonds dont ils proviennent, & reputez avoir la même ſituation. Le Haut-Juſticier ne peut prétendre que ceux qui ſont ſituez dans l'étenduë de ſa Haute Juſtice. *Immobilia verò tantùm ea quæ extra territorium ſunt.* Si le condamné a des immeubles ſituez en differentes Hautes-Juſtices, chaque Seigneur Haut Juſticier a droit de prétendre ceux qui ſont dans ſon territoire.

60. Il eſt vrai qu'il y a quelques Couſtumes qui ont des diſpoſitions particulieres & differentes du Droit commun ; par exemple, la Couſtume de Normandie ne dit pas que le droit de confiſcation appartienne au Haut-Juſticier ; mais elle dit en l'article 143.

Tout homme condamné à mort, ou banni du Royaume à perpetuité, ou condamné aux Galeres à perpetuité, confifque le Fief & fon heritage au profit de fon Seigneur, &c. c'eft-à-dire, au Seigneur Féodal & non pas au Seigneur Haut-Jufticier. La Couftume du Maine en l'article 157. dit : *Audit pays n'y a confifcation ni forfaiture de terre en matiere criminelle ; fauf en deux cas, en crime d'herefie & de leze-majefté, &c.*

61. La Couftume de Berry, tit. 2. art. 1. dit : *Es Pays & Duché de Berry par l'ancienne & inveterée Couftume d'icelui, en quelque crime que ce foit, commis & perpetré par les manans & habitans au dit pays ou aucuns d'iceux, confifcation de biens étant audit pays n'a lieu ;* & l'art. 2. dit : *Toutesfois en crime de leze-majefté humaine au premier chef, comme de confpiration contre la perfonne du Prince ou fon Royaume, ladite confifcation a & doit avoir lieu ;* & l'article 3. dit : *Et en tous autres crimes les biens des délinquans, bien qu'ils foient executez à mort par juftice, viennent à leurs hoirs & fuccefeurs, foit en ligne directe ou collaterale, tout ainfi & en la forme & maniere que la fuccefion eût été déferee, s'ils n'euffent commis crimes & n'euffent été executez pour iceux.*

62. Lorfque la Couftume de Paris fut reformée en 1580. les députez pour la reformation prefenterent des articles, concernans les droits de Juftice, moyenne & baffe, qui furent redigez par écrit, & prefentez à Meffieurs les Commiffaires nommez par le Roy pour la reformation de l'ancienne Couftume, pour être ajoûtez à la Couftume reformée ; mais cela ne fe fit pas, par la raifon que l'ancienne Couftume ne faifoit aucune mention des droits de Juftice, & qu'on craignoit de toucher aux droits du Roy, c'eft-à-dire, aux droits d'Aubaine, de l'âtardife, d'amortiffement & autres droits mentionnez aufdits articles. Me Jean Bacquet fait cette obfervation en fon Traité des Droits de Juftice, chapitre 1. & au chapitre fecond il rapporte lefdits articles, concernans les droits de Juftice qui furent prefentez par les députez pour la reformation de l'ancienne Couftume de Paris, à Meffieurs les Commiffaires ; entre lefquels articles il y a le quatriéme qui dit que le Haut Jufticier a droit de confifcation de biens, meubles & heritages étant en fa Juftice, finon pour crime de leze majefté divine & humaine & fauffe monnoye, èfquels cas les biens confifquez appartiennent au Roy feul.

63. Après avoir dit que la condamnation de mort emporte confifcation de biens dans la Couftume de Paris, & avoir expliqué

quels biens font compris dans la confifcation ; il faut paffer à la queftion de fçavoir fi le furvivant des pere & mere, ayeul ou ayeule, peuvent prétendre, à caufe de la Garde-Noble ou Bourgeoife de leurs enfans, les biens confifquez du condamné à mort, qui avoit fon domicile dans l'étenduë de la Haute-Juftice de leurs enfans. Premierement on ne fait aucune difficulté à l'égard des meubles & effets mobiliers, qu'ils appartiennent au Gardien, qui eft confideré pendant la durée de la Garde comme un ufufruitier ; parce que les meubles confifquez pour crime, font reputez être un fruit de la Haute-Juftice, qui appartiennent par confequent à celui qui a l'ufufruit de la Haute-Juftice. Mais l'égard des confifcations d'immeubles, c'eft a-dire, heritages, maifons, fonds de terre, droits fonciers & rentes foncieres, & de bail d'heritages, il y a varieté d'opinions entre les Docteurs. Aucuns ont dit que le Gardien n'en avoit que l'ufufruit, & que la proprieté devoit appartenir & être confervée aux enfans proprietaires de la Haute Juftice. De cet avis eft Balde, *in L. ult. D. foluto matrimonio,* où il fait difference entre les meubles & les immeubles ; qu'à l'égard des meubles, il dit qu'ils appartiennent à l'ufufruitier; mais à l'égard des immeubles, que l'ufufruitier n'en doit avoir que la fimple joüiffance, que le territoire doit être reftitué en fon entier au proprietaire, l'ufufruit étant fini ; que le territoire ne feroit pas reftitué en fon entier au proprietaire, fi l'ufufruitier avoit en pleine proprieté les immeubles confifquez. *Tunc reftituto ufufructu domino reftituenda quoque hujufmodi pœna, aliàs non cenferetur redditum integrum territorium.*

64. D'autres difent au contraire, que l'immeuble confifqué appartient à l'ufufruitier en pleine proprieté; que la confifcation eft un fruit de la Jurifdiction & de la Juftice, lequel appartient à l'ufufruitier, purement & fimplement; que celui qui a la proprieté de la Haute Juftice ne peut rien prétendre dans le fruit & revenu de la Jurifdiction, c'eft à dire, dans la confifcation, pendant la durée de l'ufufruit; par confequent qu'il ne peut rien prétendre dans les immeubles, fituez dans le territoire de la Haute Juftice, qui ont été confifquez pendant la durée de l'ufufruit, qu'il n'a pas plus de droit dans les immeubles confifquez, que s'ils avoient été vendus & donnez par celui qui en étoit le poffeffeur ; que le proprietaire de la Haute-Juftice peut feulement prétendre fon droit de Haute Juftice fur les immeubles confifquez, qu'il lui fuffit que fon droit de Haute-Juftice & fa Jurifdiction lui foit confervée toute entiere.

entiere. De ce fentiment eft Bartole, fur la Loy derniere, *D. foluto matrimonio*, & plufieurs autres. *Dominus proprietarius poft finitum ufumfruchum, jurifdichionem fuam fuper bonis confifcatis exercere poteft contra Gardianum & alium ufufruchuarium eorumque hæredes, non minus quàm fi ab aliis detinerentur; mutatis enim dominis rerum, res ipfæ permanent, permanet & illæfum jus Jurifdichionis in eas res.*

65. Monfieur Bouteiller en fa Somme-Rurale, ou le grand Coûtumier, tit. 93. des Bails & Gardes, propofant la queftion comment le Bail emporte les émolumens du Fief en fon temps, dit: *S'il advenoit que durant le temps du Bail, le Fief dont le Bail fe fait fût tel qu'il y eût Seigneurie appartenante, par laquelle aucune confifcation vint au droit dudit Fief, comme fi au Fief appartenoit Haute-Juftice ou Vicomté; fçachez que le Bail peut & doit apprehender à fon profit toute telle confifcation que fur ledit Fief en fera trouvé, foit en meuble ou en heritage, & fi c'étoit en heritage; & le Bail le vendoit dedans l'an que confifqué feroit, ce demeureroit à fon profit & fans compte rendre; & fi dedans l'an ne l'avoit vendu, ce demeureroit au profit dudit Fief, & retourneroit à l'hoir, c'eft à-dire, à l'enfant avec fon Fief, lui venu en âge de difcretion.* Mais cette décifion ou diftinction ne paroît pas folide; car de dire que le Bail ou Gardien pourra vendre l'heritage confifqué dans l'an, & que le prix lui en demeurera fans en rendre compte, & que s'il ne l'a pas vendu dans l'an, il fera réuni au Fief & retournera à l'enfant proprietaire venu à fon âge: Cela n'a pas grande apparence de raifon. En fecond lieu cet Autheur ne s'eft pas affez expliqué, & on ne fçait pas s'il a voulu parler de la confifcation pour crime, ou de la confifcation par commife de Fief, ou s'il a voulu parler de toutes confications.

66. Me Charles du Moulin fur l'ancienne Couftume de Paris, tit 1. *de Mater. feod.* §. 1. *Glof.* 1. *in verbo*, le Seigneur féodal, *num.* 63. agite cette queftion; il fuit l'opinion de Bartole, qui eft la mieux fondée, & refute l'opinion de ceux qui tiennent que l'ufufruitier n'a que la joüiffance des immeubles confifquez pour crime pendant la durée de l'ufufruit, & dit que la joüiffance & la proprieté pleine & entiere en appartient à l'ufufruitier, & par confequent au Gardien qui a une efpece d'ufufruit pendant la durée de la Garde: par la raifon que l'immeuble confifqué eft un fruit pur & fimple du droit de Juftice, qui doit appartenir à l'ufufruitier purement & fimplement, & que le Seigneur proprietaire de la Juf-

O

tice & Jurifdiction n'y peut rien prétendre ; qu'il lui fuffit , après l'ufufruit fini , d'avoir confervé fon droit de Juftice fain & entier, fur l'heritage confifqué , & de ne fouffrir aucun préjudice. Voici fes termes : *Non leve dubium eft de confifcatione bonorum immobilium ; quidam enim tenent quod acquiruntur domino quoad proprietatem & dominium , & fructuario quoad ufumfructum , quamdiu durabit ufusfructus. Alii autem & fere omnes tenent , quod in totum & perpetuo pleno jure cedunt fructuario , & eft receptior opinio , quia territorium non diminuitur in aliquo quantum ad Jurifdictionem. Addo quod hoc cafu fubjectum ufusfructus eft ipfa Jurifdictio, cujus fubftantia falva femper & integra remanet , quamvis proprietas bonorum immobilium quæ fubfunt jurifdictioni acquiratur fructuario vel alii cuicunque. Ergo nullum videtur inconveniens. Ex quo , ut in confeffo eft , hujufmodi confifcationes quæ fiunt virtute Jurifdictionis funt fimpliciter in fructu Jurifdictionis.*

67. Pontanus en fon Commentaire fur la Couftume de Blois , agite la même queftion , tit. 2. art. 5. *verficulo quinto, ut ad rem ,* & rapporte les différentes opinions des Docteurs ; les uns qui fuivent l'opinion de Balde & font différence entre les meubles & les immeubles ; les autres qui fuivent l'opinion de Bartole, & ne font aucune diftinction entre les meubles & les immeubles ; & Pontanus fe détermine pour l'opinion de Bartole, qui eft que les meubles & immeubles confifquez pour crimes , appartiennent au Gardien , & que les enfans, proprietaires de la Juftice, après la Garde finie, peuvent prétendre feulement droit de Juftice , de même que fi les biens avoient été vendus , par la raifon que le proprietaire de la Haute-Juftice ne perd rien en cela , & qu'il lui doit fuffire de recouvrer fon droit de Haute-Juftice en fon entier, après que l'ufufruit eft fini ; & il rapporte ce qui a été dit par le Jurifconfulte Paulus, qui a refuté l'opinion de Balde. *Nihil ex hac confifcatione quæ territorio cohæret in mariti vel alterius ufufructuarii utilitatem diminui ex ipfo territorio , fed integrum permanere , nec quicquam Jurifdictioni proprietarii , qui dominus territorii univerfalis & Jurifdictionis , non autem fingulorum bonorum immobilium , in territorio exiftentium : Undè quemadmodum in territorio funt , titulo venditionis , donationis , & cæteris privatorum contractibus ex aliis in alios tranfeunt , nec tamen immutatur territorium , feu univerfitas : ita nec fi ea bona immob.lia quod præfcripta funt , ad Gardianos feu maritos aut fimiles ufufructuarios perveniant , intervertitur territorium in quo fita funt. Nec quicquam obftabit , quo minùs proprietarius recu-*

*perato territorio , poſt ſolutum matrimonium aut expiratam tutelam ,
aut finitum uſumfructum Juriſdictionem ſuam ſuper bonis confiſcatis
exercere poſſit contra maritum , Gardianum & uſufructuarium , non minùs quàm ſi ab aliis ſubditis à quibus per ſententiam ſublata ſunt detinerentur , &c. Certum eſt ad fructuarium pertinere hujuſmodi emolumenta , non ſolùm profectitia, id eſt, quæ immediatè ab ipſa re in quæ
conſiſtit uſusfructus proveniunt ; verùm etiam adventitia , id eſt, quæ
aliunde , & extra rem obveniunt.*

68. Il y a une autre queſtion ſubſequente & ſubordonnée à la
précedente , qui eſt de ſçavoir quel temps il faut conſiderer pour
regler lequel des deux , ou du proprietaire de la Haute-Juſtice ou
de l'uſufruitier doit avoir le profit de la confiſcation. Si on doit
conſiderer le temps auquel le crime a été commis qui a donné
cauſe à la confiſcation, ou ſi on doit conſiderer le temps auquel
la Sentence ou l'Arreſt de condamnation eſt intervenu, qui a déclaré le crime commis & le bien confiſqué. Par exemple , ſi le
crime a été commis pendant le temps de la Garde, & que la condamnation de mort ne ſoit intervenuë qu'après la Garde finie. On
demande ſi le Gardien a droit de prétendre les biens confiſquez ,
parce que le crime a été commis pendant le temps qu'il étoit Gardien , ou s'il n'a pas droit de les prétendre, parce que la condamnation de mort n'eſt intervenuë, & la confiſcation déclarée qu'a-
près la Garde finie. Il y a quelques Couſtumes qui en contiennent des diſpoſitions expreſſes. Par exemple, la Couſtume de
Meaux en l'art. 106. dit : *Au Haut-Juſticier appartient la confiſ-
tion de biens , meubles & heritages , étant en la Juſtice au temps &
heure de la déclaration de la confiſcation deſdits biens , &c.* La Couſtume de Troye par l'article 120. contient même diſpoſition.

69. Mais on demande ſi on doit ſuivre la même reſolution
dans la Couſtume de Paris & autres, qui n'en contiennent aucune
diſpoſition. Il y a ſur cela grande varieté d'opinions ; les uns diſent qu'il faut regarder le temps du crime commis, & que la Sentence ou Arreſt de condamnation, qui déclare l'impoſition de la
peine, y doit être referée. *Potiùs inſpiciendum tempus quo admiſſum
eſt delictum , quàm id tempus quo lata ac pronuntiata eſt ſententia
condemnatoria , pœnæ impoſitio ad tempus delicti admiſſi ex quo tanquam principio & fonte neceſſariam habet conſequentiam , referenda
eſt.* Les autres diſent qu'il faut conſiderer le temps auquel la
Sentence & Arreſt de condamnation eſt intervenu. Pontanus en
ſon Commentaire ſur la Couſtume du Blois, tit. 2. art. 5. *in verbo*

fructus ; agite la question de part & d'autre , & se détermine pour
la premiere opinion , qui est de dire qu'il faut regarder le temps
auquel le crime a été commis , par la raison que c'est le crime qui
donne cause à la condamnation , & cet Autheur conclud : *Quoad
me pertinet , tamen contenderim priorem opinionem veriorem.*

70. Me Charles du Moulin semble aussi être de ce sentiment
en son Commentaire sur l'ancienne Coustume de Paris , tit. 1. *de
mater. feod. §. 1. Glos. 1. in verbo* , le Seigneur Féodal, *num.* 51. où
il observe la difference qui est à faire entre les fruits naturels & les
fruits civils ; il dit que les fruits naturels sont acquis à l'usufruitier
du moment qu'ils sont coupez , parce que la coupe les separe
du fond ; mais qu'ils sont partie du fond jusqu'à ce qu'ils soient
coupez ; qu'à l'égard des fruits civils , ils sont acquis à l'usufruitier
du jour qu'ils commencent d'être dûs. *Naturales fructus producuntur per separationem à re corporali ; ante enim quam nascantur vel
separentur , non proprie fructus , sed pars rei verè & propriè dicuntur.
Civiles autem producuntur statim quod incipiunt deberi. Itaque quod
operatur in naturalibus fructibus separatio , hoc operatur in civilibus
obligationis cessio , & sicut in naturalibus attenditur tempus separatio-
nis ad effectum acquisitionis , ita & in civilibus attenditur tempus ; quo
incipiunt deberi. Hinc est quod in pensionibus domuum , vel mercedi-
bus operum quæ tempus successivum habent , & quotidie deberi incipiunt , inspicitur temporis rata , ad adquisitionem inter venditorem &
emptorem Quando cedunt in momento attenditur tempus cessionis.*

71. Ainsi l'opinion de ces Docteurs va à dire que le crime
donnant lieu à la confiscation, elle est censée acquise du jour que
le crime capital est commis ; elle appartient à celui qui avoit droit
d'usufruit au temps que le crime a été commis , parce que c'est
le crime qui donne cause à la confiscation , & non pas le jugement
de condamnation , qui déclare le crime commis. Leur opinion est
fondée sur une raison qui semble naturelle. A l'égard des Coustumes qui disposent autrement, & qui disent expressément qu'au Haut
Justicier appartient la confiscation de biens meubles & heritages
étant en la Justice , au temps que les biens sont déclarez confisquez , elles sont fondées sur une raison politique ; car cela a été ainsi
statué pour l'interêt public. On a voulu dans ces Coûtumes obliger
ceux qui ont la Haute Justice en proprieté ou usufruit , & leurs
Officiers de veiller à la vengeance des crimes & de faire leurs diligences pour la punition des coupables ; c'est pour cela que par
ces Coustumes on a voulu que celui qui joüit de la Haute-Justice

au temps que la confiscation est ordonnée, en ait le fruit & l'é-
molument. L'interest public étant favorable, il semble devoir prévaloir & qu'on devroit suivre la disposition de ces Coustumes en
celles qui n'en contiennent aucune disposition.

72. Après avoir parlé de la confiscation pour crime, nous avons
à parler de la commise de Fief, qui est une espece de confiscation
toute differente de la confiscation pour crime. La commise de
Fief est lorsque le Vassal dénie le Fief être tenu & mouvant du
Seigneur dont il est tenu & mouvant; le Vassal commet & confisque son Fief, au Profit de son Seigneur qu'il dénie & désavouë
suivant l'article 43. de la Coustume de Paris, qui dit: *Le Vassal qui
dénie le Fief être tenu du Seigneur Feodal, dont il est tenu & mouvant, confisque icelui Fief;* dans le cas de cet article la commise &
confiscation du Fief du Vassal n'appartient pas à l'usufruitier, mais
plûtôt au Seigneur proprietaire; la commise & confiscation n'est
pas un fruit que puisse prétendre le Gardien ni tout autre usufruitier, elle a une cause plus ancienne que le droit du Gardien,
qui n'a son principe & sa cause que du jour que la Garde lui a
été deferée; mais la commise & la confiscation du Fief a son principe & sa cause dans l'obligation qui a été originairement contractée entre le Seigneur & le Vassal; c'est-à-dire, dans la concef-
sion primitive du Fief, qui n'a été concedé par le Seigneur de Fief
au Vassal, qu'à la charge de la mouvance & des droits féodaux,
& à la charge de la foi & fidelité que doit le Vassal à son Seigneur.
Cela est expliqué par M. Charles du Moulin sur l'ancienne Coustume de Paris, *tit* 1 *de mater. Feod.* §. 1. *in verbo*, le Seigneur
Féodal, *num.* 55. & il resout que la confiscation adjugée par commise de Fief appartient entierement au Seigneur proprietaire du Fief
dominant: *Tamen veritas hujusmodi est commissum cedere & acquiri
proprietario, quia istud commissum venit jure consolidationis, & nihil
aliud est quàm concessionis feudalis emphiteuticæ vel censualis extinc-
tio & utilis dominii reversio & consolidatio cum directo, &c. Istud
commissum nullo modo est, nec potest censeri esse in fructu: hæc enim res
commissa tempore primæ concessionis in feudum, fuit pars feudi dominantis, & post concessionem remansit adhuc ejus pars respectu directi dominii, & tempore reversionis & commissi redintegratur & sic non dicitur de novo acquiri, &c. Res consolidata unitur essentiæ & substantiæ
rei cui consolidatur & una eadem res cum illa efficitur. Impossibile est
quod sit vel censeatur in fructu, cum sit res ipsa. fructus autem sem-
per est accessio districta à re ex qua vel propter quam producitur.*

73. Ainsi il faut faire difference entre la confiscation qui procede de la commise du Fief, qui se fait par la dénegation & le desaveu que fait le Vassal de son Seigneur, & la confiscation ordonnée & adjugée pour crime. La commise du Fief du Vassal a sa cause dans la concession primitive, faite par le Seigneur au Vassal ; le Vassal commet son Fief quand il convient à l'obligation qu'il a contractée envers son Seigneur, & qu'il le dénie & désavouë : à l'égard de la confiscation pour crime, elle n'a point d'autre cause que le crime même qui a été commis par le possesseur.

74. Mais on demande si dans le cas de la commise du Fief du Vassal, le Gardien qui a droit de joüir du Fief dominant, appartenant à ses mineurs, a droit tout au moins de joüir du Fief du Vassal qui est tombé en commise, pendant la durée de la Garde, & s'il en fera les fruits siens, ou si les fruits appartiennent aux enfans proprietaires du Fief dominant, & si le Gardien leur en doit rendre compte. Aucuns disent que le Gardien n'a pas droit d'en joüir, que la pleine proprieté appartient aux enfans proprietaires du Fief dominant ; que le Fief du Vassal est une chose differente du Fief dominant, & un augment dans lequel le Gardien ne doit avoir aucune part ; la commise est acquise de plein droit par la dénegation du Vassal, le Gardien n'y doit point participer : *quia in hoc non intervenit cura, provisio, vel diligentia Gardiani.*

75. Me Charles du Moulin au lieu cité, tit. 1. des Matieres Féodales §. 1. *in verbo*, le Seigneur Féodal, a parlé generalement & semble être de cette opinion, que la pleine proprieté du Fief tombé en commise, appartient au Seigneur proprietaire du Fief dominant, & non pas à l'usufruitier, qui n'a droit d'en joüir que pendant la durée de la Garde ; il dit que le Fief du Vassal qui est réuni & consolidé au Fief dominant par la commise, n'est pas consideré comme tout autre heritage indépendant du Fief qui auroit été nouvellement acquis ; que le Fief du Vassal qui est tombé en commise, & qui par la commise est réuni & consolidé au Fief du Seigneur est un accessoire qui doit être consideré de même que le Fief dominant, dont il avoit autrefois fait partie, & auquel il est réuni par la commise. *Hæc enim res commissa tempore primæ concessionis in feudum fuit pars fundi dominantis & post concessionem remansit adhuc ejus pars respectu directi dominii, & tempore reversionis & commissi redintegratur, & sic non dicitur de novo acquiri, reversio fit ex vi legis feudi vel domini directi & fit domino feudali vel directo, sive fiat ipso jure, sive per sententiam mediante*

Jurifdictione ipfiusve domini vel alterius judicis, modò ex vi & natura contractus. Le même Autheur au nomb. 63. & fuivans, ajoûte que la confifcation adjugée par commife de Fief, eft un acceffoire qui fe réunit au Fief dominant, & qui eft cenfé être de même nature & en faire partie. *Augmentum accedens per modum unionis & eamdem rem conftituens, omnes qualitates & conditiones rei cui unitur fufcipit, & omnino judicatur ficut eadem res; in commiffo reverfio fit præcisè ex natura feudi & ex veteri potentia inexiftenti fundo dominanti ante conftitutionem ufusfructus ex lege confuetudinis vel contractus : ita quod tempore conftituti ufusfructus fundus dominans habebat implicitum ftatum ad incrementa hujufmodi commifforum, & fic acceffione commifforum non videtur effe in alio ftatu nec in alia caufa quando illud quod erat in potentia deducitur ad actum, nec dicitur effe quid novum.*

76. Pontanus en fon Commentaire fur la Couftume de Blois, tit. 2. art. 5. *verficulo, fed numquid idem,* parle de la commife du Fief du Vaffal, & dit que c'eft une obvention qui appartient au Seigneur proprietaire du Fief dominant, *ratione directi dominii;* que l'ufufruitier ou Gardien ne la peut pas prétendre comme un fruit, *quia in nullo intervenit cura, provifio vel diligentia fructuarii in acquirendo, & proindè hujufcemodi illi ceacre non debet;* & cet Autheur enfuite prend fa refolution, que la commife du Fief du Vaffal appartient au Seigneur proprietaire du Fief dominant quant à la proprieté; & l'ufufruit à l'ufufruitier ou Gardien, pendant la durée de l'ufufruit ou de la Garde. *Sed ne diutius vagemur in nodofa & ancipiti quæftione, eam fic paucis diffolvendam arbitror ut quoad proprietatem hæc commiffa de quibus agimus domino cedant & acquirantur, eorum verò ufusfructus fructuario & Gardiano, hoc eft ut rebus commiffis tamdiu gaudeant fructuarius & Gardianus, quandiu durat ufusfructus vel Gardia, quibus finitis res commiffæ pleno ac integro jure ad proprietatem revertentur, & hæc eft veriffima, meo judicio hujus difputationis de commiffis refolutio.* Cette refolution femble raifonnable & bien fondée; & fi on veut bien confiderer ce qui eft dit par M. Charles du Moulin, au lieu cité, il femble qu'il ne s'eft pas voulu éloigner de cette refolution : car puifqu'il dit que le Fief du Vaffal qui eft tombé en commife, & qui par la commife eft réuni & confolidé au Fief du Seigneur, eft un acceffoire qui doit être confideré de même que le Fief dominant dont il avoit fait partie, & auquel il eft réuni par la commife; il femble qu'il a voulu dire auffi que l'ufufruitier ou le Gardien y doit avoir

même droit que fur le Fief dominant, appartenant aux mineurs qui font en garde, c'eft-à-dire, qu'il en doit joüir & en faire les fruits fiens pareillement.

77. Il faut paffer à une autre queſtion. On demande ſi le Gardien qui a droit, à cauſe de la Garde, de joüir d'un Fief appartenant à ſes enfans mineurs, peut intenter l'action de Retrait Féodal, pour un Fief qui en eſt mouvant, qui a été vendu par un des Vaffaux pendant le temps de la Garde ; ou ſi cette action de Retrait ne peut être intentée que par les enfans propriétaires. La réponſe eſt premierement que ſi le Fief du Vaffal a été vendu avant que la Garde ait été ouverte & déferée, le Gardien n'a pas droit d'en faire le Retrait, parce que lorſque le Fief a été vendu, le droit de Garde n'étoit pas encore ouvert & déferé; le Gardien n'avoit lors aucun droit formé ſur le Fief dominant, ni comme Gardien, ni autrement.

78. Mais la difficulté eſt lorſque le Fief du Vaffal a été vendu pendant le temps de la Garde ; on pourra dire que le droit de Retrait Féodal appartient aux enfans Seigneurs propriétaires du Fief dominant, à cauſe de leur Fief, par la raiſon que le droit de Retrait Féodal a ſa cauſe & ſon origine dans la conceffion primitive, faite par le Seigneur à ſon Vaffal; le Seigneur s'eſt reſervé ce droit de Retrait, en cas que le Vaffal vienne à vendre ſon Fief: ce droit appartient aux enfans propriétaires du Fief dominant, *ratione directi dominii*; d'autant que par le Retrait Féodal il ſe fait une réunion & une reconſolidation d'un Fief ſervant au Fief dominant, & conſequent, dit-on, ce droit appartient au propriétaire, & non pas à un uſufruitier.

79. Neanmoins il eſt plus raiſonnable de dire que le Gardien qui joüit du Fief dominant, qui appartient à ſes enfans, a droit de faire le Retrait Féodal du Fief vendu par le Vaffal de ſes enfans mineurs ; il peut à ſa requête, périls & fortunes, intenter l'action de Retrait, en qualité de Gardien de ſes enfans mineurs, propriétaires du Fief dominant ; il eſt juſte que les enfans n'étant pas en état de faire le Retrait Féodal, le Gardien qui joüit du Fief dominant, puiffe faire le Retrait lui-même; ce droit de Retrait eſt une dépendance du Fief dominant, dont le Gardien joüit à cauſe de la Garde. Le Gardien peut exercer ce droit quand les enfans ne l'exercent pas; le droit ne doit pas ceffer ni être en ſuſpens pendant la durée de la Garde ; il eſt juſte que le Gardien puiffe l'exercer. Il eſt vrai qu'après que la Garde eſt finie, ſi les enfans

veulent

vëulent avoir l'heritage retiré par le Gardien pour le réunir au domaine de leur Fief dominant, ils auront droit de le demander, & le Gardien leur en doit délaiſſer la poſſeſſion, en rembourſant par les enfans, au Gardien ce qu'il a payé à l'achepteur pour le prix de la vente, & pour les loyaux coûts. Les enfans n'ont point d'intereſt d'empêcher que le Gardien puiſſe exercer le droit de Retrait Féodal, pendant la durée de la Garde, quand ils n'exercent pas eux-mêmes ce droit. Au contraire ils ont intereſt que le Gardien puiſſe exercer cette action, afin que s'ils veulent, après la Garde finie, réunir & conſolider le Fief retiré au domaine de leur Fief, ils le puiſſent faire. Me Louis Charondas en ſon Commentaire ſur la Couſtume de Paris, ſur les articles 285. 286. 287. & 288. dit, lorſque le Gardien a uſé de retenuë féodale, que la proprieté du Fief retiré appartient au mineur, comme ſi un uſufruitier avoit fait la retenuë; & rapporte un Arreſt du 23. Fevrier 1571. qui a jugé que l'uſufruit fini, la proprieté étoit réunie & conſolidée à la proprieté, en rendant par l'enfant le prix payé par le Gardien. Charondas rapporte le même Arreſt en ſes Réponſes Liv. 2. Chapitre 85. où il dit que l'Arreſt fut rendu ſur un Appel du Bailly & Gouverneur de Clermont en Beauvoiſis, entre Quentin le Roy, appellant d'une part, & Jacques Hupeau Secretaire du Roy, intimé d'autre.

80. Mais on demande lorſque les enfans veulent, après la Garde finie, avoir l'heritage que le Gardien a retiré par droit de retenuë Féodale, ſi les enfans ſeront tenus de payer au Gardien, non ſeulement ce que le Gardien a rembourſé à l'achepteur pour le prix de l'acquiſition & pour ſes loyaux coûts; mais encore ſi les enfans ſont tenus de payer au Gardien le droit de Quint, qui ſeroit dû au Gardien par l'acquereur, ſi ſon acquiſition avoit ſubſiſté, & ſi la retenuë féodale n'avoit pas été faite. D'un côté on dira que le Gardien doit avoir les profits de Fief qui échéent & qui ſont dûs pendant la durée de la Garde; que le droit de Quint & autres droits Seigneuriaux ſont profits qui appartiennent à l'uſufruitier; que c'eſt un fruit & une obvention, dont il a droit de joüir en qualité de Gardien; ſi le Gardien n'avoit pas fait le Retrait féodal, la vente auroit ſubſiſté & l'acquereur ſeroit demeuré proprietaire de l'heritage, & le droit de Quint auroit été ſans doute acquis au Gardien: qu'on doit dire même choſe quand le Retrait a été fait, & que les enfans, après la Garde expirée, deſirent réunir à leur domaine l'heritage retiré; qu'il ne doit pas être privé

du droit de Quint, sous prétexte que les enfans, après la Garde
finie, ont voulu réunir & consolider à leur Fief l'heritage du
Vassal ; le droit de Quint a été ouvert & acquis au Gardien du
moment que la vente a été faite par le Vassal, qu'on ne doit pas
faire perdre au Gardien son droit. De cette opinion est Mc Charles du Moulin en son Commentaire sur la Coûtume de Paris, §.
13. *Gloss.* 1. *in verbo*, le Seigneur féodal, *num.* 45. *Quia à prin-*
cipio venditionis istud jus fuit formatum & cessit, & sic Gardiano sta-
tim acquisitum fuit.

81. On dira au contraire que les enfans sont seulement tenus
de payer au Gardien ce qu'il a remboursé à l'achepteur pour le
prix de la vente & pour les loyaux coûts, & qu'ils ne sont pas
obligez de payer au Gardien le droit de Quint ; par la raison que
l'acquisition faite par l'acquereur, ne subsiste pas, quand la réunion
& consolidation se fait du Fief servant au Fief dominant, par le
Retrait féodal ; il n'est point dû de droit de Quint, le Gardien
n'en doit pas prétendre, parce que l'acquisition s'anéantit, elle se
resout & ne subsiste plus, c'est le Seigneur lui-même qui devient
l'acquereur ; on ne peut pas dire que le Seigneur de Fief se doive
à lui-même le droit de Quint ; & si cela ne peut pas être dit,
quand le Seigneur qui a la pleine proprieté du Fief, fait lui-même
le Retrait, on doit dire aussi même chose quand il y a un proprietaire & usufruitier du Fief dominant : l'usufruitier ne peut pas
prétendre le droit de Quint contre le proprietaire du Fief qui a
fait le Retrait Féodal ; il est censé faire le Retrait Féodal pour le
proprietaire, il fait le Retrait au nom du proprietaire, & l'heritage
retiré ne demeure à l'usufruitier que quand le proprietaire veut
bien le laisser à l'usufruitier. Il seroit bien extraordinaire d'obliger
un Seigneur proprietaire qui fait un Retrait Féodal, de payer à
l'usufruitier le droit de Quint ; le droit de Quint n'est dû que par
l'étranger qui acquiert, lequel est obligé d'exhiber son Contrat
d'acquisition au Seigneur & de lui payer le droit, pour agréer son
acquisition. A l'égard de ce que dit Mc Charles du Moulin, au
lieu cité, que le droit de Quint a été formé du moment que la
vente a été faite, la Réponse y est aisée : car l'acquisition qu'on
fait d'un heritage féodal contient toûjours la condition tacite du
Retrait féodal ; le Retrait féodal est de droit commun ; si le Retrait se fait, l'acquisition s'anéantit, elle ne subsiste plus, parce
que la réunion se fait au domaine direct du Seigneur. De dire
que si le Gardien n'avoit pas fait le Retrait, & que l'acquisition

eût fubfifté au profit de l'acquereur, le droit de Quint feroit dû
au Gardien ; cela n'eft d'aucune confideration, d'autant qu'il fuffit que les enfans, comme proprietaires du Fief dominant euffent
droit de faire le Retrait ; il faut faire grande difference entre l'E-
tranger qui acquiert, auquel l'acquifition demeure, & le Seigneur
qui fait le Retrait féodal de l'heritage acquis, & le réunit à fon
Fief ; au premier cas l'acquifition fubfifte, & l'acquereur eft un
nouveau Vaffal qui doit le droit de Quint ; au fecond cas l'acquifition ne fubfifte pas & eft refoluë.

82. Cette derniere opinion femble la plus folide & la mieux
fondée ; en effet il n'y a qu'à faire reflexion fur l'origine des Fiefs.
Quand les Seigneurs ont concedé & delaiffé originairement à leurs
Vaffaux des heritages en Fief, à la charge des droits de Quint &
autres droits Seigneuriaux, en cas d'alienation ; ils n'ont pas introduit ces droits contr'eux-mêmes, mais au contraire pour en avoir
le profit contre toutes autres perfonnes ; il femble que cela ne doit
pas être entendu autrement. L'Arreft ci-deffus allegué de 1541.
qui eft rapporté par Charondas, condamne le proprietaire de rembourfer aux heritiers de l'ufufruitier le prix de l'acquifition, & ne
fait point mention du droit de Quint.

83. Il y a une autre queftion qui eft faite. On demande fi le
furvivant des pere & mere qui accepte la Garde de fes enfans &
qui joüit du Fief appartenant à fes enfans, peut faifir le Fief mouvant & dépendant du Fief appartenant à fes enfans, ou fi la faifie
doit être faite fous le nom des enfans proprietaires faute d'homme, droits, devoirs, non faits & non payez. En fecond lieu, fi le
Gardien doit avoir le profit de la faifie féodale, & avoir le gain
des fruits pendant la faifie féodale, ou fi les enfans proprietaires
du Fief, la doivent avoir. A l'égard du premier point, la Couftume de Paris l'a décidé par l'art. 2. qui dit : *L'ufufruitier d'un Fief*
peut à fa requefte, perils & fortunes, faire faifir le Fief ou Fiefs &
arriere-Fiefs, ouverts, mouvans & dépendans du Fief dont il joüit
par ufufruit, à faute d'homme, droit, devoirs, non faits & non payez,
pourvû qu'en l'Exploit qui fera fait, le nom du proprietaire foit mis
& appofé ; fommation toutesfois préalablement faite au proprietaire à
fa perfonne, ou au lieu du Fief dominant de faire faifir, & ne peut
le proprietaire bailler main-levée, finon en payant les droits à l'ufu-
fruitier.

84. Pour ce qui eft de fçavoir à qui appartient le profit de la
faifie féodale, c'eft-à-dire, les fruits de l'heritage faifi, qui fe re-

cuëillent pendant la faifie féodale : On pourra dire pour les enfans proprietaires du Fief dominant, que les fruits leur appartiennent, que le Gardien n'y peut rien prétendre, quoique la faifie
féodale ait été faite à la requefte du Gardien; que l'ufufruitier d'un
Fief n'a pas droit de faifir en fon nom, les Fiefs & Arriere-Fiefs,
ouverts, faute d'homme, droits, devoirs non faits & non payez;
que la faifie féodale ne peut être faite qu'au nom du proprietaire
du Fief, & non pas au nom de l'ufufruitier ; que la foy & hommage doit être renduë par le Vaffal au Seigneur proprietaire, &
non pas à l'ufufruitier; que la faifie féodale fe fait à caufe de la
negligence du Vaffal, qui ne rend pas fes devoirs à fon Seigneur,
qui ne fait pas la foy & hommage & ne paye pas les droits à lui
dûs. La faifie féodale fe fait *ex vi legis feudi & dominii directi* ;
que tout cela regarde le Seigneur proprietaire, & non pas l'ufufruitier ; par confequent les fruits du Fief faifi appartiennent aux
enfans proprietaires du Fief dominant, pendant la faifie féodale,
non pas au Gardien.

 85. On dira au contraire que les fruits du Fief du Vaffal faifi
appartiennent au Gardien, par la raifon que c'eft une obvention
& un fruit qui provient de la chofe, c'eft-à-dire, du Fief dominant, dont le Gardien a la joüiffance à caufe de la Garde. M^e
Charles du Moulin fur le §. 13. *Gloff.* 1. *in verbo*, le Seigneur féodal, *num.* 42. dit que les fruits des Fiefs & Arriere-Fiefs, ouverts
& faifis féodalement, font obventions du Fief dominant, & qui
appartiennent à l'ufufruitier du Fief dominant. *Ad ufumfructua-*
rium fpectant ne dum omnes fructus nafcentes ex reipfa, fed etiam
omnes obventiones & cætera quæcunque & quicquid inde percipi po-
teft ; fructus fubfeudorum apertorum & faifitorum funt obventiones fun-
di dominantis, & illius occafione percipiuntur ; igitur fpectant ad ha-
bentem ufumfructum fundi dominantis, &c.

 86. Cette derniere opinion femble la mieux fondée, par la
raifon que le Fief faifi féodalement fur le Vaffal, faute de droits
& devoirs non faits & non payez, eft cenfé faire partie du Fief
dominant pendant la faifie Féodale. *Ratione dependentiæ & emana-*
tioni s feudalis & dominii directi retenti inter jura & pertinentias fundi
dominantis ; quand le Vaffal ne fait pas fon devoir, fon Fief peut
être faifi féodalement, & par la faifie féodale il eft cenfé réuni au
Fief dominant dont il eft émané; le Gardien qui a droit de joüir du
Fief dominant appartenant à fes enfans mineurs pendant la durée
de la Garde, doit avoir les fruits du Fief faifi féodalement fur le

Vaſſal, quoique la ſaiſie féodale fût faite au nom des enfans mineurs ; ce droit eſt une dépendance du Fief dominant ; c'eſt une
obvention du Fief dominant dont le Gardien doit joüir, autrement il ne joüiroit pas entrement des droits du Fief dominant.
Il eſt inutile de dire que le Fief du Vaſſal eſt un fond diſtinct &
ſeparé du Fief dominant, & que le droit qu'a Gardien de joüir
du Fief dominant, appartenant à ſes enfans mineurs, ne doit s'é-
tendre au Fief ſaiſi ſur le Vaſſal ; car comme il a été dit, le Fief
du Vaſſal ſaiſi, faute de droits non faits & non payez eſt cenſé
réuni au Fief dominant & en faire partie pendant la ſaiſie féodale.

87. Après avoir expliqué les droits du Gardien, il ne faut pas
obmettre d'examiner ſi dans les Couſtumes qui attribuënt au Gardien les meubles en proprieté, tous meubles & effets mobiliers y
ſont compris indiſtinctement, ou ſi cela reçoit quelque exception.
Nous avons pluſieurs Couſtumes qui attribuënt au Gardien les
meubles en proprieté. La Couſtume d'Orleans en l'article 25. dit:
Les Gardiens nobles prennent les meubles de leurs enfans mineurs &
les font leurs juſques à ce que les enfans mineurs ſoient en âge de
porter la foy, & outre les Nobles qui acceptent la Garde, gagnent les
fruits des heritages des mineurs, &c. La Couſtume de Senlis en
l'art. 307. dit: *Si l'un des deux nobles conjoints par mariage ayant*
enfans mineurs, va de vie à trépas, le ſurvivant des deux conjoints
pourra avoir & accepter la Garde-Noble des enfans, & en acceptant
la Garde le ſurvivant aura & lui appartiendront les meubles des mi-
neurs, & joüira de leurs heritages & ſera les fruits ſiens, &c. La
Couſtume de Rheims, art. 331. dit : *Le Gardien Noble fait les meu-*
bles délaiſſez par le deffunt, enſemble le revenu & fruits des rentes &
heritages, tant féodaux que roturiers, appartenans à ſes mineurs, ſiens,
&c. De même la Couſtume de Berry en l'article 26. dit Il y a
encore quelqu'autres Couſtumes ſemblables.

88. On demande dans ces Couſtumes ſi tout ce qui eſt de nature mobiliere appartient au Gardien. Par exemple, Titius & Mœvia demeurans dans la Couſtume de Berry, contractent mariage
enſemble; Titius eſt décedé qui a laiſſé des enfans mineurs; Mœvia accepte la Garde de ſes enfans ; après la Garde finie les enfans
heritiers de leur pere demandent à leur mere partage des biens de
la Communauté, & avant partage la repriſe des deniers qui lui
avoient été ſtipulez propres à leur pere, & le remploi de ſes heritages propres alienez pendant le mariage. La mere convient que
la repriſe eſt dûë à ſes enfans des deniers ſtipulez propres à leur

pere, enfemble le remploi du prix des alienations des heritages propres de leur pere, & que la reprife fe doit faire fur les biens de la Communauté ; mais la mere foûtient qu'en qualité de Gardienne de fes enfans, les derniers ftipulez propres à leur pere, enfemble le prix des heritages propres vendus pendant le mariage, lui appartient, par la raifon que ce font deniers & effets mobiliers, dont la proprieté appartient au Gardien, fuivant l'article 16. de la Couftume de Berry. Elle dit premierement à l'égard du prix procedant des heritages propres, vendus pendant le mariage, qu'il confifte en deniers, & l'action de remploi eft mobiliere ; cette action appartient à la mere, comme Gardienne de fes enfans : à l'égard des deniers ftipulez propres, ils ne peuvent pas auffi être confiderez que comme meubles, à l'égard de la mere Gardienne de fes enfans, d'autant que la ftipulation n'a été faite que pour empêcher que les deniers ftipulez propres n'entraffent en la Communauté, & que l'autre conjoint n'en pût profiter, *jure communionis* : & quand même les deniers auroient été ftipulez propres au pere & aux fiens de fon côté & ligne, cette ftipulation ne pourroit être confiderée que pour exclure la mere d'y pouvoir fucceder comme heritiere de fes enfans ; mais que cette ftipulation n'ayant pas été faite expreffément pour exclure la mere de pouvoir les prétendre à caufe de la Garde, elle a droit de les prétendre en qualité de Gardienne de fes enfans, fuivant la Couftume de Berry qui donne au Gardien les meubles en proprieté.

89. Les enfans foûtiennent au contraire qu'il ne faut pas comprendre dans les meubles, dont la proprieté eft attribuée au Gardien par la Couftume de Berry, l'action qu'ont les enfans heritiers de leur pere pour la reprife des deniers ftipulez propres à leur pere, ou pour le remploi du prix de fes heritages propres, vendus pendant le mariage, mais feulement les meubles & effets mobiliers qui fe pourront trouver après les reprifes faites. La raifon eft que les deniers ftipulez propres par le Contrat de mariage, & les deniers procedans de l'alienation faite des heritages propres pendant le mariage, doivent être cenfez immeubles entre le furvivant des pere & mere & fes enfans qui reprefentent le prédecedé, jufques à ce que la reprife en ait été faite par les enfans ; le furvivant des pere & mere qui accepte la Garde, ne les peut pas prétendre, à caufe de la Garde. Les enfans me femblent bien fondez ; il ne feroit pas raifonnable que le furvivant des pere & mere qui accepte la Garde

de ſes enfans, pût prétendre à cauſe de la Garde de ſes enfans,
les deniers que le prédecedé des pere & mere avoit ſtipulez propres, qui lui tenoient lieu d'immeubles; ni pareillement le prix de
ſes heritages propres, vendus pendant le mariage ; autrement il
arriveroit ſouvent que le ſurvivant des pere & mere profiteroit, à
cauſe de la Garde, de tout le bien de ſes enfans, dans les Couſtumes qui donnent au Gardien la proprieté des meubles, ce qui ſeroit contre l'intention de la Couſtume. La Garde n'a pas été introduite & établie pour faire profiter le ſurvivant des pere & mere
des biens propres du prédecedé des pere & mere au préjudice de
ſes enfans ; mais ſeulement leur donne droit de prendre les meubles, c'eſt-à-dire, les biens meubles qui ſe trouvent après que
la repriſe aura été faite des biens propres ; les biens propres s'entendent de tous immeubles qui appartenoient aux pere & mere, au
temps de leur mariage, ce qui comprend non ſeulement les heritages propres qui ſe trouvent en nature, mais auſſi le remploi des
heritages & autres immeubles qui ont été vendus & alienez pendant le mariage, comme auſſi les deniers ſtipulez propres aux
pere & mere.

90. Mais que dira-t on des deniers ou effets mobiliers que la
femme a mis dans la Communauté, dont elle a ſtipulé la repriſe
en cas de renonciation par elle à la Communauté ? Par exemple
un pere a marié ſa fille, à laquelle il a donné dix mille livres ; ſçavoir, huit mille livres qui lui ont été ſtipulez propres, & à l'égard
du ſurplus, montant à deux mille livres, il eſt dit qu'ils entreront
en la Communauté : il eſt dit enſuite que la future épouſe & les enfans qui naîtront du mariage, pourront renoncer à la Communauté ; ce faiſant, reprendre les 2000. livres qu'elle a mis dans la
Communauté. La femme vient à deceder, qui laiſſe des enfans
mineurs ; le mari ſurvivant accepte la Garde de ſes enfans ; après
la Garde finie les enfans heritiers de leur mere renoncent à la Communauté, & demandent à leur pere la reſtitution de la ſomme de
huit mille livres ſtipulée propre à leur mere ; enſemble la ſomme de
deux mille livres que la mere avoit miſe dans la Communauté,
dont elle avoit ſtipulé la repriſe pour elle & ſes enfans, en cas de
renonciation à la Communauté.

91. Le pere convient de rendre & reſtituer à ſes enfans la
ſomme de huit mille livres, qui avoit été ſtipulée propre a leur
mere ; mais il dit à l'égard de la ſomme de deux mille livres qui

avoit été mife dans la Communauté, que c'eft une fomme de deniers purement mobiliere, laquelle lui appartient, en vertu de la
Couftume, qui donne au Gardien les meubles en proprieté. Les
enfans repliquent, difant qu'ils ont droit de reprendre cette fomme de deux mille livres, non pas comme heritiers de leur mere,
mais de leur ch. f, en vertu de la claufe du Contrat de mariage,
dans laquelle claufe ils ont été compris avec leur mere, étant dit
par le Contrat de mariage que la future époufe & fes enfans pourront renoncer à la Communauté, ce faifant, reprendre cette fomme de deux mille livres ; que cette fomme de deux mille livres
leur appartient de leur chef, en vertu de la claufe du Contrat de
mariage de leur mere ; que cette fomme ne doit pas être confiderée comme un effet mobilier échû aux enfans de la fucceffion de
leur mere, & que leur pere n'a pas droit de la prétendre à caufe de
la Garde.

92. Neanmoins le pere eft bien fondé ; car cette fomme de
deux mille livres, que les enfans avoient droit de reprendre, en
vertu de la claufe du Contrat de mariage, étant purement mobiliere, elle appartient au pere à caufe de la Garde, en vertu de la
Couftume qui attribuë au Gardien la proprieté des meubles qui
font échûs aux enfans, de leur pere ou mere prédecedé ; les enfans ne peuvent renoncer à la Communauté & reprendre qu'en
qualité d'heritiers de leur mere ; s'ils avoient renoncé à la fucceffion de leur mere ils n'auroient rien à reprendre : c'eft pourquoi
cette fomme de deux mille livres que les enfans ont droit de reprendre, en veru de la claufe du Contrat de mariage, appartenant aux enfans en qualité d'heritiers de leur mere, & cette fomme étant purement mobiliere, elle appartient au pere, en qualité
de Gardien de fes enfans, en vertu de la Couftume qui attribuë
au Gardien la proprieté des meubles, fi les enfans avoient accepté
la Communauté, la part qu'ils auroient eu dans les effets mobiliers de la Communauté auroit appartenu à leur pere à caufe de
la Garde, & par confequent, &c.

93. Refte de dire que le droit de Garde n'eft pas ceffible, mais
que le droit de Garde eft une efpece d'ufufruit & n'a fa durée
que pendant un certain temps limité. Nous avons la difpofition
du Droit Romain, aux Inftituts *lib. 2. tit. 4. de ufufruEtu*, qui dit:
*Finitur ufusfruEtus fi domino proprietatis ab ufufruEtuario cedatur,
nam cedendo extraneo nihil agitur.* Si le droit d'ufufruit étoit vendu,

cedé

cedé & tranfporté, la vente & la ceffion en feroit inutile ; on ne
peut pas faire-paffer ce droit à un autre, parce que l'ufufruit eft
un droit perfonnel, qui refide en la perfonne de celui auquel il a
été concedé. Les fruits & émolumens qui proviennent du droit d'u-
fufruit peuvent bien être vendus, cedez & tranfportez; mais le droit
d'ufufruit en foy ne peut ê re cedé & tranfporté à autre perfonne.
Cela eft encore dit en la Loy : *Si ufusfruğtus. D. de jure dotium*, qui
dit ; *Si ufusfruğtus extraneo cedatur, id eft, ei qui proprietatem non
habet ; nihil ad eum tranfit, fed ad dominum proprietatis revertetur
ufusfruğtus, &c.*

94. Nous avons auffi quelques Couftumes qui difent expreffément que le d oit de Garde n'eft pas ceffible. Il y a la Couftume
du Maine qui dit en l'article 90. *Droit de Bail ne fe peut tranfporter à autrui, mais on s'en peut bien abftenir ; toutesfois les fruits &
émolumens du bail fe peuvent bien tranfporter & bailler à ferme.* De
même la Couftume d'Anjou art. 91. La Couftume de Touraine
en l'art. 339. dit: *Entre gens nobles, le Bail & Garde Noble des
enfans mineurs appartient aux pere ou mere feulement, fans qu'ils le
puiffent ceder ou tranfporter, &c.*

CHAPITRE VII.

*De quelles charges & de quelles dettes le Gardien eft tenu acquiter
les enfans ; & plufieurs queftions fur cette matiere.*

SOMMAIRE.

1. 2. 3. 4. *Grande varieté dans les
Couftumes touchant les charges
& dettes dont le Gardien eft tenu. Dans la Couftume de Paris
le Gardien n'eft tenu que des
dettes mobilieres & arrerages de
rentes, il n'eft pas tenu des immobilieres.*

5. 6. 7. 8. 9. 10. *Ce qui eft dû aux
conjoints pour deniers ftipulez
propres, reprifes, remplois, &
recompenfe, fe reprend fur la
Communauté.*

11. 12. 13. *Les remplois, reprifes
& recompenfes fe doivent faire
avant le partage de la Commu-*

Q

nauté ; mais souvent on commence par le partage de tous les effets de la Communauté, auquel cas la moitié de la reprise, remploi & recompense devient confuse en la personne de celui auquel la reprise, remploi ou recompense est dûë.

14. *La femme a droit de reprendre ses deniers dotaux, stipulez propres, quoiqu'elle accepte la Garde de ses enfans ; c'est une délibation qui se fait sur les biens de la Communauté.*

15. 16. 17. *Quoique l'action pour la reprise des deniers stipulez propres soit mobiliere, elle ne se confond pas en la personne du Gardien.*

18. *Comme les conjoints ont droit de reprendre les heritages propres, quoiqu'ils acceptent la Garde, ils ont pareillement droit de reprendre leurs effets mobiliers stipulez propres.*

19. *Si la femme qui accepte la Garde de ses enfans, a droit de reprendre ses deniers dotaux stipulez propres, dans le cas qu'elle accepte la Communauté, de même que quand elle y renonce.*

20. *Moyens pour l'affirmative.*

21. *Resolution que la femme qui accepte la Garde de ses enfans a droit de demander ses deniers dotaux, stipulez propres ; soit qu'elle accepte la Communauté, soit qu'elle y renonce.*

22. 23. 24. 25. *Si le survivant des*

conjoints confond, à cause de la Garde, ce qui lui est dû pour ses heritages propres, vendus pendant le mariage, ou pour ses rentes propres racheptées.

26. 27. *Si la recompense qui est dûë à l'un des conjoints pour les rentes dûës par l'autre conjoint ou sur les heritages propres qui ont été acquittez pendant la Communauté, se confond, à cause de la Garde.*

28. 29. 30. *Si la recompense qui est dûë pour bâtimens & augmentations faites sur les heritages propres de l'un ou de l'autre des conjoints, pendant la Communauté se confond à cause de la Garde.*

31. *Resolution de la question.*

32. 33. *Si le préciput, stipulé en espece, par le Contrat de mariage, au profit du survivant des conjoints, se confond à cause de la Garde.*

34. *Quid ? Si le préciput a été stipulé en deniers.*

35. 36. 37. *Lorsque par le Contrat de mariage il a été convenu entre les conjoints, que la femme ne pourra pretendre pour tout droit de Communauté que certaine somme, si la femme survivante qui accepte la Garde de ses enfans, la confond en sa personne.*

38. 39. 40. *Resolution de la question.*

41. *Lorsque la femme a stipulé par son Contrat de mariage*

qu'elle pourra renoncer à la Communauté, ce faisant reprendre ce qu'elle a mis dans la Communauté; si elle confond, à cause de la Garde, ce qu'elle a droit de reprendre, en renonçant à la Communauté.

42. Si une action en reddition de comte de tutelle qu'une mere prétendoit contre ses enfans, comme heritiers de leur pere, est confuse en sa personne, lorsqu'elle accepte la Garde de ses enfans, & l'Arrest qui a jugé cette question.

43. Comment se doit regler le douaire coustumier de la femme quand elle accepte la Garde de ses enfans.

44. Quid? Du douaire préfix en rentes.

45. Quid? Du douaire préfix en deniers à une fois payer.

46. Si l'action qu'a la femme pour être acquittée des dettes qu'elle a contractées avec son mari pendant son mariage, est éteinte & confuse en sa personne lorsqu'elle accepte la Garde de ses enfans.

47. Si l'action est confuse à cause de la Garde, non seulement pour les dettes mobilieres, mais aussi pour les immobilieres.

48. Quid? Quand la femme qui a accepté la Garde, a renoncé à la Communauté.

49. 50. 51. 52. 53. 54. 55. 56. Si le survivant des pere & mere qui accepte la Garde de ses en-

fans est tenu, à cause de la Garde, de payer les frais funeraires du predecedé des pere & mere.

57. 58. Arrests sur cette question.

59. Opinion de Charondas touchant la question si le Gardien est tenu acquitter les enfans des frais funeraires du predecedé des pere & mere.

60. 61. L'usage du Chastelet est que le Gardien est tenu payer les frais funeraires du predecedé des pere & mere & d'en acquitter les enfans.

62 63. Quid? Des habits de deuil de la femme, quand elle accepte la Garde de ses enfans.

64. 65. 66. Quid? Des legs & dispositions testamentaires faites par le prédecedé des pere & mere, qui a donné ouverture à la Garde.

67. Opinion de Pontanus sur cette question, qui fait difference entre les legs de sommes à une fois payer & les legs de sommes payables annuellement.

68. 69. 70. 71. Réponse à l'opinion de Pontanus, & l'explication de la Loy: Sin autem est alienum. Cod. de bonis quæ liberis. §. 4.

72. Resolution de la question.

73. Le Gardien doit nourrir & entretenir les mineurs selon leur état & qualité. Si le Gardien ne fournit pas les choses necessaires & convenables aux mineurs pour leur nourriture & entretien,

les revenus des mineurs pourront être saisis.

74. *La Coustume de Paris charge le Gardien d'acquitter les charges annuelles, dont les heritages des mineurs sont chargez, & d'entretenir les heritages des mineurs de toutes reparations viageres.*

75. *Lorsque les heritages des mineurs sont en mauvais état au temps que la Garde est ouverte, si le Gardien est tenu de les mettre en bon état, ou si le Gardien est seulement obligé de les entretenir après qu'ils auront été mis en bon état aux dépens des mineurs.*

76. *Celui auquel la Garde est déferée, & qui l'accepte, doit faire visiter par Justice les heritages des mineurs dont il est Gardien.*

77. *Plusieurs Coustumes en contiennent disposition expresse ; cela est de droit commun.*

78. *Lorsque le Gardien est mauvais administrateur, si on peut le faire priver & décheoir de la Garde.*

79. *Plusieurs Coustumes contiennent disposition qu'il doit être privé de la Garde.*

80. *Si dans les Coustumes de Paris & autres semblables, qui donnent au Gardien seulement les fruits & revenus des immeubles & l'administration des meubles, le Gardien est tenu des frais des Procés & autres*

frais qu'il convient faire pour les mineurs depuis l'ouverture de la Garde.

81. *Resolution que dans la Coûtume de Paris & autres Coustumes, qui ne donnent au Gardien que l'administration des meubles, & non la proprieté, le Gardien est tenu des frais des Procés.*

82. *Si le Gardien est tenu des frais des Procés intentez touchant l'immeuble dont la proprieté est contestée aux mineurs.*

83. *Si dans les Coustumes qui donnent au Gardien les meubles des mineurs en proprieté, il y a difference à faire entre les unes & les autres, touchant les dettes & les charges dont le Gardien est tenu.*

84. 85. 86. 87. 88. 89. 90. *Arrêts rendus dans les Coustumes qui donnent au Gardien les meubles des mineurs en proprieté.*

91. *Comment s'entendent les Coustumes qui donnent au Gardien les meubles en proprieté, & ce qui est compris sous le mot de meublés. Si les deniers stipulez propres par le Contrat de mariage, ou qui ont été donnez en faveur de mariage pour être employez en heritage, étant reputez immeubles ; le survivant des conjoints en peut profiter à cause de la Garde.*

92. 93. *Quid ? De l'action de remploi.*

94. 95. *Quid ? De la recompense qui est düe à l'un ou à l'autre des*

conjoints, pour rentes par eux
düës avant le mariage, racheptées pendant le mariage.

96. Resolution de la question.

97. Quid ? De la recompense qui
est düe aux enfans du predecedé
des pere & mere, pour les bâtimens faits pendant le mariage,
sur l'heritage du survivant qui a
accepté-la Garde.

98. Lorsque par le Contrat de mariage il est dit que la femme
aura certaine somme pour tout
droit en la Communauté, si la
femme decedant la premiere, &
le mari acceptant la Garde de
ses enfans ; il profitera, à cause
de la Garde, de la somme qui
est düe aux enfans heritiers de
leur mere pour leur droit en la
Communauté.

99. Quoique dans les Coustumes
qui donnent au Gardien les meubles des mineurs en proprieté, il
soit dit que le Gardien est tenu
d'acquitter les mineurs de toutes
dettes ; cela s'entend seulement
des dettes mobilieres & arrerages de rentes.

100. Si les deniers stipulez propres
qui sont dûs à l'un ou à l'autre

des conjoints, sont compris entre
les dettes, dont le Gardien est
tenu acquitter ses enfans, dans
les Coustumes qui donnent au
Gardien les meubles des mineurs
en proprieté.

101. 102. 103. 104. Quid ? De
l'action de remploi ou recompense du prix des heritages propres, vendus pendant le mariage, si le Gardien en est tenu. Arrest sur cette question.

105. Quid ? De la recompense qui
est düe par l'un ou l'autre des conjoints pour rentes acquittées pendant le mariage, si le survivant
à qui elle est düe, la confond, à
cause de la Garde.

106. Si ce que doivent les enfans
au survivant de leur pere &
mere pour bastimens faits sur les
heritages du predecedé, est une
dette mobiliere dont le survivant des pere & mere qui a accepté la Garde, soit tenu.

107. Si ce que doivent les enfans
à leur mere, pour son droit en
la Communauté, peut être demandé par la mere, qui accepte
la Garde de ses enfans.

I. **N**Ous avons expliqué au Chapitre 6e quels droits a le Gardien & quels biens sont compris dans la Garde. Nous
avons dit que la Garde ne comprend que les biens écheus aux
enfans du predecedé des pere & mere, lequel par son decès a donné
ouverture à la Garde. Nous avons à expliquer de quelles charges
& dettes le Gardien est tenu acquitter ses enfans. Il y a grande
varieté dans les dispositions des Coustumes touchant les dettes
dont les Gardiens sont tenus. Il y a des Coustumes qui ne don-

nent aux Gardiens qu'une fimple adminiftration comme au Tuteur.
Par exemple , la Couftume de Vitry en l'article 63 dit : *Le Gar-*
dien Noble ne fait les fruits fiens , mais il eft tenu en rendre compte aux
enfans venus en âge de majorité. Il y a d'autres Couftumes qui donnent au Gardien la joüiffance des immeubles , mais non pas de
tous. Par exemple, la Couftume de Meaux , art. 148. dit : *Celui*
qui prend la garde ou gouvernement d'enfans mineurs nobles , s'il veut ,
peut faire les fruits des Fiefs appartenans aufdits mineurs , fiens &
les appliquer à fon profit , & non des chofes roturieres durant le temps
de la Garde & bas âge defdits enfans mineurs nobles : & l'article 149.
dit : *Et en ce cas eft tenu payer les charges des heritages appartenans aux*
mineurs , & iceux entretenir en bon état ; de payer les arrerages des
charges qu'ils doivent , & avec ce leur bailler état convenable en che-
vaux , habillemens & autres chofes felon ce que leur état le requiert :
& fe peut le Gardien dire faifi du revenu des Fiefs appartenans aux
mineurs dont il a la Garde.

2. Il y a d'autres Couftumes qui donnant aux Gardiens les
fruits & revenus de tous les immeubles & l'adminiftration des
meubles , les chargent du payement des dettes & arrerages de rentes.
Par exemple, la Couftume de Paris, article 267. dit: *Le Gardien noble*
ou bourgeois a l'adminiftration des meubles, & fait les fruits fiens de tous
les immeubles, tant heritages que rentes , appartenans aux mineurs ;
à la charge de payer les dettes & arrerages de rentes que doivent les
mineurs, les nourrir & entretenir felon leur qualité ; entretenir les he-
ritages & payer les charges annuelles dont ils font chargez. La Couftume d'Anjou article 86. donne la joüiffance des heritages &
l'adminiftration des meubles , & charge le Gardien du payement
des dettes perfonnelles. La Couftume du Maine en l'article 98.
contient même difpofition que la Couftume d'Anjou.

3. Il y a d'autres Couftumes qui ont étendu davantage le profit
de la Garde-Noble & qui ont auffi plus étendu les charges du
Gardien. La Couftume de Loris article 27. titre des Fiefs, dit : *Le*
Gardien-Noble prend les meubles, fauf ceux qui font pour la fortifi-
cation des maifons , & fait fiens les profits & revenus des heritages des
mineurs , à la charge de les acquitter de toutes dettes , accomplir le
Teftament pour les obfeques & legs perfonnels. La Couftume de Senlis article 153. dit : *Au Gardien Noble appartiendront les meubles*
des mineurs & il joüira de leurs heritages , à la charge de payer
les dettes mobilieres & arrerages de rentes , teftament , obfeques &
funerailles. La Couftume de Melun article 286. dit : *Les Gardiens*

Nobles prennent à leur profit les meubles des mineurs, ensemble les fruits & revenus des heritages & rentes tenus, en Fief, à la charge de payer les dettes mobilieres & personnelles, & de faire instruire les mineurs aux Lettres ou autre état convenable à leur qualité, &c. La Coustume de Rheims article 331. dit: *Le Gardien Noble fait les meubles & les revenus des immeubles siens, à la charge d'accomplir le Testament du deffunt, payer les dettes des mineurs, les nourrir & entretenir selon leur qualité.* La Coustume de Montargis chapitre premier article 27. dit: *Les Gardiens prennent les meubles, sauf ceux qui sont pour la fortification des maisons, & ceux qui y sont pour perpetuelle demeure, & sont leurs les profits & revenus de tous les heritages des mineurs, jusques à ce qu'ils soient en âge, & par ce moyen sont tenus de les nourrir & acquitter de toutes dettes, & entretenir les heritages en suffisant état, payer les charges & accomplir les Testamens pour les obseques & funerailles, & les personnels.* La Coustume de Peronne en l'article 223. dit: *Le Gardien prend à son profit les meubles des mineurs & fait les fruits siens de toutes les terres feodales;* & par l'art. 244. *Les Baillistres sont tenus acquitter les enfans de toutes dettes mobilieres, obseques & funerailles & accomplissement du Testament du deffunt.* La Coustume d'Orleans art. 25. dit: *Le Gardien Noble fait les meubles des mineurs siens, jusques à ce que les mineurs soient en âge, & gagne les fruits des heritages, à la charge de les nourrir & entretenir & les acquitter de toutes dettes & arrerages de rentes, sans qu'ils soient tenus icelles racheter.* La Coustume de Bourgogne, Titre des enfans de plusieurs lits, Rub. 6. §. 4. dit: *Entre gens nobles, la femme après le trepas de son mari peut être Baillistre de ses enfans, du consentement des parens paternels desdits enfans, & elle a à son profit tous les meubles, & est tenuë acquitter les enfans de toutes dettes.*

4. Cette grande varieté qui se trouve dans les Coustumes, touchant le profit de la Garde, & les charges & dettes dont le Gardien est tenu, a grandement broüillé la matiere. Pour y donner quelque jour, on peut réduire cette grande varieté, & generalement parlant on peut distinguer deux sortes de Coustumes; il y a celles qui donnent seulement au Gardien les fruits & revenus des immeubles & ne donnent aucuns meubles en proprieté, mais seulement en donnent l'administration; & il y a celles qui ne donnent pas seulement au Gardien les fruits & revenus des immeubles des mineurs, & l'administration de leurs meubles, mais lui donnent les meubles en proprieté. Il faut parler premierement de

la Couſtume de Paris & autres ſemblables, qui donnent ſeulement au Gardien la joüiſſance des immeubles & la ſimple adminiſtration des meubles. La Couſtume de Paris par l'article 267. dit que le Gardien noble ou Bourgeois a l'adminiſtration des meubes, fait les fruits ſiens de tous les immeubles, tant heritages que rentes appartenans aux mineurs, à la charge de payer les dettes & arrerages de rentes que doivent les mineurs, les nourrir, alimenter & entretenir ſelon leur état & qualité ; entretenir les heritages, payer les charges annuelles dont ils ſont chargez.

5. Ces mots, dettes & arrerages de rente joints enſemble, ſignifient aſſez qu'il n'y a que les dettes mobilieres dont le Gardien eſt tenu, & qu'il n'eſt pas tenu des dettes immobilieres, c'eſt à-dire, des principaux des rentes. Il n'eſt pas difficile de connoître les dettes paſſives mobilieres & de les diſtinguer des immobilieres. Le principe eſt certain : *Actio ad mobile mobilis eſt, actio ad immobile immobilis eſt;* l'action eſt mobiliere lorſqu'elle tend à une choſe mobiliere, comme l'argent comptant ou autres effets mobiliers ; elle eſt dette active en la perſonne du creancier, & dette paſſive en la perſonne du debiteur ; l'action eſt immobiliere lorſqu'elle tend à un immeuble. La Loy 15. *D. de verborum ſignificatione*, dit: *Id apud ſe quis habere videtur, de quo habet actionem ; habetur enim id quod peti poteſt.*

6. Il y a ce qui eſt dû à l'un ou l'autre des conjoints, qu'ils ont chacun droit de reprendre, après la diſſolution de la Communauté, ce qui s'appelle vulgairement repriſe, remploi ou recompenſe, pour ſçavoir ſi l'action en eſt mobiliere, & ſi étant mobiliere elle ſe confond en la perſonne du ſurvivant des pere & mere qui accepte la Garde de ſes enfans; & comme ſouvent ſe meut difficulté pour raiſon de ce, il eſt neceſſaire d'expliquer cette matiere. Pour cela il ſera obſervé que lorſque l'un des conjoints vient à déceder, la Communauté eſt diſſoluë par la mort, *morte ſolvitur ſocietas*, partage ſe doit faire des biens de la Communauté entre le ſurvivant des conjoints & les heritiers du prédecedé. La Couſtume de Paris par l'article 229. dit: *Après le trépas de l'un des conjoints les biens de la Communautè ſe diviſent en telle maniere que la moitié appartient au ſurvivant, & l'autre moitié aux heritiers du trépaſſé.* Les biens propres de l'un & l'autre des conjoints ſe diſtinguent des biens de leur Communauté ; & la Communauté venant à ſe diſſoudre par la mort de l'un d'eux, il eſt de l'ordre naturel avant que de faire partage des biens de la Communauté, que le

ſurvivant

furvivant des conjoints & les heritiers du prédecedé reprennent chacun leurs biens propres.

7. Si les biens propres des conjoints confiftent en heritages ou rentes, qui foient encore exiftans & en nature au temps de la diffolution de la Communauté, c'eft à-dire, s'ils n'ont pas été alienez pendant la Communauté, chacun des conjoints a droit de reprendre fes heritages propres : ou fi les heritages ont été vendus & alienez pendant la Communauté, ou s'il y a eu des rentes rachetées, la reprife du prix de la vente & du rachapt de la rente s'en doit faire au profit de celui auquel l'heritage ou rente étoit propre, ou s'il eft décedé, au profit de fes heritiers, fuivant l'article 232. de la Couftume de Paris, qui dit : *Si durant le mariage eft vendu aucun heritage ou rente propre, appartenant à l'un & à l'autre des conjoints par mariage, ou fi la rente eft racheptée, le prix de la vente ou rachapt eft repris fur les biens de la Communauté, au profit de celui auquel appartenoit l'heritage ou rente, encore qu'en vendant n'eût été convenu de remploi ou récompenfe, & qu'il n'y eût eu aucune déclaration fur ce faite.* Pareillement les conjoints reprennent leurs deniers & autres effets mobiliers ftipulez propres par leur Contrat de mariage; & toutes ces reprifes fe font naturellement fur le bien de la Communauté avant que de la partager ; ces reprifes fe font & ont leur deftination fur le bien de la Communauté, c'eft une délibation ou diftraction qui fe doit faire du bien de la Communauté, jufques à concurrence, par la raifon que la Communauté en a profité ou eft cenfé en avoir profité, & il eft veritable de dire qu'il n'y a de bien en la Communauté que la délibation & diftraction n'en ait été faite fur le bien de la Communauté.

8. En effet de même que les biens propres de l'un & de l'autre des conjoints qui n'ont pas été alienez, & qui font demeurez en nature pendant le mariage, fe reprennent par celui aufquels ils appartiennent, ou s'il eft decedé, par fes heritiers qui ont droit d'en joüir du jour de la diffolution de la Communauté : de même auffi s'il y a des heritages propres appartenans à l'un ou à l'autre des conjoints qui ayent été alienez pendant le mariage, ou s'il y a des rentes propres rachetées, il eft jufte que le conjoint auquel l'heritage qui a été aliené appartenoit, ou fes heritiers, reprennent le prix de l'alienation de l'heritage ou du rachapt de la rente, fur les biens de la Communauté, avec l'interêt du jour de la diffolution de la Communauté, car l'autre conjoint ou fes heritiers n'en doivent pas profiter à fon préjudice ; la condition des con-

joints pour la reprife de leurs biens propres, doit être égal; comme la Communauté a profité du prix des propres des conjoints, vendus pendant la Communauté, il eft jufte que celui auquel l'heritage ou rente étoit propre, en reprenne le prix, & foit indemnifé après la diffolution de la Communauté.

9. Comme auffi fi les conjoints par mariage avoient des deniers ou autres effets mobiliers, qui ayent été ftipulez propres par leur Contrat de mariage: par exemple, fi le mari a reçû les deniers dotaux de fa femme, ftipulez propres, ou fi le mari avoit lui-même des deniers ou autres effets mobiliers, ftipulez propres, dont le mari a difpofé, ou qu'il en ait fait des acquifitions pendant la Communauté, la reprife s'en doit pareillement faire fur le bien de la Communauté au profit de celui auquel les deniers ou autres effets mobiliers ont été ftipulez propres. Il eft jufte que le furvivant des conjoints & les heritiers du prédecedé reprennent chacun leurs deniers & effets mobiliers, ftipulez propres, de même que le prix des heritages propres, alienez pendant le mariage, il eft jufte qu'il en faffe la reprife fur le bien de la Communauté.

10. Pareillement fi aucune rente étoit dûë par l'un ou l'autre des conjoints avant leur mariage, qui ait été acquittée pendant la Communauté, aux dépens de la Communauté; récompenfe eft dûë à celui qui n'étoit debiteur de la rente, ou s'il eft decedé, à fes heritiers, & cette recompenfe fe doit faire fur les biens de la Communauté, par la raifon qu'il a moitié dans la Communauté aux dépens de laquelle la rente qui étoit dûë, a été acquitée; il en doit être indemnifé, il doit avoir fa récompenfe en deniers ou à fon préjudice, & auroit été liberé aux dépens de la Communauté dans laquelle il n'a que moitié. Pareillement fi aucun bâtiment, conftruction ou augmentation a été faite fur les heritages propres de l'un des conjoints pendant la Communauté, récompenfe eft dûë à l'autre conjoint, auquel l'heritage n'appartient pas, & la récompenfe fe doit prendre fur les biens de la Communauté, aux dépens de laquelle la conftruction a été faite; le conjoint, auquel l'heritage appartient, ne doit pas profiter de la nouvelle conftruction, au préjudice de l'autre conjoint qui avoit fa part comme lui dans les biens de la Communauté.

11 Après les reprifes, remplois & récompenfes faites, partage fe doit faire, comme il a été dit, du bien de la Communauté, moitié pour les furvivant, l'autre moitié pour les enfans heritiers

du prédecedé. Les dettes paſſives ſe diviſent par moitié; le ſurvivant des conjoints en doit moitié, & les enfans heritiers du prédecedé doivent l'autre moitié. Il eſt vrai que ſouvent lorſque le
prédecedé des conjoints laiſſe des enfans en bas âge, on ne fait
pas le partage de la Communauté incontinent après la diſſolution
de la Communauté, on veut attendre que les enfans heritiers du
prédecedé de leur pere & mere ſoient devenus majeurs. Ces mots,
remplois, repriſes & recompenſes ſont devenus par l'uſage termes
ſinonimes; on dit, remploi, parce que ſouvent dans les Contrats
de mariage, lorſque les conjoints ont des deniers & effets mobiliers, on les ſtipule propres, ou on dit qu'ils ſeront employez en
heritages ou rente, comme auſſi ſouvent il eſt dit qu'en cas de
vente d'heritages propre ou de rachapt de rentes propres, le prix
de la vente ou du rachapt ſera remployé en heritage ou rente.
Mais ces clauſes ſont en quelque façon ſur-abondantes dans les
Contrats de mariage, car quand elles n'y ſeroient pas appoſées,
elles ſont de droit commun, & les repriſes, remplois & recompenſes ſe doivent toûjours faire ſur les biens de la Communauté, ſuivant l'article 232. de la Couſtume de Paris, laquelle or-
donne le remploi, repriſe ou recompenſe.

12. Comme auſſi tres-ſouvent on commence par le partage
de tous les effets de la Communauté, auquel cas la moitié de la
repriſe, remploy ou recompenſe devient confuſe en la perſonne
de celui des conjoints, auquelle elle eſt dûë, ou de ſes heritiers, à
cauſe de la Communauté qui a été partagée, & l'autre moitié lui
reſte dûë par l'autre conjoint ou ſes heritiers, ce qui s'appelle
prendre ſes repriſes, remplois & recompenſes moitié par confuſion, & l'autre moitié eſt dûë par l'autre conjoint ou ſes heritiers:
cela ſe fait ſouvent de cette ſorte, parce qu'il arrive ſouvent que
l'un ou l'autre des conjoints ou leurs heritiers ne trouvent pas
dans la Communauté d'argent comptant pour ſatisfaire à leurs
remplois, repriſes & recompenſes, ou qu'ils ne veulent pas prendre les effets de la Communauté en payement, ou ſuppoſé qu'ils
en vouluſſent bien prendre, ils ne s'accordent pas pour l'eſtimation & valeur: cela fait qu'on commence par le partage de tous les
effets de la Communauté, au moyen duquel partage les remplois,
repriſes & recompenſes ſont confuſes pour moitié en la perſonne
de celui auquel elles ſont dûës, ou de ſes heritiers, l'autre moitié lui eſt dûë par l'autre conjoint ou ſes heritiers. Cela ſe fait par
accommodement de famille pour plus promptement ſortir d'af-

faire, & cet accommodement eſt volontaire & dépend des parties intereſſées.

13. Mais quoique cela ſe faſſe ſouvent de cette maniere, cela ne change pas le droit des parties : il eſt veritable de dire que les remplois, repriſes & recompenſes reſpectives ont leur deſtination ſur le bien de la Communauté qui en a profité, le ſurvivant des pere & mere ou les enfans du prédecedé peuvent faire ordonner que les remplois, repriſes & recompenſes ſe feront avant parta- ge, ſur les effets de la Communauté, meubles & immeubles, & qu'eſtimation en ſera faite par Experts, ou qu'ils ſeront vendus & licitez, pour être les remplois, repriſes & recompenſes, priſes ſur les prix de la vente & licitation : cela eſt fondé ſur l'art. 232. de la Couſtume de Paris ci-deſſus rapporté. Pour donner encore plus de jour à cette matiere, il eſt neceſſaire d'expliquer les droits reſpectifs des conjoints entr'eux, c'eſt-à-dire, ce qu'ils peuvent avoir l'un & l'autre à reprendre ſur les effets de la Communau- té. On les expliquera ſeparement & on examinera s'ils s'étei- gnent & confondent en la perſonne du ſurvivant des pere & me- re qui accepte la garde de ſes enfans, ou s'ils ne ſe confondent pas & s'il en faut faire diſtinction & difference, des dettes dûës par les conjoints à autres perſonnes.

14. Premierement ſi l'un ou l'autre des conjoints a apporté des deniers ou autres effets mobiliers, qui ayent eſté ſtipulez propres par leur Contrat de mariage : Par exemple, ſi la femme a apporté en dot de l'argent comptant ou autres effets mobiliers, & les a ſtipulez propres, ou ſi elle a ſtipulé qu'employ en ſeroit fait en heritages : le mari les ayant reçûs & ne ſe trouvant plus en na- ture lors de la diſſolution de la Communauté, ſoit que le mari les ait employé en heritage ou autrement, la Communauté eſt cen- ſée en avoir profité & en être enrichie, & il eſt raiſonnable que la Communauté étant diſſoluë par la mort de l'un des conjoints, la femme ou ſes heritiers reprennent ſur les biens de la Commu- nauté ſes deniers dotaux, ſtipulez propres, ou deſtinez en employ d'heritage, c'eſt-à-dire, ou qu'elle prenne des biens de la Com- munauté en payement, ſuivant l'eſtimation, ou qu'il en ſoit ven- du & que le prix lui en ſoit delivré juſques à concurrence de ſes deniers dotaux ſtipulez propres : il faut retrancher de la Commu- nauté ce qui doit être repris par la femme, pour ſes deniers do- taux, & en faire délibation ſur le bien de la Communauté, parce que la Communauté n'en étoit que dépoſitaire, & le depôt doit être rendu à celui auquel il il appartient.

15. La raison en est évidente, qui est que si la femme avoit eu
en dot des fonds des heritages qui fussent demeurez en nature,
au lieu qu'elle a eu en dot de l'argent comptant ou autres effets
mobiliers qui lui ont esté stipulez propres. elle auroit repris ses
heritages propres en nature & auroit esté en droit d'en joüir du
jour que la Communauté est dissoluë par le decès de l'un des
conjoints, de même aussi il est juste que la femme reprenne ses
deniers dotaux stipulez propres, & les retire de la masse de la
Communauté où ils se trouvent mêlez : il est juste qu'on en fasse
distraction & delibation, & qu'il lui soit pareillement fait raison
des interêts du jour de la dissolution de la Communauté : les deniers stipulez propres doivent être en cela considerez comme les
propres réels, & doivent être repris par celui qui les a apporté,
ou ses heritiers, c'est-à-dire, que chacun des conjoints doit reprendre sur la Communauté les deniers ou autres effets mobiliers,
qui leur ont esté stipulez propres : c'est un retranchement & une
delibation qui se fait sur le bien de la Communauté avant partage
de la Communauté. Par exemple, la femme a droit de reprendre
sa dot, soit qu'elle consiste en deniers dotaux, stipulez propres,
soit qu'elle consiste en fonds d'heritages, quoiqu'elle accepte la
garde de ses enfaus.

16. On pourra dire que la femme qui survit son mari & qui
accepte la garde de ses enfans, confond, à cause de la garde, ses
deniers dotaux & qu'elle n'a pas droit de les reprendre : que l'action qu'elle a pour la restitution de ses deniers dotaux, est une
action purement mobiliere, quoiqu'ils soient stipulez propres, ou
qu'il soit dit qu'ils seront employez en heritages : qu'en ce cas
l'action qu'elle a pour la restitution de ses deniers dotaux est une
dette mobiliere, dont elle est tenuë acquitter ses enfans, à cause
de la garde, & par consequent qu'elle est confuse en sa personne.
Pour appuyer cette proposition on pourra alleguer Me René
Chopin, *in Consuetud. Andeg. lib. 2 part. 1. tit. 2. de jure deportus
minoris, num.* 14. qui semble être de ce sentiment. Voici ses termes:
*Dos pecuniaria quæ à filio patris hærede reddenda confunditur materna
acceptatione Gardiæ nobilis, nisi dotalis illa pecunia immobilis vice ha-
beretur ex nuptialibus pactis.*

17. Mais on répond premierement, que Me René Chopin s'est
bien expliqué au lieu cité : il parle dans le cas que les deniers dotaux de la femme n'ont pas esté stipulez propres, & qu'ils entrent
en la Communauté, elle n'a pas droit de les reprendre, & il dit.

qu'elle confond en sa personne les deniers dotaux, lorsqu'elle accepte la garde de ses enfans, car en ce cas elle n'a point de reprise à faire, elle peut seulement partager la Communauté si elle l'accepte. D'ailleurs il ne faut pas considerer ce qui est dû à la femme pour la reprise de ses deniers dotaux, stipulez propres, comme une dette, mais plûtôt comme une chose qui se reprend sur le bien de la Communauté; ce n'est pas proprement une dette, parce que la reprise s'en doit faire sur le bien de la Communauté, laquelle n'en étoit que dépositaire ; les enfans qui sont heritiers de leur pere, & qui ont leur part dans la Communauté, ne peuvent rien prendre dans la Communauté, que leur mere n'ait repris ses deniers dotaux, stipulez propres ; il ne faut considerer pour bien de la Communauté que ce qui restera après les reprises, que les conjoints ont à faire respectivement; la reprise que la femme doit faire de ses deniers dotaux, stipulez propres, ne doit être considerée que comme une dette existante & subsistante , après le partage de la Communauté, dont la femme soit tenuë & dont elle doive acquitter ses enfans lorsqu'elle en accepte la garde. Ainsi il est inutile de considerer si cette action est mobiliere ou immobiliere.

18. En second lieu lorsque la dot de la femme consiste en fonds d'heritage, elle a droit de reprendre son fonds dotal, quoiqu'elle accepte la garde de ses enfans : il est juste aussi lorsque sa dot consiste en deniers ou autres effets mobiliers stipulez propres, qu'elles les reprenne, quoiqu'elle accepte la garde de ses enfans , & cela se pratique de la sorte: cette Jurisprudence est bien établie & n'est point revoquée en doute. Ce qui est dit pour la femme a lieu aussi pour le mari : il doit reprendre sur la Communauté ses deniers & effets mobiliers, qu'il a stipulez propres, quoiqu'il accepte la garde de ses enfans, il a en cela pareil droit que la femme : les dettes dont le survivant des conjoints peut être tenu, à cause de la garde qu'il accepte de ses enfans, s'entendent des dettes mobilieres, contractées pendant la Communauté, dont l'un & l'autre des conjoints sont tenus à cause de la Communauté: l'un des conjoints venant à deceder, si le survivant accepte la garde de ses enfans, il est tenu, à cause de la garde, d'en acquitter ses enfans.

19. Nous avons dit que la femme a droit de reprendre ses deniers stipulez propres, quoiqu'elle accepte la garde de ses enfans, & qu'il n'y a point de confusion : mais on demande si cela doit

avoit lieu non feulement lorfque la femme accepte la Communauté, mais auffi lorfque la femme renonce à la Communauté.
Par exemple Mœvius & Mœvia ont contracté mariage : Mœvia
a apporté en dot la fomme de dix mille livres, fçavoir, huit mille
livres qui lui font ftipulez propres, & deux mille livres qui entrent en la Communauté. Mœvius vient à deceder laiffant des enfans en bas âge : Mœvia qui furvit fon Mari, renonce à la Communauté & accepte la garde de fes enfans : comme elle renonce
à la Communauté elle eft creanciere de la fucceffion de fon mari
de la fomme de huit mille livres qui lui ont été ftipulez propres,
par fon Contrat de mariage : on demande fi elle confond cette
dette en fa perfonne à caufe de la garde qu'elle a acceptée, ou fi
fes enfans heritiers de leur pere en font tenus.

20. On pourra dire pour les enfans que la fomme de huit mille
livres qui eft dûë à leur mere pour fes deniers dotaux, ftipulez
propres, confiftans en deniers, & fon action ne tendant qu'à demander une fomme de deniers, c'eft une dette paffive mobiliere
en la fucceffion du pere, dont la mere eft tenüe acquitter fes enfans quand elle accepte la garde de fes enfans, & que cette dette s'éteint & devient confufe en fa perfonne, à caufe de la garde. En fecond lieu on dit qu'il faut faire difference entre le cas
auquel la mere a accepté la Communauté, & le cas auquel elle
y renonce : que dans le cas auquel elle a accepté la Communauté, la Communauté fe doit partager entre elle & fes enfans,
& qu'avant partage elle a droit de reprendre fur la Communauté jufques à concurrence de fes deniers, ftipulez propres, dont
la Communauté n'étoit que dépofitaire, & qu'elle a droit de
prendre des effets de la Communauté, fuivant l'eftimation, juf-
qu'à la concurrence. Mais qu'autre chofe eft dans le cas que la
mere renonce à la Communauté, qu'elle n'a rien en la Communauté, au moyen de fa renonciation : que tout le bien de la Communauté appartient à fon mari, qu'elle eft fimplement creanciere
de fon mari de la fomme de huit mille livres, que c'eft une dette mobiliere dont elle doit acquitter fes enfans, à caufe de la
garde qu'elle accepte, par confequent qu'elle s'éteint & eft confufe en fa perfonne.

21. Neanmoins il eft raifonnable de dire que la femme dans le
cas qu'elle renonce à la Communauté, quoiqu'elle accepte la garde de fes enfans, eft bien fondée à demander fur tous les biens
de la fucceffion de fon mari, la reftitution de la fomme de huit

mille livres qui lui a été ſtipulée propre : en effet ſi elle avoit eu ſa dot en heritages & fonds de terre ou en rentes, elle ſeroit bien fondée, renonçant à la Communauté, à reprendre ſes heritages & fonds de terre ou en rentes, quoiqu'elle accepte la garde de ſes enfans ; de même auſſi elle eſt bien fondée à demander la ſomme de huit mille livres qui lui a été ſtipulée propre, & laquelle lui tient lieu de fonds dotal. Cette ſomme qui lui a été donnée en dot, & qui lui a été ſtipulée propre, doit être conſiderée, au reſpect de ſon mari, comme un propre qu'elle a droit de reprendre, ſoit qu'elle accepte la Communauté, ſoit qu'elle y renonce, quoiqu'elle accepte la garde de ſes enfans ; & il n'y a pas lieu de dire que l'action qu'elle a pour la reſtitution des deniers qui lui ont été ſtipulez propres, devienne confuſe en ſa perſonne, par l'acceptation qu'elle fait de la garde de ſes enfans ; on ne peut pas dire que l'article 267. de la Couſtume de Paris, qui charge le Gardien de payer & acquitter les dettes & arrerages de rentes que doivent les mineurs, comprenne les deniers des conjoints, qu'ils ont ſtipulez propres par leur Contrat de mariage ; ſouvent tout le bien d'une femme conſiſte en ſes deniers dotaux ſtipulez propres, c'eſt tout le bien de la femme quand elle renonce à la Communauté ; une femme ſe trouveroit obligée ou de renoncer à la garde de ſes enfans, ou en l'acceptant, de perdre ſes deniers dotaux, ſtipulez propres, & cela arriveroit plus ſouvent à l'égard des femmes qu'à l'égard des hommes : car il arrive plus ſouvent que les femmes ont tout leur bien en deniers comptans que les hommes ; ainſi il y a lieu de conclure qu'une mere qui accepte la garde de ſes enfans, a droit de demander ſes deniers dotaux, ſtipulez propres, ſoit qu'elle accepte la Communauté de ſon mari, ſoit qu'elle y renonce. La Couſtume de Paris ayant par l'article 267. joint enſemble les dettes & arrerages de rente, donne lieu de préſumer qu'elle n'a entendu parler que des dettes purement mobilieres & non pas de deniers ſtipulez propres par le Contrat de mariage, qui tiennent lieu de fond & qui produiſent revenu annuel, *ipſo jure*, du jour du decès de l'un des conjoints. La Couſtume n'a pas entendu parler des dettes qui regardent reſpectivement les conjoints entr'eux, l'un envers l'autre ; mais ſeulement les dettes mobilieres qui regardent autres perſonnes.

22. En ſecond lieu, lorſque durant le mariage aucuns heritages propres de l'un ou de l'autre des conjoints ont été vendus, ou aucune rente a été racheptée ; par exemple, lorſque le mari a
vendu

vendu pendant le mariage l'heritage propre de fa femme & en a reçû le prix, ou a reçû le rachapt d'aucune rente propre de fa femme, il eſt juſte que la Communauté en ayant profité, la femme reprenne fur la maſſe de la Communauté le prix de l'heritage vendu, & les deniers du rachapt de la rente, quoiqu'elle accepte la garde de ſes enfans. En effet ſi l'heritage propre de la femme n'avoit point été vendu, ni ſa rente propre racheptée, & que ſes propres fuſſent demeurez en nature; la femme après la diſſolution de la Communauté, les auroit repris & auroit eu droit d'en joüir du jour de la diſſolution de la Communauté, quoiqu'elle accepte la garde de ſes enfans; de même auſſi quand ils ont été alienez & que la Communauté a profité du prix, la femme a droit de reprendre fur la Communauté, encore qu'elle accepte la garde de ſes enfans, ſans conſiderer ſi l'action de remploy eſt mobiliere; le furvivant des conjoints ne confond point en fa perſonne, à cauſe de la garde, fon remploy; la raiſon eſt que le remploy des propres des conjoints, alienez pendant leur mariage, ſe doit faire fur le bien de la Communauté, il leur eſt dû, ils ont droit de le demander fur le bien de la communauté avant partage, & que delibation en ſoit préalablement faite fur le bien de la Communauté, laquelle n'en eſt que dépoſitaire; chacun des conjoints ou leurs heritiers qui les repreſentent, ont droit de reprendre leurs biens propres s'ils ſont en exiſtence, ou s'ils ne ſont pas en exiſtence, la valeur; cela n'eſt pas une dette commune, mais c'eſt une vendication qu'on fait de fa choſe, quand on la trouve en nature & exiſtente, ou quand on ne la trouve pas en nature, on en demande le remploi ou recompenſe. La même déciſion doit avoir lieu quoique la femme ait renoncé à la Communauté, elle a droit de demander fur tous les biens de fon mari le prix de la vente de ſes heritages propres, ou du rachapt de ſes rentes propres, & cela ne s'éteint pas & ne devient pas confus en fa perſonne, lorſqu'elle accepte la garde de ſes enfans.

23. On pourra objecter qu'il faut faire difference entre le cas auquel la femme accepte la Communauté & le cas auquel elle y renonce; que dans le cas auquel elle accepte la Communauté elle reprend le prix de ſes propres vendus & alienez par delibation fur la maſſe de la Communauté, qui n'en étoit que dépoſitaire; elle a droit de reprendre fa choſe avant partage de la Communauté; elle n'eſt pas en ce cas tout-à-fait conſiderée comme créanciere, mais comme un proprietaire qui a droit de vendiquer fa

chofe & de la reprendre fi elle eft exiftente & en même nature
qu'elle étoit, ou fi elle n'eft pas exiftente & en même nature,
d'en reprendre la valeur : mais qu'autre chofe eft lorfque la femme renonce à la Communauté, parce qu'en ce cas elle doit être
confiderée purement & fimplement comme creanciere de la fucceffion de fon mari touchant le prix de fes propres vendus & de
fes rentes propres racheptées ; que cette action eft purement mobiliere, parce qu'elle tend à reprendre des deniers ; que par la Jurifprudence des Arrefts, telle action de remploy ou reprife eft mobiliere, & par confequent que cette action s'éteint & devient confufe en la perfonne de la femme qui a renoncé à la Communauté, lorfqu'elle accepte la garde de fes enfans ; que l'art. 267.
de la Couftume de Paris, charge le Gardien des dettes & arrerages de rente, ce qui s'entend des dettes mobilieres.

24. Neanmoins cette objection ne doit être confiderée d'autant que la femme ne doit pas être au regard de fon mari ou de
fes heritiers qui le reprefentent, de pire condition, que fi fes heritages propres n'avoient pas été vendus par fon mari pendant
fon mariage ; or fi fes heritages propres n'avoient pas été vendus
pendant fon mariage par fon mari, elle auroit fans doute droit de
les reprendre & de s'en mettre en poffeffion après la mort de fon
mari, foit qu'elle renonce à la Communauté, foit qu'elle l'accepte ; de même auffi elle a droit de reprendre le prix de fes propres, lorfqu'ils ont été vendus pendant fon mariage & que fon mari
en a reçû le prix ; cette action quoique mobiliere ne s'éteint pas
& ne devient pas confufe en la perfonne de la femme qui accepte la garde de fes enfans ; la femme a droit de reprendre fes
propres, foit qu'elle accepte la Communauté, foit qu'elle y renonce, quoiqu'elle accepte la garde de fes enfans.

25. L'article 267. de la Couftume de Paris ne doit pas être
objecté, & on ne doit pas dire que cet article qui charge le
Gardien des dettes & arrerages de rente, comprenne ce qui eft
dû à l'un ou à l'autre des conjoints pour fes propres vendus, ou
pour fes rentes racheptées pendant le mariage, le prix qui en eft
dû en tient lieu, & doit être confideré de même à cet égard ; il
produit revenu annuel, *ipfo jure*, du jour de la diffolution du mariage ; la reprife en doit être faite *cum effectu*, le prix des biens
propres des conjoints vendus pendant le mariage, enfemble leurs
deniers ftipulez propres font cenfez immeubles au refpect des
conjoints entr'eux, c'eft-à-dire, entre le furvivant & les heritiers

du predecedé, jufques à ce que la reprife en ait été faite, foit en
cas d'acceptation de la Communauté, foit en cas de renonciation.

26. En troifiéme lieu, il y a la recompenfe qui eft dûë à l'un ou
à l'autre des conjoints pour les rentes dûës par l'un d'eux ou fur fes
heritages propres qui ont été acquittées & racheptées pendant le
mariage aux dépens de la Communauté, laquelle recompenfe n'a
lieu que quand la femme accepte la Communauté : par exemple,
le mari eft débiteur d'une rente de trois cens livres conftituée
pour le fort principal de fix mille livres ; cette rente ayant été racheptée pendant & conftant le mariage aux dépens de la Communauté, dans laquelle la femme a moitié, quand elle accepte la
Communauté, elle en doit être recompenfée ; car fi la Communauté étoit partagée purement & fimplement entr'elle & les heritiers de fon mari, & qu'elle n'en fût pas recompenfée, les heritiers de fon mari profiteroient du bien de la Communauté à fon
préjudice, le mari auroit acquitté fa dette particuliere aux dépens
de la Communauté ; c'eft pourquoi la recompenfe en eft dûë à la
femme de ce qui a été pris dans la Communauté, il eft jufte que
la femme qui a accepté la Communauté reprenne l'équivalent
fur les biens de la Communauté, c'eft-à dire, la fomme de fix
mille livres & les interêts du jour de la diffolution de la Communauté, & quoique la femme qui a furvêcu fon mari, accepte
la garde de fes enfans ; cette action de recompenfe n'eft pas confufe en fa perfonne à caufe de la garde qu'elle a acceptée, d'autant que cette action de recompenfe eft de même nature & doit
être confiderée comme l'action pour la reprife des deniers ftipulez propres, ou comme l'action pour la recompenfe des biens
propres vendus, & rentes propres racheptées ; il eft jufte que la
femme reprenne l'équivalent fur le bien de la Communauté,
c'eft une délibation qui fe doit faire fur le bien de la Communauté,
jufques à concurrence de ce qui en a été tiré ; cela ne doit pas
être confideré comme une dette des conjoints, par eux contractée
pendant le mariage envers autres perfonnes ; comme le mari a pris
dans la Communauté la fomme de fix mille livres pour rachepter
la rente de trois cens livres qu'il devoit avant fon mariage, &
qu'il en a déchargé fes heritages propres ; il eft jufte que la femme reprenne pareille fomme fur le bien de la Communauté, elle
a droit de demander cette recompenfe avant que de partager la
Communauté ; mais foit que cette recompenfe fe faffe devant ou
après partage de la Communauté, la femme ne confond pas cette

action, à cause de la garde qu'elle accepte de ses enfans, parce que cela se doit prendre sur les effets de la Communauté.

27. En effet si la femme n'avoit pas repris sur le bien de la Communauté l'équivalent de la rente dûë par son mari avant le mariage & par lui acquittée pendant le mariage, & que la Communauté eût été partagée entr'elle & ses enfans, sans qu'elle en eût été recompensée, ses enfans seroient obligez de lui continuer la moitié de la rente du jour du decès de leur pere, jusques au rachapt, suivant les articles 244. & 245. de la Coustume de Paris. L'article 244. dit : *Quand aucune rente dûë par l'un des conjoints par mariage est racheptée par les deux conjoints ou par l'un d'eux, constant le mariage, tel rachapt est reputé conquêt ;* & l'art. 245. dit : *Et est tenu l'heritier ou détempteur de l'heritage sujet à la rente, continuer moitié de la rente & payer les arrerages du jour du decés, jusques à l'entier rachapt ;* la femme seroit en ce cas subrogée pour la moitié de la rente, au creancier qui en a été payé ; ainsi ce seroit une dette immobiliere que la femme ne pourroit pas confondre, à cause de la Garde qu'elle accepteroit de ses enfans, n'étant tenuë à cause de la Garde que des dettes mobilieres, En quatriéme lieu il y a la recompense qui est dûë pour bâtimens ou augmentations faites sur les heritages propres appartenans à l'un ou à l'autre des conjoints pendant la Communauté, la recompense a lieu lorsque la femme accepte la Communauté. Par exemple, le mari a fait des bâtimens & des augmentations sur ses heritages propres ou sur les heritages propres de sa femme ; il est certain que l'heritage propre de l'un des conjoints étant augmenté aux dépens de la Communauté, l'autre conjoint qui a sa part dans la Communauté en doit être recompensé, & il a droit de prendre sur le bien de la Communauté l'équivalent du bâtiment ou de l'augmentation suivant l'estimation. On demande en ce-cas lorsque le survivant des conjoints accepte la garde de ses enfans, s'il confond cette action de recompense en sa personne, à cause de la garde qu'il accepte de ses enfans.

28. D'un côté on dit que la recompense qui est dûë à un conjoint pour les bâtimens & augmentations faites sur l'heritage propre de l'autre conjoint est une dette mobiliere ; que le survivant des conjoints, auquel telle recompense est dûë, venant à accepter la garde de ses enfans, cette action de recompense devient confuse en sa personne, par la raison que le Gardien est tenu payer les dettes mobilieres & arrerages de rente, & en acquitter ses enfans.

que cela a été jugé par quelques Arrefts. Il y a l'Arreft rendu le
18. Juin 1611. au profit du Sieur de Riffay, contre Monfieur le
Maréchal de Boifdauphin fur Procès par écrit; par cet Arreft on
a jugé que le furvivant des conjoints par mariage, qui avoit accepté la garde de fes enfans, ne pouvoit prétendre la recompenfe
du mi-denier pour les augmentations & nouveaux bâtimens faits
fur les heritages du prédecedé. Lequel Arreft eft rapporté par
Me Charles Labbé qui a ajoûté des Nottes à celles de Me Jean
Tournet fur l'at. 267. de la Couftume de Paris. Il eft auffi rapporté par Me Jean Tronçon au même article, fur le mot *Dettes*.

29. On dit au contraire que lorfque cet Arreft & autres femblables fi aucuns y a, ont été rendus, la matiere n'avoit pas été
traitée ni approfondie; que tels Arrefts peuvent avoir été rendus
fur le feul motif que la recompenfe qui eft dûë à l'un des côn-
joints, pour les bâtimens & augmentations faites fur les heritages
propres de l'autre conjoint, eft une dette mobiliere, & qu'elle eft
confufe en la perfonne du furvivant des conjoints qui accepte la
garde de fes enfans; mais il ne faut pas tout-à-fait confiderer telle
recompenfe comme une dette, mais plûtôt il faut confiderer que
c'eft un également qui fe doit faire, & un équivalent qui fe doit
prendre fur les effets de la Communauté; cette recompenfe a fa
deftination fur le bien de la Communauté, elle fe doit prendre
par délibation fur le bien de la Communauté, de même que les
deniers ftipulez propres, & le prix des heritages propres, vendus
pendant la Communauté; qu'il n'y a point de difference à faire,
qu'il y a même raifon, que la raifon pour laquelle les deniers ftipulez propres & le prix des heritages propres vendus pendant le
mariage, fe doivent prendre fur le bien de la Communauté par
délibation, eft que la Communauté a profité & a été enrichie des
deniers ftipulez propres & du prix des heritages propres vendus
pendant le mariage, il eft jufte que le conjoint qui avoit des deniers ftipulez propres, ou qui avoit des heritages propres qui ont
été vendus pendant le mariage, reprenne fes deniers ftipulez propres, & le prix de fes heritages vendus avant que de faire partage du bien de la Communauté, qu'il n'y a veritablement de bien
commun entre les deux conjoints que ce qui refte après cette délibation & diftraction faite, il ne feroit pas jufte que le conjoint
partageât la Communauté, avant que ce retranchement eût été
fait, il ne feroit pas jufte qu'il profitât des deniers ftipulez propres,
& du prix des heritages propres de l'autre conjoint, qui ont été

vendus, dont la Communauté a profité ; & si les effets de la Communauté se partagent avant que la delibation en soit faite, il est juste qu'il en soit fait raison à l'autre conjoint.

30. De même aussi lorsque l'heritage propre de l'un des conjoints a été augmenté aux dépens de la Communauté, il ne seroit pas juste que celui dont l'heritage propre a été augmenté, partageât la Communauté, sans que recompense en fût faite à l'autre conjoint : autrement si la recompense n'en étoit pas faite, les conjoints seroient avantagez par cette voïe, l'un au préjudice de l'autre, ce qui est prohibé par la Coustume de Paris : ainsi il est juste que l'heritage propre de l'un des conjoints ayant été augmenté pendant le mariage par les nouvelles constructions, l'autre conjoint prenne pour sa recompense des effets de la Communauté, c'est-à-dire qu'il prenne l'équivalent sur la Communauté avant partage, & ainsi qu'étant bien fondé à demander sa recompense par delibation sur le bien de la Communauté, & avant que partage en soit fait ; telle recompense ne se doit pas confondre, quoique celui à qui elle est dûë, accepte la garde de ses enfans ; que cela ne doit pas être consideré comme une dette, mais comme un également ou rapport à faire avant le partage de la Communauté, que ce sont-là les regles & les principes ausquels il faut plûtôt s'attacher, qu'à des Arrests qui souvent sont rendus sur des circonstances particulieres qui ne sont pas rapportées. Les Arrests ne peuvent être considerez qu'entre ceux entre lesquels ils ont été rendus ; ainsi puisqu'il y a même raison pour la recompense des bâtimens & augmentations faites sur les heritages propres des conjoints, que pour les deniers stipulez propres, & le prix des heritages propres alienez ; on doit juger même chose, autrement il y auroit de la bizarrerie dans la Jurisprudence. D'ailleurs si cette recompense qui est dûë pour bâtiment & construction faite se confondoit par l'acceptation de la Garde, la femme se trouveroit obligée de renoncer à la Garde de ses enfans plus souvent que le mari ; car le mari étant maître de la Communauté il affecteroit de faire des bâtimens & augmentations, plûtôt sur ses heritages propres que sur ceux de sa femme, & la femme souvent se trouveroit obligée de renoncer à la Garde de ses enfans pour se conserver son action de recompense, ce qui seroit contre l'intention de la Coustume qui defere également la Garde aux pere & mere. Cela est dit pour la Coustume de Paris & autres Coustumes qui ne donnent pas au Gardien les meubles des mineurs en proprieté, mais simplement l'administration ; car

autre chofe eft dans les autres Couftumes qui donnent au Gardien les meubles des mineurs en proprieté , comme il fera dit en
fon lieu.

31. Cette derniere opinion femble plus folide fuivant les principes , elle paroît mieux fondée ; car cette recompenfe n'eft pas
une dette de la Communauté ; ce n'eft pas à proprement parler
une dette , c'eft plûtôt un également qui fe doit faire entre le
furvivant des conjoints & les heritiers du prédecedé : comme on
a pris fur la Communauté les deniers pour faire le bâtiment ou
l'augmentation qui a été faite fur l'heritage propre de l'un des
conjoints, il eft jufte que l'autre conjoint foit recompenfé & prenne dans la Communauté pareille fomme pour être égalé ; car fi
on n'avoit pas fait le bâtiment & augmentation , les deniers qui y
ont été employez fe feroient trouvez dans la Communauté ou
auroient été employez en autres effets qui s'y feroient trouvez ,
lefquels auroient été partagez par moitié entre le furvivant & les
heritiers du prédecedé , l'acceptation de la Garde n'auroit pas em-
pêché le partage , elle ne doit pareillement empêcher l'également ,
telle recompenfe ne doit pas être confiderée comme une dette ,
dont le furvivant des pere & mere qui accepte la garde de fes
enfans foit tenuë , mais comme un également qui fe doit faire
avant partage de la Communauté , cela fait partie du partage de
la Communauté.

32. Il faut parler enfuite du préciput. On demande fi le préciput ftipulé par le Contrat de mariage , au profit du furvivant des
conjoints , fe confond en fa perfonne lorfqu'il accepte la Garde
de fes enfans. Par exemple , s'il eft dit que le furvivant prendra
par préciput la vaiffelle d'argent qui fe trouvera après le decès du
furvivant, ou que le furvivant prendra par préciput la tapifferie &
autres meubles de fa chambre. On demande fi tel préciput fe
confond par l'acceptation de la garde ; on pourra dire que le préciput, ftipulé par le Contrat de mariage , étant d'effets mobiliers ,
l'action en eft mobiliere , qu'elle devient confufe en la perfonne
du furvivant , lorfqu'il accepte la garde de fes enfans.

33. Neanmoins il eft raifonnable de dire que le préciput, ftipulé en efpece par le Contrat de mariage , appartient au furvivant ; quoiqu'il accepte la garde de fes enfans ; ce n'eft pas une
dette dont le furvivant des pere & mere foit tenu , à caufe de la
garde , acquitter fes enfans , d'autant que le furvivant eft faifi du
jour du decès du predecedé, des meubles qui ont été fpecifiez par

le Contrat de mariage pour le préciput du survivant, les meubles specifiez lui appartiennent, il en eſt proprietaire, en vertu du Contrat de mariage, & il a droit de les prendre en eſpece ; ainſi on ne peut pas dire que le ſurvivant en faſſe confuſion en ſa perſonne, à cauſe de la Garde, car il n'y a confuſion que quand un creancier d'une dette en devient lui-même debiteur ; la dette devient confuſe en la perſonne de celui qui en eſt creancier, parce que la raiſon & le bon ſens ne ſouffrent pas qu'une perſonne puiſſe être creancier & debiteur de lui-même, mais on ne peut pas dire cela d'un préciput en eſpece dont le ſurvivant eſt ſaiſi du jour du decès du prémourant, en vertu du Contrat de mariage, il a droit de prendre & vendiquer les meubles en eſpece, qu'on a déclaré par le Contrat de mariage devoir appartenir au ſurvivant par préciput.

34. Mais que dira-t-on lorſque le préciput a été ſtipulé en deniers. Par exemple, s'il eſt dit par le Contrat de mariage qu'arrivant la diſſolution de la Communauté, le ſurvivant des conjoints aura la ſomme de trois mille livres par préciput. Ce cas pourra peut-être faire plus de difficulté que le précedent, parce qu'on pourra dire que le préciput en deniers eſt une dette qui affecte tous les biens de la Communauté, & que le ſurvivant des conjoints auquel le préciput eſt dû, le confond en ſa perſonne, & qu'il eſt tenu en acquitter ſes enfans quand il accepte la Garde. Neanmoins il ſemble plus raiſonnable de dire que tel préciput en deniers doit être conſidéré de même que le préciput en autres effets ſpecifiez ; s'il y a des deniers comptans, il a droit de les prendre juſques à concurrence de la ſomme de trois mille livres, il n'y a pas de difference à faire, ou s'il n'y a pas de deniers comptans, il a droit de faire vendre des effets de la Communauté juſques à concurrence de cette ſomme, ou de lui demander qu'il en ſoit baillé ſuivant l'eſtimation ; cela ſe doit prélever ſur la maſſe de la Communauté. Le mot *préciput* dénote & ſignifie qu'il ſe doit prendre ſur la maſſe de la Communauté avant partage. Le préciput ne peut pas être conſideré comme une dette de la ſucceſſion du prédecedé, dont le ſurvivant des pere & mere ſoit tenu acquitter ſes enfans, à cauſe de la Garde. Le préciput ne commence à être dû & n'eſt ouvert que par le decès du prédecedé ; le ſurvivant le doit prendre ſur la maſſe de la Communauté par délibation ou retranchement qui ſe doit faire avant partage.

35. Il y a une queſtion qui a été faite, lorſque par le Contrat

de

de mariage il a été convenu entre les conjoints que la femme ne
pourra prétendre pour tout droit de Communauté que certaine
fomme. Par exemple, Mœvius & Mœvia fe marient, ils mettent
en la Communauté chacun la fomme de mille livres, & il eft dit
qu'arrivant la diffolution de la Communauté, la femme ne pourra prétendre pour tout droit de Communauté que la fomme de
mille livres. Mœvius décede le premier, Mœvia accepte la Garde
de fes enfans ; après la Garde expirée elle rend le bien à fes enfans,
c'eft-à-dire, la poffeffion de leurs heritages propres & conquêts
de la Communauté, enfemble leurs effets mobiliers, fuivant l'Inventaire qui en a été fait après le decès de leur pere, déduction
faite de la fomme de mille livres qu'elle dit lui appartenir fur les
effets de la Communauté d'entr'elle & fon mari, fuivant la claufe
de fon Contrat de mariage, qui porte qu'elle aura cette fomme
pour tout droit de Communauté.

36. Le Tuteur des enfans contefte à la mere cette fomme de
mille liv. & foûtient qu'elle n'a pas droit de la retenir ; que cette
fomme de mille livres, qui lui a été accordée pour fon droit &
fa part dans la Communauté eft une dette mobiliere dont elle eft
tenuë elle-même à caufe de la Garde qu'elle a acceptée ; & par confequent qu'elle eft devenuë confufe en fa perfonne, & qu'elle
doit rendre & reftituer cette fomme qu'elle a retenuë. Pour con-
firmer cela, le Tuteur allegue l'Arreft rendu en la famille de Monfieur Cujas, qui avoit époufé en fecondes nôces Dame Suzanne
Hervé. Le Contrat de mariage portoit, que fi Monfieur Cujas dé-
cedoit le premier, Dame Suzanne Hervé fa femme ne pourroit
prétendre pour fa part en la Communauté que la fomme de trois
mille livres. Monfieur Cujas étant décedé le premier, fa femme
accepta la Garde-noble de Suzanne Cujas fa fille, & prétendit
la fomme de trois mille livres pour fa part dans la Communauté.
François Genton Tuteur de la fille foûtint que la mere ne pouvoit prétendre cette fomme ; que c'étoit une dette mobiliere de
la fucceffion de Monfieur Cujas, que fa veuve étoit obligée de
l'acquitter en qualité de Gardienne de fa fille. Par l'Arreft qui intervint fur Procès par écrit en Septembre 1594 on jugea que la
mere, veuve de Monfieur Cujas, étoit mal fondée à prétendre la
fomme de trois mille livres, & on la débouta de fa demande,
fur le fondement que c'étoit une dette mobiliere qui étoit devenuë confufe en la perfonne de la mere par l'acceptation qu'elle avoit
faite de la Garde-Noble de fa fille. Lequel Arreft eft rapporté par
T

Labbé, fur Tournet, fur l'article 267. de la Couftume de Paris, & par Tronçon fur le même article 267.

37. Pour la mere on foûtient au contraire que cette fomme de mille livres lui tient lieu de fa part dans la Communauté : s'il n'y avoit point de claufe dans le Contrat de mariage elle partageroit la Communauté avec fes enfans & auroit moitié dans les effets de la Communauté : & comme en cela fa qualité de Gardienne ne pourroit pas empêcher qu'elle ne partageât la Communauté & qu'elle n'y prît moitié ; de même fa qualité de Gardienne ne doit pas empêcher qu'elle ne prenne fur le bien de la Communauté la fomme de mille livres à laquelle on a fixé & limité fon droit & fa part dans la Communauté ; il y a même raifon, il n'y a pas de difference dans le cas dont il s'agit, finon qu'on y a reftraint & limité par le Contrat de mariage la part de la femme en la Communauté à la fomme de mille livres ; au lieu que quand il n'y a point de claufe dans le Contrat de mariage, la part de la femme dans la Communauté eft reglée fuivant le Droit commun à la moitié des effets de la Communauté. Si la femme étoit commune & qu'il n'y eût point de claufe dans le Contrat de mariage, elle auroit moitié dans la Communauté & fes enfans auroient l'autre moitié ; elle feroit tenuë à caufe de la Communauté des dettes de la Communauté, & en qualité de Gardienne elle feroit tenuë d'acquitter fes enfans de l'autre moitié des dettes ; elle ne feroit pas privée, à caufé de la Garde, de fa part dans la Communauté : pareillement elle ne doit pas être privée, à caufe de la Garde, de la fomme à laquelle on a limité & fixé fa part dans la Communauté par fon Contrat de mariage. Il eft bien vrai que fi la Communaté étoit chargée de dettes & qu'après les dettes acquittées il ne reftât pas de quoi remplir entierement la fomme de mille livres : à laquelle on a fixé & limité fa part dans la Communauté, mais feulement partie, il faudroit qu'elle s'en contentât ; & s'il ne reftoit rien du tout, elle n'auroit rien à prétendre: la raifon eft que la fomme à laquelle on a fixé fa part dans la Communauté a fon effet limité fur les biens de la Communauté; elle ne pourroit pas prétendre en être payée fur les propres du mari, fi cela n'étoit dit expreffément par le Contrat de mariage ; mais auffi fi après les dettes acquittées il y a de quoi remplir la fomme à laquelle on a fixé & limité fa part dans la Communauté, ou partie, elle n'en doit pas être privée.

38. Cette opinion femble la mieux fondée : car la fomme de

mille livres, à laquelle on a fixé & limité la part de la femme en
la Communauté n'est pas une dette de la succession du mari, cela
tient lieu à la femme de sa part dans la Communauté ; & comme la Garde qu'une mere accepte de ses enfans, n'empêche pas
qu'elle ne puisse partager la Communauté avec ses enfans, s'il y
avoit eu Communauté entr'elle & son mari ; pareillement dans le
cas dont il s'agit, l'acceptation de la Garde ne peut pas empêcher qu'elle ne puisse demander la somme de mille livres, à laquelle on a fixé & limité sa part dans la Communauté par le
Contrat de mariage.

39. A l'égard de l'Arrest rendu contre Dame Suzanne Hervé
veuve de Monsieur Cujas, au profit de Suzanne Cujas sa fille ; il
a été rendu dans la Coustume de Berry, qui donne les meubles
des mineurs au Gardien en proprieté. Cette Coustume, titre 1.
de l'état & qualité des personnes, art. 26. dit : *Et au regard des
biens meubles, appartenans aux enfans mineurs, ètant sous le bail &
administration du pere ou de la mere, ayeul ou ayeule, entre Nobles,
appartiennent aux baillistes & administrateurs, & les font leurs, &c.*
Il faut faire grande difference entre les Coustumes qui donnent
au Gardien la simple administration des meubles des mineurs comme la Coustume de Paris & autres semblables, & les Coustumes
qui donnent au Gardien les meubles en proprieté. Cet Arrest
peut bien avoir son application aux Coustumes qui donnent au
Gardien les meubles des mineurs en proprieté, mais il ne peut être
tiré à consequence pour la Coustume de Paris & autres Coustumes semblables, qui ne donnent au Gardien que la simple administration des meubles. On a jugé par cet Arrest que la veuve de
Monsieur Cujas qui profitoit, à cause de la Garde, de la proprieté des meubles de sa fille, ne devoit pas prendre sur les immeubles
de sa fille la somme de trois mille livres, à laquelle on avoit fixé sa
part dans la Communauté par son Contrat de mariage.

40. On peut dire même que cela n'est pas sans difficulté dans
la Coustume de Berry & autres Coustumes semblables, qui attribuënt aux pere & mere qui ont la Garde de leurs enfans, les
meubles de leurs enfans en proprieté, comme il sera montré ci-
après au nombre 83. & suivans. Peut-être que la matiere ne fut
pas assez approfondie lorsque cet Arrest est intervenu. Car par
exemple, dans la Coustume de Berry, quand il y a Communauté entre les conjoints par mariage, quoique le survivant accepte
la Garde de ses enfans, l'acceptation qu'il fait de la Garde n'em-

pêche pas qu'il n'ait droit de partager les effets de la Communauté avec ses enfans ; il a, à cause de la Communauté, moitié dans les meubles & conquêts immeubles de la Communauté, & il a l'autre moitié des meubles appartenans à ses enfans, comme en ayant accepté la Garde : pareillement quand par le Contrat de mariage il y a clause que la femme aura pour tout droit en la Communauté une certaine somme, & qu'elle survit son mari, il semble qu'on peut dire que l'acceptation qu'elle fait de la Garde de ses enfans, ne doit pas empêcher qu'elle ne puisse prendre la somme à laquelle on a fixé & limité son droit en la Communauté ; cette somme lui tient lieu de sa part en la Communauté ; qu'elle ne doit pas être confuse en la personne de la femme, à cause de l'acceptation par elle faite de la Garde de ses enfans, & qu'elle doit avoir, à cause de la Garde, les meubles de ses enfans en propriété & prendre sur les conquêts immeubles la somme à laquelle on a fixé & limité sa part dans la Communauté : qu'il est bien vrai que s'il n'y avoit que des effets mobiliers dans la Communauté, & qu'il n'y eût point de conquêts immeubles, la somme qui lui feroit dûë à laquelle on avoit fixé son droit en la Communauté, feroit confuse en sa personne, à cause de l'acceptation qu'elle auroit faite de la Garde de ses enfans, par la raison qu'elle a tous les meubles & qu'il n'y a point de conquêts immeubles, sur lesquelles elle puisse prendre la somme à laquelle on a fixé son droit en la Communauté ; & c'est peut être ce fait particulier qui a donné lieu à l'Arrest cy-dessus rapporté, qui a été rendu au profit de la fille de Monsieur Cujas contre sa mere qui en avoit accepté la Garde. Cette question reçoit grande difficulté dans les Coustumes qui donnent au Gardien la propriété des meubles, dont il sera parlé cy-après en son lieu où cette question est traitée.

41. Il y a une autre question touchant la reprise que doit faire une femme, en cas de renonciation à la Communauté, lorsqu'elle a stipulé par son Contrat de mariage qu'elle pourra renoncer à la Communauté, ce faisant reprendre ce qu'elle a mis dans la Communauté. Par exemple, une femme a eu en dot la somme de huit mille livres ; sçavoir, deux mille livres qui entrent en sa Communauté, & la somme de six mille livres qui lui est stipulée propre : le mari vient à déceder laissant des enfans mineurs ; la femme qui survit renonce à la Communauté & accepte la Garde de ses enfans, & demande à reprendre la somme de deux mille liv. qu'elle a apportée dans la Communauté, suivant la clause de son

Contrat de mariage. Les enfans se deffendent disans que la somme de deux mille livres, que leur mere demande en consequence de sa renonciation à la Communauté, est une dette mobilere qui est éteinte & devenuë confuse en sa personne, par l'acceptation qu'elle a faite de la Garde; la mere dit au contraire que la somme de deux mille livres est censée de même nature que la somme de six mille livres stipulée propre, & qu'elle a droit de la reprendre en vertu de la clause de son Contrat de mariage, de même que celle de six mille livres qui lui a été stipulée propre; qu'il n'y a point de difference à faire; que c'est une faculté qui lui a été donnée par son Contrat de mariage; que comme la somme de six mille livres, stipulée propre, ne se confond pas par l'acceptation qu'elle fait de la Garde de ses enfans, de même celle de deux mille livres, qu'elle a droit de reprendre, en renonçant à la Communauté, ne se doit pas confondre en sa personne, à cause de la Garde. La question peut recevoir difficulté; mais il semble que la femme est bien fondée: car la femme renonçant à la Communauté, a droit de demander la somme de deux mille livres qu'elle a mis dans la Communauté; sur tous les biens de son mari, de même que la somme de six mille livres qui lui a été stipulée propre; cette somme de deux mille livres fait en ce cas partie de ses deniers dotaux: & comme la somme de six mille livres, qui lui a été stipulée propre, ne se confond pas en la Coustume de Paris, par l'acceptation de la Garde, par les raisons ci-devant expliquées; de même celle de deux mille livres ne se confond pas pareillement. En tout cas on peut dire que cette somme de deux mille livres que la femme a droit de reprendre en cas de renonciation à la Communauté, se doit regler comme quand on a fixé une certaine somme par le Contrat de mariage, pour tout droit en la Communauté.

42. Il y a un Arrest rendu en la Coustume de Paris le 26. Janvier 1657. entre Anne de Sarus, veuve de Nicolas Hennequin, demanderesse, d'une part; & le Tuteur subrogé de ses enfans mineurs, deffendeur, d'autre part: touchant la question de sçavoir si une action en reddition de compte de tutelle, qu'une mere prétendoit contre ses enfans, comme heritiers de leur pere, étoit confuse en la personne de la mere, qui avoit accepté la Garde Noble de ses enfans. Le fait étoit qu'Anne de Sarus, veuve de Nicolas Hennequin étoit heritiere de Robert de Sarus son frere, mort à l'armée, dont son mari avoit été Tuteur; elle avoit

renoncé à la Communauté de son mari, & demandoit au subrogé Tuteur de ses enfans, qui étoient heritiers de leur pere, compte des biens de Robert de Sarus son frere, dont elle prétendoit un reliqua considerable : le Tuteur des enfans au contraire soûtenoit la demanderesse non-recevable en son action en reddition de compte de tutelle, disant qu'elle estoit mobiliere, qu'elle estoit éteinte & confuse par l'acceptation que la mere avoit faite de la Garde-Noble de ses enfans : & par l'Arrest qui a esté rendu en la cinquiéme Chambre des Enquêtes, le Subrogé Tuteur fut condamné de rendre compte à la demanderesse dans six mois, sauf aux parties à former tels debats & soûtenemens qu'ils adviseroient. Par cet Arrest on n'a point jugé que l'action en reddition de compte de tutelle étoit confuse ou si elle n'étoit pas confuse ; on a seulement jugé qu'il falloit examiner en détail les articles du compte, & entrer en connoissance de cause si le deffunt mari d'Anne de Sarus qui avoit été Tuteur de Robert de Sarus, avoit reçû des principaux de rentes, ou le prix de quelques autres immeubles, ainsi que prétendoit Anne de Sarus : car s'il avoit reçû des principaux de rentes ou autres deniers, provenans d'immeubles vendus, appartenans à Robert de Sarus mineur ; l'action qu'elle auroit eu pour en faire rendre compte seroit censée immobiliere, parce que Robert de Sarus étoit décedé en minorité, & par cette raison l'action pour en rendre compte n'auroit pas été confuse en sa personne par l'acceptation qu'elle auroit faite de la Garde-Noble de ses enfans ; c'est ce qui a donné lieu à cet Arrest, par lequel on condamna le Subrogé-Tuteur des enfans à rendre compte, sauf aux parties à former tels débats & soûtenemens qu'ils adviseroient. Ce même Arrest est rapporté au second Tome du Journal des Audiances, Liv. 1. Chap. 6.

43. Il faut ensuite parler du Douaire coustumier de la femme. On demande comment se reglera son douaire lorsqu'elle accepte la Garde de ses enfans. Par exemple, dans la Coustume de Paris qui dit en l'article 248 *Le Douaire coustumier est de la moitié des heritages que tient & possede le mari au jour des épousailles & benediction nuptiale & de la moitié des heritages qui depuis la consommation du mariage & pendant icelui échéent & adviennent en ligne directe au mari ;* & l'art 167. dit : *Le Gardien Noble & pareillement le Gardien Bourgeois fait les fruits siens de tous les immeubles tant heritages que rentes, appartenans aux mineurs, à la charge de payer & acquitter les dettes & arrerages de rentes que doivent les*

mineurs, payer & acquitter les charges annuelles que doivent les heritages. La réponfe eft que le douaire couftumier de la femme eft une charge réelle dont les biens du mari font chargez, la femme a droit de joüir à titre de douaire, fuivant la Couftume de Paris, de la moitié des heritages propres de fon mari; & à titre de Gardienne, elle a droit de joüir de tous les immeubles, tant heritages que rentes, appartenans à fes mineurs, à la charge de payer & acquitter les charges annuelles; de forte qu'il fe fait confufion de la joüiffance du doüaire, avec la joüiffance de la Garde, pendant la durée de la Garde; cela eft en quelque façon expliqué par la Couftume de Melun, art. 243. qui dit: *Femme Noble qui a la Garde de fes enfans après la mort de fon mari, ne prend douaire, durant ladite Garde, attendu qu'elle tient les biens, & que comme Gardienne elle eft tenue acquitter les dettes.*

44. On doit dire même chofe du douaire préfix en rentes; la femme qui a droit de joüir en qualité de Gardienne, des biens écheus à fes enfans, de la fucceffion de leur pere, ne pourra outre les fruits & revenus des biens du pere, prétendre la joüiffance de la rente qui lui a été accordée pour fon douaire préfix; elle ne pourra prétendre la rente pendant la durée de la Garde: la raifon eft que la rente qui lui a été accordée pour fon douaire préfix, eft une charge réelle & annuelle, dont la femme eft tenuë acquitter fes enfans, à caufe de la Garde; c'eft pourquoi comme elle joüit, à caufe de la Garde, du revenu des biens du pere, échûs aux enfans, elle ne peut prétendre les arrerages de fon douaire couftumier ou préfix pendant le temps de la Garde; mais après que le temps de la Garde eft expiré, elle doit joüir de fon douaire préfix en rente.

45. Mais que dira-t-on du douaire préfix d'une fomme de deniers à une fois payer? Par exemple, le mari a conftitué à fa femme un douaire préfix de quatre mille livres pour une fois payer; le mari decede le premier, la femme qui accepte la Garde de fes enfans pourra-t-elle demander cette fomme de quatre mille livres, ou fi c'eft une dette qui s'éteint & devient confufe en fa perfonne, à caufe de la Garde? On pourra dire que le douaire préfix d'une fomme de deniers, à une fois payer, eft une dette mobiliere, dont la femme eft tenuë acquitter fes enfans, à caufe de la Garde; neanmoins il y a lieu de dire que le douaire préfix; de la fomme de quatre mille livres pour une fois payer, tient lieu du douaire couftumier & reprefente le douaire couftumier; la

Garde qu'elle accepte de ſes enfans ne luï peut pas faire perdre
ſon doüaire, dont elle doit joüir ſa vie durant : la femme ne pourra
pas à la verité prétendre l'intereſt de cette ſomme pendant la durée
de la Garde, parce que l'intereſt ſe confond annuellement, à cauſe
de la Garde, qui luï donne la joüiſſance des immeubles des mineurs ; mais après la Garde expirée elle pourra retenir ſur les effets
mobiliers, dont elle avoit l'adminiſtration, la ſomme de quatre
mille livres, à la charge de la reſtituer à ſes enfans après ſon
decès, ſinon l'intereſt lui en doit être payé ſa vie durant, c'eſt-à-
dire, du jour que la Garde eſt finie, juſques à ſon decès.

46. Il faut paſſer à la queſtion de ſçavoir ſi l'action qu'a la
femme pour être acquittée & indemniſée des dettes qu'elle a contractées avec ſon mari pendant ſon mariage, eſt éteinte & confuſe en ſa perſonne, lorſque ſon mari prédecede & qu'elle accepte
la Garde de ſes enfans ; ou ſi elle ne s'éteint & confond pas, par
l'acceptation qu'elle fait de la Garde ; & ſi la femme a action
contre ſes enfans pour être acquittée & indemniſée des dettes
qu'elle a contractées avec ſon mari. Premierement lorſque la femme accepte la Communauté de ſon mari, ayant moitié dans les
biens de la Communauté, elle doit la moitié des dettes de la
Communauté, & ſes enfans qui partagent avec elle la Communauté & qui ont l'autre moitié des biens, doivent la moitié des
dettes. Il eſt vrai que ſi la femme s'eſt obligée ſolidairement avec
ſon mari, & qu'elle ſoit pourſuivie au payement de la dette entiere, elle en doit être acquittée pour moitié par ſes enfans ; mais
ſi ſes enfans ſont mineurs & qu'elle en accepte la Garde, elle
doit acquitter ſes enfans de leur part des dettes mobilieres ; de
ſorte que la femme qui a accepté la Communauté, & qui a auſſi
accepté la Garde de ſes enfans, doit payer toutes les dettes mobilieres de la Communauté, ſçavoir, moitié qu'elle doit de ſon
chef, à cauſe de la Communauté qu'elle a acceptée, & l'autre
moitié, à cauſe de l'acceptation qu'elle a faite de la Garde de
ſes enfans : elle doit acquitter en qualité de Gardienne, ſes enfans
de toutes les dettes mobilieres dont les enfans étoient tenus comme heritiers de leur mere : c'eſt pourquoi ſi la femme s'étoit obligée ſolidairement avec ſon mari, à des dettes mobilieres, l'action
qu'elle avoit contre la ſucceſſion de ſon mari, pour en être acquittée de moitié, s'éteint & devient confuſe en ſa perſonne, par
l'acceptation qu'elle fait de la Garde de ſes enfans ; elle ne peut
pas demander à ſes enfans de l'acquitter & indemniſer de telles

dettes,

dettes, parce qu'elle en eft tenuë elle-même, à caufe de la Garde
& en doit acquitter fes enfans.

47. Mais à l'égard des dettes immobilieres, contractées pendant le mariage, aufquelles elle s'eft obligée folidairement avec
fon mari, elle en doit moitié de fon chef, à caufe de la Communauté qu'elle a acceptée, & a action contre la fucceffion de fon
mari, pour être acquittée & indemnifée de l'autre moitié de ces
dettes immobilieres ; cette action ne s'éteint pas & ne devient pas
confufe en la perfonne de la femme, par l'acceptation qu'elle fait
de la Garde de fes enfans, fuivant le Droit couftumier, qui veut
que le Gardien foit feulement tenu, à caufe de la Garde, d'acquitter fes enfans des dettes mobilieres & des arrerages de rentes,
& non pas des dettes immobilieres ; fon mari l'ayant fait obliger
folidairement, elle a action contre la fucceffion de fon mari, pour
être acquittée de la moitié ; ou fi elle a été contrainte de les payer,
elle a droit d'en repeter moitié, nonobftant qu'elle ait accepté la
Garde de fes enfans.

48. Il y a le fecond cas lorfque la femme renonce à la Communauté : il eft certain que fi le mari a contracté des dettes pendant fon mariage, & qu'il ait fait obliger fa femme ; fon mari venant à deceder, elle a fon action contre la fucceffion de fon mari
pour être acquittée entierement de toutes les dettes aufquelles
elle s'eft obligée, foit mobilieres ou immobilieres, par la raifon
que le mari a profité lui feul des obligations qu'il a fait contrac-
ter à fa femme pendant fon mariage : la femme renonçant à la
Communauté, tous les effets de la Communauté appartiennent
au mari, & la femme qui s'eft obligée avec fon mari eft confiderée comme caution du mari, & doit être acquittée & indemnifée par la fucceffion de fon mari, des obligations qu'elle a contractées avec lui, de même que toute autre perfonne qui feroit
intervenuë caution de fon mari. Mais fi la femme qui a renoncé
à la Communauté de fon mari accepte la Garde de fes enfans,
elle ne peut pas agir contre fes enfans pour être acquittée & indemnifée des dettes mobilieres qu'elle a contractées avec fon mari,
parce qu'elle en eft tenuë elle-même, à caufe de la Garde ; elle
eft tenuë, à caufe de la Garde, d'acquitter fes enfans de toutes les
dettes mobilieres, contractées par leur pere, & arrerages de rentes ;
il y a confufion en fa perfonne des dettes mobilieres & arrerages
de rente, à caufe de la Garde : mais elle n'eft pas tenuë, à caufe
de la Garde des dettes immobilieres ; c'eft pourquoi lorfqu'elle re-

V

nonce à la Communauté, elle eſt bien fondée à demander d'être acquittée & indemniſée entierement des dettes immobilieres de la ſucceſſion de ſon mari, auſquelles elle s'eſt obligée avec ſon mari, quoiqu'elle accepte la Garde de ſes enfans.

49. Il faut enſuite parler des obſeques & frais funeraires du prédecedé des pere & mere. On demande ſi c'eſt une dette de la ſucceſſion du predecedé, & ſi le ſurvivant des pere & mere qui accepte la Garde de ſes enfans, eſt tenu, à cauſe de la Garde, de les payer & d'en acquitter ſes enfans; ou ſi c'eſt une dette perſonnelle des enfans, dont le Gardien ne ſoit pas tenu. Quoique cette queſtion ait été jugée pluſieurs fois en la Couſtume de Paris, neanmoins elle s'y eſt meuë & renouvellée depuis quelques années. La Couſtume de Paris par l'article 267. charge le Gardien de payer & acquitter les dettes & arrerages de rentes que doivent les mineurs, & ne fait aucune mention des obſeques & frais funeraires. Il y a ſeulement quelques Couſtumes qui parlent des obſeques & frais funeraires. Par exemple, la Couſtume de Bourbonnois en l'art. 241. dit : *La femme qui eſt perſonniere avec ſon mari, eſt tenue de payer les dettes de la Communauté pour telle part & portion qu'elle prend les meubles & conquèts de la Communauté, & ſont les frais funeraires reputez dettes ; mais ſont les frais funeraux à la charge, & ſe payent par l'heritier du trépaſſè.* Mais cela ne veut dire autre choſe ſinon que les frais funeraires ne ſont pas dettes de la Communauté, mais dettes du mari decedé. La Couſtume de Nivernois tit. 23. des Droits appartenans à gens mariez, article 7. contient même diſpoſition que la Couſtume de Bourbonnois. Pour ce qui eſt des Couſtumes qui donnent au Gardien les meubles en proprieté, il en ſera parlé ſeparement cy-après en ſon lieu.

50. Pour connoître ce qui a donné lieu à cette queſtion dans la Couſtume de Paris, il faut l'examiner par ſes principes, & rapporter les raiſons qui peuvent ſervir à la deciſion, & enſuite propoſer les objections & y répondre. Premierement, la ſepulture des morts eſt de droit public; les corps morts ou cadavres ſont des ſpectacles de corruption, deſagréables aux vivans ; il y a neceſſité de les enterrer & de les cacher aux yeux des hommes. Quand une perſonne decede, ſi elle a laiſſé du bien, ſa ſepulture & ſon inhumation ſe fait toûjours aux dépens de ſon bien. Perſonne ne peut profiter de ſon bien qu'en payant & acquittant les frais qu'il a convenu faire pour les obſeques du deffunt & de ſa ſepulture ;

l'intention commune des hommes eſt d'être enterré & inhumé
après leur mort, & pluſieurs font faire leurs tombeaux de leur
vivant, ou l'ordonnent par leur teſtament.

51. Celui qui a fait les frais funeraires d'une perſonne decedée, & qui en a avancé les deniers, eſt cenſé avoir ſuivi ſon intention & avoir contracté avec lui plûtôt qu'avec ſon heritier.
C'eſt ce qui eſt dit en la Loy premiere *D. de Religioſis & ſumptibus funerum: Qui propter funus aliquid impendit, cum defuncto contrahere creditur non cum hærede.* Celui qui a fait les frais des obſeques & funerailles du deffunt n'eſt pas ſeulement cenſé creancier perſonnel du deffunt & de ſa ſucceſſion, mais il eſt creancier
privilegié ; & ſi le bien du deffunt n'eſt pas ſuffiſant pour payer
tous les creanciers, il doit être payé préferablement à tous autres
creanciers perſonnels, hipothecaires & privilegiez. La Loy penul-
tiéme du même titre en contient une diſpoſition expreſſe. *Impen-
ſa funeris ſemper ex hæreditate deducitur, quæ etiam ſolet omne cre-
ditum præcedere, cum bona ſolvenda non ſint.* Et la Loy: *Si quis. §.
1. Cod. Si colonus.* dit que ſi le Fermier d'une terre ou le locataire
d'une maiſon vient à deceder inſolvable, que ſes frais funeraires
ſeront pris ſur ſes effets, préferablement au proprietaire. *Si colonus
vel inquilinus ſit is qui mortuus eſt, nec ſit unde funeretur, ex ju-
mentis & illatis eum funerandum Pomponius ſcribit, & ſi quid ſu-
perfluum remanſerit hæc pro debita portione teneri.* Ainſi les frais des
obſeques & funerailles d'une perſonne decedée ne peuvent être
conſiderez que comme une dette du deffunt, c'eſt à-dire, comme
une dette de ſa ſucceſſion : cette dette ne peut auſſi être conſiderée autrement que comme une dette mobiliere, elle ne peut
avoir qualité de dette immobiliere ; car ce ſont frais & débour-
ſez qui ſe font en deniers : & comme la Couſtume de Paris par
l'art. 267. charge le Gardien de payer & acquitter les dettes & arrerages de rentes, & que cela a toûjours été entendu & inter-
preté pour dettes mobilieres ; il y a lieu de conclure que les frais
des obſeques & funerailles du deffunt y ſont compris & que le
Gardien eſt tenu en acquitter les mineurs.

52. On fait pluſieurs objections. Premierement, on dit que les
frais funeraires ſe font après le decès du deffunt ; que ce n'eſt
pas une dette contractée par le deffunt, qu'elle n'a pas eu ſon
commencement du vivant du deffunt, qu'elle ne doit pas être
conſiderée comme une dette de ſa ſucceſſion ; qu'il eſt bien vrai
que la ſucceſſion du deffunt en eſt chargée, mais que ce ſont les

enfans qui en font tenus en qualité d'heritiers, & non pas le Gardien. La réponfe à cette objection eft, qu'encore que les frais funeraires ne fe faffent qu'après le decès du deffunt, neanmoins ils font faits principalement, à caufe de la perfonne du deffunt ; c'eft fa derniere dépenfe, c'eft le dernier office qui eft rendu au deffunt, & celui qui les fait ou paye eft creancier du deffunt, comme s'il avoit contracté avec lui de fon vivant, fuivant la Loy citée : *Qui propter funus aliquid impendit, cum defuncto contrahere creditur, non cum hærede.*

53. On fait une feconde objection, & on dit que les frais funeraires fe payent ordinairement par l'executeur du teftament du deffunt, quand le deffunt a fait un teftament & a nommé un executeur teftamentaire ; que c'eft l'executeur teftamentaire qui a la délivrance des meubles, que les meubles font deftinez pour le payement des frais funeraires & accompliffement du teftament du deffunt. On tire encore argument de l'article 238. de la Couftume de Paris, pour dire que les frais des obfeques & funerailles fe doivent payer fur les meubles de la fucceffion du deffunt. Cet article 238. porte : *Quand l'un des conjoints nobles demeurant tant en la Ville de Paris que dehors, vivant noblement, va de vie à trépas, il eft en la faculté du furvivant de prendre & accepter les meubles, étant hors la Ville & Fauxbourgs de Paris fans fraude, auquel cas il eft tenu payer les dettes mobilieres, obfeques & funerailles du trépaffé.*

54. La réponfe à cette feconde objection eft, qu'il eft inutile de dire que les frais funeraires ont leur deftination fur les meubles du deffunt, & que l'executeur du teftament du deffunt doit être faifi des biens meubles du deffunt, pour l'accompliffement de fon teftament, dans lequel font toûjours compris les frais funeraires ; car cela n'empêche pas que le Gardien ne foit tenu des frais funeraires, & d'en acquiter les mineurs : Qu'il eft bien vrai que plufieurs Couftumes difpofent que l'executeur teftamentaire doit être faifi durant l'an & jour du decès des meubles du deffunt & que l'exécuteur peut être pourfuivi au payement des frais funeraires ; cela c'eft ainfi ordonné par les Couftumes, afin d'accelerer l'execution des teftamens : mais cela ne veut pas dire que les frais funeraires fe doivent prendre fur les meubles purement & fimplement, & que le Gardien qui n'a que l'adminiftration des meubles, ne foit pas tenu des frais funeraires. Il faut feulement confiderer que le Gardien eft tenu des dettes mobilieres de la

fucceffion du deffunt, & que les frais funeraires font dettes mobilieres.

55. Il eft inutile de citer l'article 238. de la Couftume de
Paris, qui dit que celui qui prend les meubles eft chargé du
payement des frais des obfeques & funerailles, il eft bien vrai que
l'art. 238. dit: *Quand l'un des deux conjoints nobles demeurans tant
en la Ville de Paris que dehors, vivant noblement, va de vie à trépas, il eft en la faculté du furvivant de prendre & accepter les meubles, étant hors la Ville & Fauxbourg, auquel cas il eft tenu payer les
dettes mobilieres, & les obfeques & funerailles;* mais la difpofition
de cet article eft pour un cas particulier: on a voulu gratifier le
furvivant des conjoints nobles, & lui donner la faculté de prendre les meubles étant hors la Ville & Fauxbourgs de Paris, à la
charge de payer les dettes mobilieres, obfeques & funerailles du
trépaffé; ce n'eft pas une difpofition generale pour dire que celui
qui a les meubles eft tenu payer les frais funeraires.

56. On fait une 3e objection, & on dit qu'il y a differentes Coûtumes, que dans celles qui ne donnent au Gardien que la fimple adminiftration des meubles, du nombre defquelles eft la Couftume
de Paris: le Gardien n'eft point tenu des frais funeraires, parce
qu'il n'a que la fimple adminiftration des meubles; que les enfans
qui fuccedent aux meubles & qui en ont la proprieté, font tenus
du payement des frais funeraires, que le Gardien n'eft pas tenu
de les en acquitter; que les frais funeraires fe doivent prendre fur
les meubles. La réponfe à cette troifiéme & derniere objection
eft qu'il eft pareillement inutile d'alleguer la difference des Couftumes, pour dire que dans les Couftumes qui ne donnent au Gardien que la fimple adminiftration des meubles, comme eft celle de
Paris, le Gardien n'eft point tenu des frais funeraires, & que
le Gardien n'en eft tenu que dans les Couftumes qui leur donnent
les meubles en proprieté; d'autant que cette difference n'eft à confiderer pour la queftion dont il s'agit: il eft bien vrai que les
Couftumes font differentes touchant les droits & avantages qu'elles donnent au Gardien; mais on peut dire qu'elles conviennent en
une chofe, qui eft qu'elles chargent le Gardien du payement des
dettes & arrerages de rentes, c'eft à dire, des dettes mobilieres:
que les frais des obfeques & funerailles font au nombre des dettes mobilieres du deffunt, & par confequent que le Gardien eft
tenu des frais funeraires, même dans les Couftumes qui ne donnent au Gardien que la fimple adminiftration des meubles. Les

V iij

Couſtumes doivent être conſiderées independamment les unes des autres, & la diſpoſition d'une Couſtume ne fait aucune conſequence pour une autre Couſtume. Les Etats de chaque Province qui ſe ſont fait des Loix & Couſtumes pour entretenir leur ſocieté, ſe ſont regardé entr'eux. Il y a des Couſtumes qui ont voulu attribuer au Gardien la proprieté des meubles, il y en a d'autres qui n'ont voulu donner au Gardien que la ſimple adminiſtration des meubles; & ces Couſtumes qui ſont differentes, touchant les droits & avantages qu'elles attribuënt au Gardien, ne laiſſent pas de charger le Gardien également des dettes mobilieres; il faut ſeulement conſiderer la diſpoſition particuliere de chaque Couſtume. Ainſi pour regler le droit du Gardien dans la Couſtume de Paris, & les charges dont il eſt tenu, il faut ſimplement s'arrêter aux termes de la Couſtume de Paris; elle dit que le Gardien eſt tenu payer & acquitter les dettes & arrerages de rente, c'eſt à-dire, les dettes mobilieres, les frais funeraires ſont, comme il a été dit, dettes mobilieres de la ſucceſſion du deffunt; par conſequent dans la Couſtume de Paris le Gardien eſt tenu payer les frais funeraires & d'en acquitter les mineurs.

57. D'ailleurs quand les Couſtumes ne ſe ſont pas aſſez expliquées, s'il y a difficulté & doute pour leur interpretation, il faut avoir recours à l'uſage à ce qui s'eſt pratiqué dans la Couſtume, ſi on en a douté par le paſſé, & ce qu'on en a jugé. C'eſt ce que dit le Juriſconſulte Ulpien en la Loy 34. *D. de legibus & Senatus Conſultis & longa conſuetudine: Cùm de conſuetudine civitatis vel Provinciæ conſidere quis videtur, primùm quidem explorandum arbitror, an etiam contradicto aliquando judicio conſuetudo firmata ſit.* Si on regarde l'uſage & ce qui s'eſt pratiqué dans la Couſtume de Paris & ce qui a été jugé par le paſſé, touchant la queſtion dont il s'agit; on voit qu'il y a pluſieurs Arreſts qui ont jugé que le Gardien étoit tenu des frais funeraires & qu'il étoit tenu d'en acquitter les mineurs. Il y a l'Arreſt intervenu ſur l'inſtance de compte de tutelle rendu par Monſieur Chevalier Conſeiller en la Cour des Aydes, à ſes enfans; il avoit accepté la Garde Noble de ſes enfans après le decès de la Dame ſa femme, & il avoit été nommé leur tuteur: lorſqu'il rendit ſon compte de tutelle à ſes enfans, il mit en dépenſe les frais des obſeques & funerailles de la Dame ſa femme, prétendant qu'il n'étoit pas tenu en qualité de Gardien, d'en acquitter ſes enfans. L'affaire portée en la cinquiéme Chambre des Enquêtes, Arrêt ſeroit intervenu au rapport

de Monfieur d'Hilerin, après avoir pris fur cette queftion l'avis de toutes les Chambres le 20. May 1634. par lequel Arreft on a jugé que Monfieur Chevalier qui avoit accepté la Garde de fes enfans en étoit tenu, & que l'article du compte dans lequel il les avoit mis en dépenfe devoit être rayé. Lequel Arreft eft rapporté par Monfieur le Preftre en fes Arrefts de la cinquiéme Chambre des Enquêtes.

58. Il y a deux autres Arrefts qui font rapportez par Monfieur Pithou en fon Commentaire fur l'article 19. de la Couftume de Troye ; l'un rendu au rapport de Monfieur Magdeleine le 27. Juin 1637. entre Galliot Mandat & la Damoifelle Bourneuf veuve de Meffire Jacques Canaye ; l'autre rendu au rapport de Monfieur Gaudar entre le Sieur le Févre & la Damoifelle Sarra. Il y a un quatriéme Arreft rendu au rapport de Monfieur de Salo en la première Chambre des Enquêtes le 12. Aouft 1671. entre Dame Catherine Briçonnet, veuve du Sieur du Drac, Seigneur d'Annevou, appellante d'une Sentence des Requêtes du Palais, du 5. Janvier 1647. & Claude Boifay, tant en fon nom que comme ayant les droits cedez de Monfieur Courtin, Confeiller en la Cour, tuteur des Damoifelles fes filles & de deffunte Françoife du Drac fa femme, intimé ; par lequel la Sentence des Requêtes du Palais qui avoit condamné la Gardienne au payement des frais funeraires & du deuil, fut confirmé. Il y a un cinquiéme Arreft rendu au Confeil privé du Roy le 8. Avril 1675. au rapport de Monfieur Boulanger de Hacqueville, entre la Dame Comteffe de Broglie, rendante compte, d'une part ; & le Sieur de Broglie fon fils oyant compte ; par lequel il fut ordonné que l'article où elle avoit mis en dépenfe la femme de douze mille livres pour les frais funeraires du deffunt Sieur Comte de Broglie & pour fon deuil feroit rayé. Le Sieur Comte de Broglie avoit pour lui une confultation fignée de vingt-quatre Avocats de la Cour, du nombre defquels étoient Maiftres Billard, de Lhommeau, Dupleffis, Garanger, Abraham, Fourcroy & Dupré, &c. Il y a un fixiéme Arreft rendu en la quatriéme des Enquêtes, au rapport de Monfieur Meraut, le 27. Aouft 1682. fur l'appel d'une Sentence du Duché Pairie de Mayenne, du dernier Aouft 1680. entre Louïfe de Cordouan, femme de Thoulas de Meffange, Ecuyer Sieur de Renus, d'une part ; & Magdeleine Duval veuve de deffunt Loüis de Cordouan, Chevalier Sieur de Moire, d'autre part ; par lequel Arreft on confirma la Sentence du Juge de Mayenne en ce qu'elle

avoit condamné la Gardienne Noble au payement des frais funeraires, & on l'infirma en ce qu'elle avoit déchargé la Gardienne des habits de deuil.

59. Les Commentateurs de la Couftume de Paris n'ont pas approfondi la queftion & en ont parlé fort legerement. Me Loüis Charondas fur l'article 267. dit feulement, qu'aucuns eftiment que les frais funeraires font dettes de l'heritier, mais que pour lui il eft d'avis de décider la queftion fuivant l'ufage & la maniere d'en ufer, qui eft que le Gardien qui a payé les obfeques & frais funeraires, n'a pas droit de les repeter. Me Jean Tronçon fur le même article 267. a aufli parlé fort legerement des obfeques & frais funeraires : Il dit que c'eft une queftion qui eft demeurée indécife en la Couftume de Paris ; qu'il femble qu'il n'en peut être tenu par l'article 238. par lequel celui qui prend les meubles eft tenu payer les obfeques & funerailles du trepaffé; que le Gardien n'ayant dans la Couftume de Paris que l'adminiftration des meubles, il n'en eft pas tenu ; qu'il n'en eft tenu que dans les Couftumes qui donnent au Gardien les meubles en proprieté. Me Marie Ricard en fes Notes fur la Couftume de Paris, a fuivi Me Jean Tronçon, & dit fur le même article 267. qu'on tient communement que le Gardien n'eft tenu des frais funeraires, que ce n'eft pas une dette de la fucceffion du prédecedé des pere & mere, mais une dette des heritiers. Ces Commentateurs n'ont parlé de la chofe que fuperficiellement & avec incertitude, outre qu'ils ne conviennent pas.

60. Mais après tous ces Arrefts cy-deffus rapportez, il femble qu'on ne devoit plus douter de l'ufage du Châtelet, c'eft-à-dire, qu'on ne devoit plus douter que l'ufage étoit que le Gardien feroit tenu payer les frais funeraires & d'en acquitter les enfans, car il ne fe trouve point d'Arreft contraire ; neanmoins cette queftion s'eft renouvellée en 1684. il y avoit deux Procès pendans en la Cour, touchant cette queftion ; l'un porté en la feconde Chambre des Enquêtes fur l'appel d'une Sentence du Châtelet, entre une mere Gardienne-Noble de fes enfans, appellans de la Sentence du Châtelet, qui l'avoit condamnée payer les frais funeraires du pere prédecedé, d'une part ; & Monfieur de Maffuau, Confeiller au Grand Confeil, intimé, d'autre part. L'autre Procès étoit entre Dame Marguerite-Angelique Delaune, veuve en premieres nôces de deffunt Meffire Pierre de la Garde, Sieur de Bufferolle, & femme en fecondes nôces de Meffire Jerôme de Bocquemare

Gouverneur

Gouverneur de Bergues, appellante d'une Sentence du Châtelet,
qui l'avoit condamnée au payement des frais funeraires, d'une part;
& le Tuteur oneraire de ses enfans mineurs, issus dudit deffunt
Sieur de Busserolle, intimé, d'autre part. Monsieur de Massuau
avoit pris un acte de notorieté du Châtelet, de Monsieur Girardin Lieutenant Civil, & de Monsieur Brochard ancien Avocat
du Roy, qui avoient rendu leur témoignage, après avoir mandé
plusieurs anciens Avocats & Procureurs de leur Siége, que l'usage
étoit au Châtelet que le survivant des pere & mere, qui avoit
accepté la Garde de ses enfans, étoit tenu à cause de la Garde,
de payer les frais funeraires du prédecedé des pere & mere, &
d'en acquitter les mineurs dont il avoit accepté la Garde; & ce
même Acte ayant été produit dans l'autre Procès contre la Dame
de Laune, femme en secondes nôces du Sieur de Boquemare;
elle prit un Acte de notorieté dè Monsieur le Lieutenant Civil
le Camus, contraire à celui de Monsieur Girardin, par lequel Acte
Monsieur le Camus déclare, après avoir entendu les anciens Avocats & Procureurs, & conferé avec les Officiers & oüi les Avocat & Procureur du Roy, que l'usage étoit au Châtelet, que le
Gardien n'est pas tenu des frais funeraires. Par l'Arrest qui est
intervenu en 1684. ou 1685. on a jugé que la Dame de Bocquemare, qui avoit accepté la Garde-Noble de ses enfans, étoit
tenuë à cause de la Garde, des frais funeraires de son deffunt
mari, & qu'elle en devoit acquitter ses enfans, conformément à
l'Arrest du 27. Aoust 1682. & autres Arrests précedens, cy-dessus
mentionnez. On a suivi l'Acte de notorieté de Monsieur le Lieutenant Civil Girardin.

61. En effet les Arrests & Jugemens cy-devant rapportez ju-
stifient que cela avoit toûjours été jugé & ordonné de la sorte &
que tel étoit l'usage. On ne rapportoit pour soûtenir l'Acte de
notorieté de Monsieur le Lieutenant Civil le Camus, aucuns Arrests, ni aucune Sentence du Châtelet. On alleguoit seulement
l'opinion de Me Jean Tronçon & de Me Marie Ricard, qui
n'avoient pas approfondi la question & qui en avoient parlé fort
legerement & fort superficiellement; ces deux Actes de notorietez
contraires l'un à l'autre, sont rapportez tout au long au Journal
des Audiances, IV. Tome, Livre VIII. Chapitre XIV. ensuite
dudit Arrest du 27. Aoust 1682.

62. Dira t-on même chose du deüil de la femme quand elle
accepte la Garde de ses enfans. On pourra dire qu'il y a grande

X

difference à faire entre les habits de deüil de la femme, & les frais funeraires du mari prédecedé : qu'à l'égard des frais funeraires ils font faits en quelque façon pour la perfonne du deffunt, c'eft-à-dire, pour l'inhumation de fon corps & de fon cadavre, que c'eft une dette du deffunt, parce que nous naiffons pour mourir, & qu'il y a neceffité d'enterrer les morts ; & comme le Gardien eft tenu des dettes mobilieres de la fucceffion, il y a lieu de dire qu'il eft tenu des frais funeraires, & qu'il eft obligé d'en acquitter fes enfans : mais qu'à l'égard du deüil de la veuve, c'eft une chofe toute differente ; que cela ne peut pas paffer pour une dette du deffunt, c'eft une dépenfe qui fe fait après le decès du deffunt ; elle fe fait par la veuve perfonnellement, pour elle-même & fes domeftiques, fi elle en a ; cela ne peut être confideré que comme une dette perfonnelle de la veuve, c'eft à la veuve, après le decès de fon mari, à fe vêtir & habiller de deüil, elle & fes domeftiques, aux dépens de fon bien, & non pas aux dépens des heritiers de fon mari. Si elle n'ayoit pas des habits de deüil il lui faudroit d'autres habillemens, c'eft une neceffité pour elle qu'elle foit habillée d'une maniere ou d'autre ; c'eft à elle à fe vêtir & habiller à fes dépens, elle ne doit pas être habillée aux dépens des heritiers de fon mari. Nous n'avons pas même d'Ordonnances ni de Couftumes qui difpofent que la femme doive avoir des habits de deüil après la mort de fon mari, cela eft purement volontaire ; elle fait cela pour s'honorer elle-même & faire honneur à la memoire de fon mari ; les heritiers de fon mari ne font pas tenus de lui en fournir, & par confequent qu'il eft inutile d'entrer en la queftion fi la mere en doit tenir quitte fes enfans lorfqu'elle accepte la Garde de fes enfans.

63. On pourra dire au contraire que l'habit de deüil de la femme fait partie des obfeques & funeraïlles du mari ; que cela fe pratique toûjours de la forte. On dit vulgairement par commun proverbe, que la femme pleure le mari, mais que le mari ne pleure pas la femme ; que c'eft un ufage inveteré, qui a été établi de tout temps, que les heritiers du deffunt font tenus de payer les frais de fes obfeques funeraires, & le deuil de la veuve qui fait partie des frais funeraires ; mais lorfque c'eft une mere qui accepte la Garde de fes enfans, comme elle eft tenuë, à caufe de la Garde, d'acquitter les enfans des frais funeraires de fon mari, elle eft tenuë auffi les acquitter des habits de deüil. Cette action qu'elle avoit contre les heritiers de fon mari, pour les habits

de deüil, devient confuse en sa personne par l'acceptation qu'elle fait de la Garde de ses enfans ; c'est un des points jugez par l'Arrest du 27. Aoust 1682. cy-dessus rapporté, touchant la question des frais funeraires, lequel a été rendu en la quatriéme Chambre des Enquêtes, au rapport de Monsieur Meraut, sur l'appel qui avoit été interjetté d'une Sentence du Juge du Duché & Pairie de Mayenne, par Loüise de Cordouan, femme de Thoulas de Meslange, Écuyer Sieur de Renus, autorisée à son refus, par Justice à la poursuite de ses droits, heritiere unique en la ligne paternelle de deffunt Henry-Frederic de Cordouan de Moiré son neveu, contre Magdeleine du Val, veuve de deffunt Loüis de Cordouan, Sieur de Moiré. La Sentence de Mayenne avoit condamné Magdelaine du Val, qui avoit accepté la Garde-Noble de Henry-Federic de Cordouan son fils, au payement des frais funeraires du pere, & avoit adjugé à Magdelaine du Val, ses habits de deüil & de ses domestiques. Loüise de Cordouan étoit appellante de la Sentence, disant que Magdelaine du Val en qualité de Gardienne-Noble, étoit tenuë d'acquitter ses enfans, non seulement des frais funeraires de son deffunt pere, mais qu'elle étoit tenuë de les acquitter de ses habits de deüil ; que l'action qu'elle avoit pour demander à ses enfans ses habits de deüil, étoit devenuë confuse en sa personne, par l'acceptation qu'elle avoit faite de la Garde de ses enfans : & par cet Arrest on infirma la Sentence du Juge de Mayenne, & on déboutta Marguerite du Val de la demande par elle faite du prix de ses habits de deüil ; c'est aussi un des points jugez par l'Arrest rendu au rapport de Monsieur de Salo, en la premiere Chambre des Enquêtes le 12. Aoust 1671. contre Dame Catherine Briçonnet, qui a aussi été cy-dessus rapporté, touchant la question des frais funeraires. Voïez ce que nous avons dit du deüil de la femme, au Traité de la Communauté, seconde partie, chap. 3. nomb. 28.

64. La difficulté est beaucoup plus grande pour les legs & dispositions testamentaires faites par le prédecedé des pere & mere, dont le decès a donné ouverture à la Garde, pour sçavoir si on les comprendra au nombre des dettes, dont parle l'article 267. de la Coustume de Paris, qui charge le Gardien de payer & acquitter les dettes & arrerages de rentes que doivent les mineurs. Nous ne parlons pas des Coustumes qui donnent au gardien les meubles en proprieté ; il en sera parlé en son lieu : mais nour parlons de la Coustume de Paris, & autres semblables, qui n'attribuënt

pas au Gardien les meubles en proprieté, mais seulement l'admiſtration. La queſtion eſt difficile, il eſt neceſſaire de l'expliquer & d'examiner quels moyens peuvent être alleguez pour & contre.

65. D'un côté on pourra dire que le Gardien n'eſt pas tenu de payer les legs & diſpoſitions teſtamentaires, que l'article 167. de la Couſtume de Paris charge ſeulement le Gardien de payer & acquitter les dettes & arrerages de rente ; que cela ne comprend pas les legs & diſpoſitions teſtamentaires, qui ſont des dons & liberalitez payables après le decès du teſtateur par ſon heritier. *Legatum eſt donatio quædam à defuncto relicta ab hærede præſtanda. Inſtit. lib. 2. tit. 20. §. 1.* Quand on fait ſon teſtament on ne contracte avec perſonne ; la diſpoſition que fait le Teſtateur au profit de quelqu'un qu'il veut gratifier, ne doit pas être miſe au nombre des dettes du deffunt, dont le Gardien eſt chargé ; les legataires doivent s'adreſſer à l'heritier ; ſi on comprenoit au nombre des dettes dont le Gardien eſt tenu, les legs & diſpoſitions teſtamentaires, il dépendroit du prémourant des pere & mere de rendre le droit de Garde inutile, en faiſant par ſon teſtament des diſpoſitions qui chargeroient ſa ſucceſſion & qui obligeroient celui auquel la Garde eſt déferée, de renoncer à la Garde, ce qui ſeroit contre l'intention de la Couſtume. Me Loüis Charondas en ſon Commentaire ſur la Couſtume de Paris, ès articles 167. & ſuivans, rapporte un Arreſt du 26. Mars. 1585. qui a jugé que le prémourant des pere & mere ne peut pas empêcher par ſon teſtament que la Garde ne puiſſe être acceptée par celui auquel la Garde eſt déferée par la Couſtume ; il y a lieu de dire auſſi que celui auquel la Garde eſt déferée, n'eſt pas tenu, en acceptant la Garde, de payer & acquitter les legs & diſpoſitions teſtamentaires que le prédecedé des pere & mere a faites.

66. On pourra dire au contraire que les legs & diſpoſitions teſtamentaires ſont dettes mobilieres de la ſucceſſion du teſtateur qui doivent être payées & acquittées par le Gardien, de même que les autres dettes mobilieres de la ſucceſſion ; il eſt bien vrai que les legataires doivent demander à l'heritier la délivrance de leur legs, parce que l'heritier eſt ſaiſi de droit des biens de la ſucceſſion. Mais le ſurvivant des pere & mere qui a accepté la Garde de ſes enfans, eſt tenu d'en acquitter ſes enfans ; que la Couſtume de Paris par ces mots, *dettes & arrerages de rentes*, y a compris toutes les dettes mobilieres de la ſucceſſion du prédecedé des pere & mere, dont le decès a donné ouverture à la Garde ; que les

legs & difpofitions teftamentaires font dettes mobilieres de la
fucceffion du teftateur ; il eft bien vrai que fi les biens de la fucceffion n'étoient pas fuffifans, les dettes feroient payées préferablement aux legs & difpofitions teftamentaires, parce que le teftateur n'a pas pû difpofer au préjudice de fes creanciers. Il eft vrai
auffi que le prémourant des pere & mere ne peut pas empêcher
par fon teftament, qu'après fon trépas celui auquel la Garde eft
déferée par la Couftume, ne puiffe l'accepter, parce que le droit
de Garde eft de droit public, & n'eft pas en fa difpofition, joint
que le droit de Garde ne commence être ouvert que par le decès du pere ou de la mere, & que le prémourant ne peut pas
étendre fa difpofition fur un droit qui n'eft pas ouvert ni exiftant
dès fon vivant ; mais le prémourant des pere & mere a pû faire
des legs & difpofitions teftamentaires & en charger fa fucceffion,
& ces legs & difpofitions teftamentaires font compris au nombre
des dettes mobilieres, de même que les frais des obfeques & funerailles & habits de deüil de la veuve ; par confequent que le Gardien eft tenu payer les legs & difpofitions teftamentaires & d'en
acquitter les mineurs.

67. Pontanus fur l'article 5. de la Couftume de Blois, qui dit
comme celle de Paris, que le Gardien a feulement l'adminiftration des meubles & fait les fruits fiens de tous les meubles ; propofe la queftion fur le mot *Ære*, & fait une diftinction : Ou
dit-il, les legs font de fommes à une fois payer, incontinent après
le decès ; ou ce font legs payables annuellement d'année en année,
c'eft-à-dire, en rentes ou penfions viageres. Si, dit-il, ce font legs
de fommes à une fois payer, le Gardien n'en eft pas tenu, tels
legs doivent être payez du fond de l'heredité ; mais fi ce font legs
de rentes ou penfions viageres, le Gardien eft tenu de les acquitter annuellement, fur les fruits & revenus qu'il perçoit annuellement en qualité de Gardien, & cet Autheur cite à ce fujet la Loy
derniere, §. *Sin autem æs alienum Cod. de bonis quæ liberis.* laquelle
Loy parle du pere qui a l'ufufruit d'une fucceffion adventice,
échûë à fon fils, dans laquelle il y a des dettes & des legs à
payer : *Aut enim annua funt legata, & tunc ea præftare, ratione ufusfructus quem in bonis pupilli habet, tenentur Gardiani, ficut & in jure
antiquo pater ufufructuarius tenebatur aut illa legata non in fingulos
annos, fed quæ purè relicta funt quæ ftatim veniunt folvenda, & tunc
non tenentur Gardiani, fed ficut præftanda erant ex rebus hæreditariis
ita & hodie à pupillo qui dominus & proprietarius eft : & ratio hujus*

X iij

*differentiæ est in promptu, quia legatorum annuorum præstatio ab anno
in annum differtur, sicut ususfructus singulis annis excipi solet, quia
annus est : legata verò quæ purè ac simpliciter relicta sunt cedunt à
morte testatoris, eaque omnia in totum vel semel præstanda sunt, non
in singulos annos , ideò nihil commune habent cum usufructu , qui non
ita semel percipitur.*

68. On pourra dire, pour répondre à Pontanus, que cette Loy
derniere , §. *Sin autem æs alienum , Cod. de bonis quæ liberis,* sur laquelle cet Auteur a fondé sa distinction , ne doit pas servir à la
question proposée. Cette Loy qui parle du pere qui a droit d'usufruit sur les biens adventifs de son fils, dit que lorsqu'une succession adventice est échûë au fils , s'il y a dans la succession des dettes
passives & des legs à payer , que les dettes passives se payeront
sur les biens de l'heredité ; premierement sur les meubles , s'il y
en a ; & s'ils ne suffisent pas, ce qui se défaudra s'en payera sur
les immeubles ; & à cet effet la Loy permet au pere, qui est usufruitier de l'heredité échûë à son fils , de vendre des immeubles
de l'heredité , jusques à concurrence ; que si le pere neglige d'acquitter les dettes de l'heredité & de faire les diligences, il sera tenu
de l'interêt auquel il a donné lieu par sa negligence ; & à l'égard
des legs, cette Loy dit ensuite, que soit qu'ils soient de sommes
à une fois payer , ou qu'ils soient de sommes payables par chacun
an ; que le pere qui est usufruitier , sera tenu de payer sur les
fruits & revenus qu'il a droit de percevoir, en qualité d'usufruitier , s'ils suffisent ; & s'ils ne sont pas suffisans, qu'ils seront payez
sur les biens meubles & immeubles de la succession ; que s'il y
avoit dans la succession des immeubles steriles & non produisans
fruits & revenus, qu'il les faut vendre & épuiser avant que de
vendre les immeubles produisans fruits & revenus.

69. Il ne sera pas mal à propos de rapporter les termes de
cette Loy derniere , *Cod. de bonis quæ liberis. §. 4. Sin autem æs
alienum ex defuncti persona descendit, habeat pater licentiam ex rebus
hereditariis , primùm quidem mobilibus , sin autem sufficiunt ex immo-
bilibus sufficientem partem nomine filii venundare , ut illico reddatur
æs alienum , & non usurarum nomine prægravetur. Quod si pater hoc
facere supersederit , ipse usuras vel ex reditibus vel ex substantia sua
omnimodo dare compellitur. Sin autem legata vel fideicommissa , sive
annalia sive semel relicta imminent hujusmodi personis : si quidem tales
reditus sunt qui sufficiunt ad annalia legata : pater ex hujusmodi reditibus hoc dependere compellitur : Sin autem non habeat substantia suf-*

*ficientem reditum ad legatorum vel fideicommifforum præftationem, vel
minimè reditus vel alias acceffiones contineat, fint tamen res mobiles
vel immobiles, fteriles quidem non tamen inutiles, veluti domus, pre-
tiofæ in Provinciis vel ubicumque pofita ædificia vel fuburbana, ex
quibus hujufmodi legata poffint explicari; licentia dabitur patri fuffi-
cientem partem eorum fimiliter nomine vendere & fatisfacere lega-
tis, &c.*

70. On pourra dire que suivant les termes de cette Loy on
n'en peut tirer aucun argument pour la queftion dont il s'agit.
Premierement il y a grande difference à faire entre le droit qu'a-
voit le pere ufufruitier des biens adventifs de fon fils par la Jurifprudence Romaine, & le droit qu'a un pere fur le bien de fon fils,
à caufe de la Garde-Noble ou Bourgeoife, fuivant notre Droit
couftumier; car le pere qui eft par le Droit Romain ufufruitier
des biens adventifs de fon fils, n'eft point tenu perfonnellement
des dettes de la fucceffion de fon fils; les dettes fe payent du
fond de l'heredité, & le pere a l'ufufruit de ce qui refte, les dettes
préalablement acquittées; mais celui auquel la Garde eft déferée
& qui l'accepte, eft tenu par la Couftume de Paris, perfonnellement, à caufe de la Garde, de payer les dettes mobilieres & arrerages de rentes, il les doit payer fur les fruits & revenus, & quand
même les fruits & revenus ne fuffiroient pas, il en feroit tenu
fur fes biens particuliers. D'ailleurs cette Loy dit indiftinctement
que le pere ufufruitier des biens adventifs de fon fils doit payer
& acquitter fur fon ufufruit les legs dont la fucceffion adventice
eft chargée; foit que les legs foient de fomme à une fois payer,
foit qu'ils foient de fommes payables annuellement par chacun an;
& fi fon ufufruit n'eft pas fuffifant, la Loy permet de vendre du
fond de l'heredité pour y fatisfaire. Cette Loy ne fait point difference entre les legs de fommes à une fois payer, & les legs de
fommes payables annuellement par chacun an, & veut indiftinctement que tous les legs foient payez & acquittez des fruits & revenus, de forte qu'il n'y a aucune induction à tirer de cette Loy,
pour la queftion dont il s'agit.

71. En fecond lieu on pourra dire qu'il n'y a aucune difference à faire entre les legs de fommes, à une fois payer, & les legs
de fommes payables annuellement par chacun an; qu'il n'y a aucune raifon de difference pour dire que le Gardien eft tenu d'acquitter les legs de fommes payables annuellement, & qu'il n'eft
pas tenu des legs de fommes à une fois payer; qu'une fomme à

une fois payer, qui eſt leguée, eſt une dette mobiliere de la ſucceſſion du teſtateur ; de dire que les legs de ſommes payables par chacun an, ſe payent annuellement par le Gardien, parce qu'il perçoit annuellement les fruits & revenus des immeubles ; que cela n'eſt à conſiderer ; puiſque par la Couſtume de Paris le Gardien eſt tenu de payer & acquitter les dettes mobilieres & arrerages de rente, qu'il eſt pareillement tenu des legs de ſommes de deniers, à une fois payer ; de même que de legs de ſommes payables annuellement par chacun an. Par exemple, ſi le teſtateur avoit legué à Mœvius par ſon teſtament une ſomme de deux cens livres à une fois payer, & qu'il eût legué à Titius deux cens livres de rente viagere, payable par chacun an, ſa vie durant : quelle raiſon y auroit-il que le Gardien ne fût pas tenu de payer & acquitter la ſomme de deux cens livres à une fois payer, leguée à Mœvius ; & au contraire qu'il fût tenu de payer à Titius annuellement pendant la durée de la Garde, par chacun an, la ſomme de deux cens livres ; il ſemble qu'il n'y a pas de raiſon & qu'il n'y a aucune difference à faire, cette queſtion ſemble difficile : car dira-t-on que le Gardien n'eſt pas tenu de payer & acquiter aucuns legs faits par le predecedé des pere & mere ; ou dira-t-on qu'il eſt tenu de payer tous les legs de ſomme payable en deniers indiſtinctement ; ou dira-t-on qu'il n'eſt tenu de payer & acquitter que les legs de ſommes payables annuellement, & non pas les legs de ſommes à une fois payer.

72. Pour reſoudre cette queſtion, il ſemble qu'il n'y a point de principe à chercher ; que ce qui eſt dit par la Couſtume de Paris & autres Couſtumes ſemblables. La Couſtume de Paris établit le droit de Gardien & les charges & dettes dont le Gardien eſt tenu ; elle dit par l'art. 267. *Le Gardien a l'adminiſtration des meubles & fait les fruits ſiens des immeubles, à la charge de payer & acquitter les dettes & arrerages de rentes que doivent les mineurs.* Les Arreſts qui ſont intervenus en interpretation de cet article ont jugé que cela s'entendoit des dettes mobilieres ; on a excepté des dettes mobilieres, ce qui eſt dû reſpectivement aux conjoints entr'eux par l'un à l'autre, c'eſt à dire, les deniers ſtipulez propres, & ce qui leur eſt dû pour remploy de leurs propres alienez & autres repriſes & recompenſes ; mais il ne ſe trouve point d'Arreſts qui ait excepté les legs de ſommes à une fois payer. On ne peut pas auſſi dire que les legs de ſommes à une fois payer, ne ſoient pas dettes mobilieres de la ſucceſſiou du teſtateur, & que les enfans du teſtateur, qui ſont

ſes

ſes heritiers, n'en ſoient tenus en qualité d'heritiers ; ainſi il ſemble que le Gardien les en doit acquitter, comme des autres dettes mobilieres de la ſucceſſion de celui qui a donné ouverture à la Garde par ſon decès, & que l'article 167. de la Couſtume de Paris ne doit pas être entendu autrement: celui auquel la Garde eſt déferée par la Couſtume, peut ſi bon lui ſemble, ne pas accepter la Garde lorſqu'il voit qu'elle ne lui eſt pas avantageuſe, & que les dettes & charges excedent le profit. Autre choſe ſeroit ſi le Teſtateur s'étoit expliqué & avoit deſtiné le payement de la ſomme par lui leguée ſur les effets mobiliers. Par exemple, ſi dans la Couſtume de Paris le teſtateur avoit legué une certaine ſomme à prendre ſur ſes effets mobiliers ; en ce cas telle ſomme leguée ſeroit priſe ſur les choſes exprimées par le Teſtateur, & le Gardien ne ſeroit pas tenu d'en acquitter les enfans, parce qu'il faut ſuivre la volonté du Teſtateur qui s'eſt expliqué & qui a deſtiné le payement du legs ſur ſes effets mobiliers. Comme auſſi ſi le legs étoit fait de certains effets mobiliers en eſpeces. Par exemple, s'il avoit legué les meubles de ſa chambre, ou s'il avoit legué ſon argent comptant, le Gardien ne ſeroit pas tenu d'acquitter les enfans de tels legs, parce que la délivrance en doit être faite en eſpece, ſuivant la volonté du Teſtateur. Si le Teſtateur avoit legué une rente à toûjours, le Gardien ne ſeroit tenu que des arrerages qui auroient cours pendant la durée de la Garde ; il ne ſeroit pas tenu d'acquitter les enfans du principal de la rente, de même que le Gardien n'eſt pas tenu des principaux des rentes qui ont été conſtituées par le deffunt de ſon vivant ; le principal de la rente leguée eſt une dette immobiliere, dont le Gardien n'eſt pas tenu. Par exemple, ſi le teſtateur avoit fait une fondation à perpetuité & avoit legué une rente à perpetuité, pour prieres, aumônes ou pour autre cauſe ; le principal de la rente eſt une dette immobiliere, dont le Gardien n'eſt pas tenu, il eſt ſeulement tenu des arrerages qui ont cours pendant la durée de la Garde.

73. La Couſtume de Paris charge auſſi le gardien de nourrir, alimenter & entretenir les mineurs ſelon leur état & qualité; c'eſt-à-dire, leur fournir; non ſeulement ce qui eſt neceſſaire pour leur nourriture & habillement, mais encore ce qui eſt neceſſaire pour leur éducation, inſtruction & diſcipline, ſelon leur état & qualité. La Couſtume de Meaux en l'article 149. dit : *Le Gardien eſt tenu leur bailler état convenable en chevaux, habillemens & autres choſes, ſelon que leur état le requiert.* La Couſtume de Blois en l'art. 5. dit :

Y

Si les mineurs sont mâles, les monter de chevaux; si ce sont filles, les vêtir selon leur état & condition. La Couftume de Melun en l'art. 286. dit: *Les faire inftruire ès Lettres ou autre état convenable à leur qualité.* La Couftume de Clermont art. 170. dit: *Les nourrir, alimenter & entretenir, ou faire inftruire felon leur qualité & état.* Si le Gardien fait refus de donner aux mineurs ce qui leur eft neceffaire pour leur nourriture & entretien, le Tuteur des mineurs, s'ils ont un Tuteur nommé, finon aucuns de leurs parens pourront reclamer l'authorité de la Juftice, & faire faifir les fruits & revenus des mineurs pour obliger le Gardien de fatisfaire ; & s'il y a pour raifon de ce quelque conteftation entre le Gardien & les mineurs, elle fe doit regler par le Juge, *boni viri arbitrio*, ou fuivant l'avis des parens qui connoiffent les biens & facultez des mineurs.

74. La Couftume de Paris par l'article 267. charge le Gardien de payer & acquitter les charges annuelles que doivent les heritages & arrerages du paffé, c'eft-à-dire, ceux qui étoient écheus au temps que la Garde a été ouverte & déferée, ceux écheus depuis & qui échéent jufques au temps que la Garde finit. Le Gardien eft tenu des arrerages du paffé, parce que les arrerages écheus font dettes mobilieres, dont le Gardien eft tenu ; les arrerages des rentes foncieres & autres charges réelles, deviennent dettes mobilieres à mefure qu'ils échéent. La Couftume de Paris par le même article 267. charge le Gardien d'entretenir les heritages des mineurs de toutes reparations viageres, & en fin defdites Gardes rendre les heritages en bon état. La Couftume de Paris au titre des Doüaires article 262. a expliqué ce qu'elle entend par reparations viageres, & dit que la femme qui prétend douaire couftumier eft tenu entretenir les heritages de reparations viageres, qui font toutes reparations d'entretenemens, hors les quatre gros murs, poutres & entieres couvertures.

75. Mais on demande lorfque les heritages des mineurs font en mauvais état au temps que la Garde eft ouverte eft déferée, fi le Gardien eft tenu de les mette en bon état, ou fi le Gardien eft feulement tenu de les entretenir après qu'ils auront été mis en bon état aux dépens des mineurs? La réponfe eft qu'il faut faire difference entre les menuës reparations qu'on appelle reparations locatives, dont les Fermiers & Locataires font ordinairement tenus, & les reparations viageres qu'on appelle vulgairement groffes reparations, dont les ufufruitiers, par exemple, les douairieres, font

tenus. A l'égard des menuës reparations & des reparations locatives, si aucunes étoient à faire au temps que la Garde est ouverte & déferée, le Gardien est tenu de les faire faire, sauf son recours contre les Fermiers ou Locataires s'ils y sont obligez par
leurs baux, & s'ils n'y ont pas satisfait; mais à l'égard des reparations viageres qui sont appellées grosses reparations, dont tous
usufruitiers sont tenus, le Gardien n'est pas obligé à celles qui se
trouvent à faire au temps que la Garde est ouverte & déferée;
il est seulement tenu d'entretenir les lieux en l'état qu'il les trouve. Le mot *entretenir*, dont use la Coûtume, veut dire rendre les
heritages, à la fin de la Garde, au même état qu'ils étoient au
temps qu'elle a été ouverte & déferée; c'est pourquoi celui auquel la Garde est déferée, qui accepte la Garde, peut faire visiter
les heritages par Experts, avec le Tuteur des mineurs ou autre
legitime contradicteur, & faire dresser Procès verbal de leur état;
autrement si les heritages n'ont pas été visitez & qu'il n'y en ait
pas Procès verbal, on présume que le Gardien a trouvé les lieux
en bon état & qu'il s'en est contenté, c'est pourquoi il est tenu
de les rendre à la fin de la Garde en bon & suffisant état de toutes
reparations grosses & menuës.

76. Nous avons quelques Coûtumes qui en contiennent disposition expresse La Coûtume de Senlis qui est du nombre des
Coûtumes qui donnent au Gardien les meubles en proprieté,
dit en l'article 154. *Le Gardien Noble aprés l'acceptation en dedans
trois mois, à compter du jour d'icelle acceptation, sera tenu de faire
voir & visiter bien & düement & par gens experts, qui en feront
rapport en jugement, tous & chacuns les maisons & édifices des mineurs
desquels il aura accepté ladite Garde, afin que ladite Garde finie on
puisse connoître s'il les aura entretenus & rendus en l'état suffisant &
pareils qu'ils étoient lors de ladite visitation; & neanmoins sera tenu
ledit Gardien-Noble faire les menues reparations & autres dont est
tenu un usufruitier durant ladite Garde-Noble, & sur peine de se
rendre comptable des fruits & levées des heritages des mineurs.* La
Coûtume de Clermont en Beauvoisis, qui est pareillement du
nombre des Coûtumes qui donnent au Gardien les meubles en
proprieté, dit en l'art. 171. *Garde-Noble se doit accepter en jugement,
& trois mois aprés icelle acceptée, les Gardiens sont tenus faire visiter par Justice les maisons, lieux & bâtimens des mineurs, pour
sçavoir en quel état, nature & valeur étoient lesdits lieux & heritages nobles au temps de ladite acceptation, afin de pourvoir à la*

fin de ladite Garde-Noble rendre les lieux & maisons, en l'état, na-
ture & valeur qu'ils étoient lors de ladite acceptation ; & outre seront
tenus lesdits Gardiens faire les menues reparations qui seront à faire au
temps de ladite acceptation & icelles entretenir.

77. Quoique cela ne soit pas exprimé dans la Coustume de Paris, & que la Coustume de Paris ne donne pas au Gardien les immeubles en proprieté, mais la simple administration des meubles, & les fruits & revenus des immeubles ; neanmoins cela y doit être observé, & dans les autres Coustumes semblables, parce que cela est de droit commun ; cela s'entend assez par le mot *entretenir*, qui est dans ledit article 267. de la Coustume de Paris.

78. Mais on demande lorsque le Gardien est mauvais administrateur du bien de ses mineurs, s'il y a lieu de le faire priver de la Garde & de lui ôter la joüissance du bien de ses mineurs. Par exemple, si le Gardien n'a pas soin de faire cultiver les terres, s'il les abandonne, s'il les laisse en friche, s'il n'entretient pas les édifices, s'il les laisse tomber en ruïne, s'il les dégrade : on peut dire, sans doute, qu'on ne doit pas authoriser le Gardien dans sa mauvaise administration, on ne doit pas souffrir qu'il abuse de sa qualité de Gardien & qu'il fasse préjudice à ses mineurs ; on doit pourvoir à la sûreté du bien des mineurs si on voit que le Gardien soit suspect d'insuffisance. La Garde n'est pas déferée pour rendre le Gardien maître du bien des mineurs, mais pour le bien & dûëment administrer en bon pere de famille, afin que les mineurs venus à leur âge se trouvent en bon état. On ne doit pas avoir plus d'indulgence pour un Gardien quand il est mauvais administrateur du bien de ses mineurs, que pour tout autre mauvais administrateur. Par exemple, un mari qui a droit de joüir du bien de la femme & qui est administrateur, s'il dissipe le bien de sa femme, s'il n'entretient pas les heritages, s'il les laisse déperir & qu'il soit suspect d'insuffisance ; la femme a juste cause de se plaindre & de demander séparation de biens : de même si un Tuteur administre mal le bien de ses mineurs, si les parens des mineurs jugent qu'il n'y ait pas seureté pour le bien des mineurs d'en laisser l'administration au Tuteur, ils peuvent reclamer l'authorité du Juge, le faire destituer & faire nommer un autre Tuteur en son lieu.

79. Nous avons des Coustumes qui disposent expressément, que quand le Gardien est mauvais administrateur il doit être privé de la Garde. Par exemple, la Coustume de Melun en l'article 292.

dit : *Si le Gardien n'entretient les édifices des maisons & heritages des mineurs en les laissant déchéoir, faisant les pêches & coupes des bois hors temps & saison, sera privé de sa Garde, & pourront neanmoins les mineurs avoir leur recours contre ledit Gardien pour leurs dommages & interêts.* La Coustume de la Marche en l'article 75. dit : *Celui qui a bail doit entretenir les heritages du mineur, & à la fin de ladite Garde rendre lesdits heritages en bon & suffisant état, & si ledit Bailliftre dépopule ou empire lesdits heritages, il doit perdre le bail, & audit cas doit être pourvû de Tuteur au mineur, & neanmoins sera ledit Bailliftre tenu envers le mineur en tous dommages & interêts, provenus à cause de ladite depopulation & empirement.*

80. Que dira-t-on des frais des Procés & autres frais qu'il convient faire pour les mineurs depuis l'ouverture de la Garde, le Gardien en sera t il tenu entierement dans la Couftume de Paris où le Gardien a feulement l'adminiftration des meubles & fait les fruits fiens des immeubles ; ou fi le Gardien ne fera tenu que des frais des Procès qui font faits au fujet des fruits des immeubles dont il a la joüiffance actuellement, & non pas des frais des Procès, concernant la proprieté des immeubles ? La plûpart des Couftumes n'en contiennent aucune difpofition. La Couftume de Paris dit feulement par l'article 270. *Pendant la Garde font élûs Tuteurs ou Curateurs aux mineurs pour intenter, deffendre & déduire les actions reelles & perfonnelles, autres que pour les fruits & revenus, échûs pendant la Garde.* Il y a quelques Couftumes qui en parlent. Par exemple, la Couftume de Peronne qui donne au Gardien les meubles en proprieté & les fruits des terres féodales, dit par l'article 224. *Les Bailliftres font tenus acquitter les mineurs de toutes dettes mobilieres & des frais des Procès concernant les Fiefs.* La Couftume de Clermont en Beauvoifis qui dit en l'article 170. *Le Gardien a la proprieté des meubles,* dit par l'article 1-8. *Le Gardien ne peut intenter, déduire & foûtenir les actions & droits réels des mineurs durant la Garde, mais appartient ce faire aux Tuteurs & Curateurs des mineurs aux dépens raifonnables des Gardiens durant la Garde.* La Couftume de Melun dit en l'art. 289. *Le Gardien doit faire à fes dépens intenter toutes actions & faire les pourfuites que le Tuteur doit faire, tellement qu'il n'eft befoin de pourvoir de Tuteur ou Curateur aux mineurs qui ont Gardien, finon qu'il y eût Procès entre les Gardiens & les mineurs.* La Coûtume de Mante, art. 182. dit : *Le Gardien ne peut faire pourfuite des actions réelles pour le mineur, mais feulement des perfonnelles, & pour pourfuivre lefdites actions réelles fera élû Tuteur aux mineurs.*

81. Ces Couſtumes ont parlé en general & ne le ſont pas aſſez expliquées : il ſemble qu'il y a lieu de dire à l'égard de la Couſtume de Paris & autres ſemblables, quoiqu'elles ne donnent aux Gardiens que les fruits & revenus des immeubles, & la ſimple adminiſtration des meubles ; que le Gardien eſt tenu des frais des Procès qui ont été commencez avant l'ouverture de la Garde & qu'il en doit acquitter les mineurs, & même qu'il les doit acquitter des condamnations de frais qui pourroient intervenir contre les mineurs pendant la durée de la Garde ; par la raiſon que tels frais ſont dettes mobilieres de la ſucceſſion du deffunt, qui avoit de ſon vivant intenté Procès, & formé conteſtation, ſoit en demandant ſoit en deffendant. Mais que dira-t on des Procés qui ſont intentez depuis l'ouuverture de la garde par un Tuteur après avoir pris avis des parens des mineurs, touchant quelques immeubles, dont on conteſte la proprieté aux mineurs ?

82. On pourra dire que le gardien en eſt tenu, s'il joüit à cauſe de la garde, de l'immeuble dont la proprieté eſt conteſtée aux mineurs, & qu'il en eſt tenu juſques à concurrence des fruits de l'immeuble dont il joüit à cauſe de la garde : mais s'il n'eſt pas en poſſeſſion & joüiſſance de l'immeuble dont la proprieté eſt conteſtée aux mineurs, il ne ſera pas tenu d'acquitter les mineurs de la condamnation de dépens qui pourra intervenir contr'eux ; par la raiſon que le Procès n'eſt point de ſon fait, ayant été intenté depuis qu'il eſt gardien, par le Tuteur des mineurs, par avis de parens. A l'égard des autres frais & impenſes qu'il convient faire pour les mineurs, par exemple, les frais de l'inſtitution & nomination de Tuteur ou Curateur des mineurs ; le gardien en eſt tenu acquitter les mineurs, parce que tels frais ſe doivent prendre ſur les fruits & revenus des mineurs, que le gardien perçoit & a droit de percevoir. Voyez le Chapitre 5. où il eſt dit que par la Couſtume de Paris le gardien n'a pas droit à cauſe de ſa qualité de gardien, de faire fonction de Tuteur ; mais qu'il peut être nommé Tuteur par les parens des mineurs.

83. Ce que deſſus eſt dit pour les Couſtumes de Paris & autres ſemblables qui ne donnent au gardien, à l'égard des meubles des mineurs, que la ſimple adminiſtration. Il eſt de la ſuite de parler d'autres Couſtumes qui ne donnent pas ſeulement au gardien l'adminiſtration des meubles des mineurs, mais qui lui en attribuënt la pleine proprieté. On demande s'il y a quelque difference à faire entre les Couſtumes, & diſtinguer les unes des

autres, touchant les dettes & charges dont le Gardien eft tenu. Il y a quelques Arrefts qui ont été rendus pour celles qui donnent au Gardien la proprieté des meubles des mineurs. Il y a premierement l'Arreft cy-devant rapporté au nombre 36. du prefent Chapitre, qui eft pour la Couftume de Berry, qui eft du nombre de celles qui donnent au gardien les meubles en proprieté. Lequel Arreft a été rendu au mois de Septembre 1594. au profit de Damoifelle Suzanne Cujas contre Dame Anne Hervé fa mere, qui avoit accepté, après la mort de Monfieur Cujas fon mari, la garde-noble de fa fille, par lequel fut jugé que la fomme de trois mille livres, dont Monfieur Cujas étoit convenu avec la Dame fa femme par le Contrat de mariage, pour tout droit qu'elle pourroit prétendre en la Communauté, étoit confufe en elle par l'accéptation qu'elle avoit faite après le decès de Monfieur Cujas, de la garde-noble de fa fille.

84. Il y a un fecond Arreft rendu en la Couftume de Senlis, qui eft du nombre des Couftumes qui donnent au gardien les meubles des mineurs en proprieté. Lequel Arreft a été rendu le 30. Mars 1605. & eft rapporté par Chenu, feconde Centurie, queftion 95. par lequel on a jugé que l'action de remploy, qui étoit dû à la mere par fes enfans, n'avoit pas été confufe en fa perfonne par l'acceptation qu'elle avoit faite de la garde de fes enfans, & que cette dette ne devoit pas être mife au nombre des dettes mobilieres dont le Gardien eft tenu acquitter fes enfans. Le fait étoit qu'en 1578. Loüis de Chaumont & Elizabeth du Breil avoient contracté mariage ; par leur Contrat de mariage il étoit dit que fi les heritages de la femme étoient vendus & alienez pendant le mariage, le mari en feroit le remploi, & qu'à faute de le faire il affignoit le remploi fur fes propres heritages. En 1584. pendant & conftant le mariage, le mari aliena par échange quelques heritages propres de fa femme. En 1588. il vendit ces heritages qu'il avoit eu en échange pour la fomme de dix-huit mille livres ; le mari déceda en 1597. la veuve ne déclara point dans les trois mois accepter la Communauté ni y renoncer fuivant la Couftume de Senlis, qui dit en l'article 147. que la femme qui furvit fon mari peut renoncer aux meubles & acquêts faits pendant le mariage, incontinent ; c'eft à fçavoir dans trois mois, &c. Elle accepta la garde-noble de fes enfans ; après la garde-noble finie elle fit nommer un Tuteur à fes enfans, elle renonça à la Communauté, elle obtint Lettres pour être relevée de ce qu'elle n'avoit

pas renoncé dans les trois mois après le decès de fon mari, à la Communauté, fuivant la Couftume ; & elie demanda contre le Tuteur de fes enfans, le remploi de fes heritages propres, vendus & alienez.

85. Le Tuteur des enfans foûtint au contraire, difant que l'action de remploi qu'avoit la mere pour fes heritages propres vendus pendant le mariage étant mobiliere, étoit éteinte & confufe en fa perfonne par l'acceptation qu'elle avoit faite de la Garde de fes enfans ; l'affaire portée aux Requêtes du Palais, intervint Senten-ce, par laquelle on condamna le Tuteur des enfans de faire le remploi des heritages propres de la mere, vendus pendant le ma-riage. Le Tuteur des enfans interjetta appel de la Sentence, difant qu'il avoit été mal jugé, que l'action de remploi étoit éteinte & confufe en la perfonne de la mere, qui avoit accepté la Garde de fes enfans ; qu'en tout cas on n'avoit pas pû condamner les en-fans à faire le remploi purement & fimplement, mais qu'il falloit déduire ce qui avoit été remployé par le deffunt, c'eft-à-dire, les acquêts faits pendant le mariage. Par l'Arreft qui eft intervenu on a mis l'appellation & ce dont a été appellé au néant, en ce qu'on n'avoit pas ordonné que fur le remploi adjugé à la mere, déduc-tion feroit faite des acquê.s faits pendant le mariage, & ayant égard aux Lettres ordonné que fur le remploi déduction feroit fai-te des acquêts ; la Sentence au refidu fortit fans effet. Par cette Sen-tence & cet Arreft on a jugé que l'action de remploy des heritages propres de la mere, vendus pendant le mariage, n'étoit pas éteinte & confufe en fa perfonne par l'acceptation qu'elle avoit faite de la Garde de fes enfans.

86. Il y a un troifiéme Arreft rendu à l'Audiance de la grande Çhambre le 28. Fevrier 1668. en la Couftume de Loris, qui eft du nombre des Couftumes qui donnent au Gardien la proprieté des meubles. L'Arreft a été rendu entre François le Comte fils & heritier de Henry le Comte Sieur d'Hermay fon pere, tant en fon nom comme ayant les droits cedez de fon frere & de fa fœur appellans d'une fentence arbitrale d'ordre, renduë par Baudoüin & Commeau Procureurs de la Cour, le 21. Juin 1661. d'une part; & les creanciers de la Dame le Cirier, exerçans les droits de leur debitrice, & le Curateur à la fucceffion vacante de la Dame le Ci-rier intimez d'une part. L'Arreft fut rendu fur les conclufions de Monfieur Talon lors Avocat General, qui depuis a été Prefident

au

au Mortier. Par la Sentence arbitrale les creanciers comme exerçant les droits de la Dame le Cirier leur debitrice , avoient été
colloquez fur la fomme de cent trente-deux mille livres prove-
nant du prix de la terre d'Hermay , qui étoit propre au Sr d'Hermay fon mari , pour la fomme de quarante mille livres pour fon
remploy , faifant partie de foixante mille livres , pour laquelle le
Sieur d'Hermay pere avoit vendu la terre de Sucy en Brie , qui
étoit propre de la Dame le Cirier ; y avoit Requête Civile ob-
tenuë par le Sieur d'Hermay fils , contre l'Arreft qui avoit omo-
logué la Sentence arbitrale & Lettres de Refcifion obtenuës contre
les Actes , contenant fon confentement & celui de fon frere &
de fa fœur pour fon exécution. Les Lettres furent enterinées. On
expliquera la queftion du fond.

87. Le fait étoit qu'Henry le Comte Sieur d'Hermay qui étoit
proprietaire de la terre d'Hermay , avoit époufé Dame Marguerite le Cirier ; par le Contrat de mariage il eft dit qu'il y auroit
Communauté entr'eux , & que des biens de la Dame le Cirier
qui confiftoient dans la terre de Sucy en Brie , il entreroit en la
Communauté vingt mille livres ; & que fi pendant le mariage il
étoit aliené des propres de la Dame le Cirier , remploy en feroit
fait fur les biens de la Communauté ; & s'ils ne fuffifoient , fur
les propres du mari. Le Sieur d'Hermay pendant fon mariage avoit
vendu la terre de Sucy , qui étoit propre de la Dame le Cirier la
fomme de foixante mille livres. En 1641. le Sieur d'Hermay eft
décedé , & laiffa la Dame le Cirier fa veuve & trois enfans en
bas âge , fçavoir , François le Comte Sieur d'Hermay fils aîné,
Octave le Comte & Dame Marie le Comte mariée au Sieur de
Givry. La Dame le Cirier accepta la Garde-Noble de fes enfans,
& fe mît en poffeffion des biens du deffunt Sieur d'Hermay fon
mari , & ceux de la Communauté , fans inventaire , elle auroit
joüi de tout jufques'à fon decès arrivé en 1655. ayant contracté
plufieurs dettes. Les trois enfans étoient encore mineurs lors du
decès de leur mere ; le Sieur de Neufchette leur oncle maternel
fut nommé leur Tuteur honoraire , & Eftienne Pigaut fut nommé
Tuteur oneraire : ces deux Tuteurs accepterent pour leurs mineurs
la fucceffion de la Dame le Cirier leur mere. Dans la fuite ces deux
Tuteurs voïans qu'il y avoit grand nombre de creanciers, on convint
entre les parens de vendre la terre d'Hermay , qui étoit propre du
deffunt Sieur d'Hermay , pour payer les creanciers : la terre fut
venduë cent trente-deux mille livres ; il en fut fait un Decret vo-

Z

lontaire, & en confequence les deux Procureurs qui furent nommez pour faire l'ordre & la diftribution du prix de cette terre ,
colloquerent les creanciers de la Dame le Cirier, comme exerçant
les droits de leur débitrice , pour ladite fomme de quarante mille·
livres à laquelle fe montoit le remploi de fes propres vendus, enfemble pour les interêts de ladite fomme.

88. Le Sieur d'Hermay fils aîné ayant dans la fuite reconnu
le préjudice que fes Tuteurs lui avoient fait , & à fon frere & à
fa fœur, renonça à la fucceffion de la Dame le Cirier fa mere ,
tant de fon chef que comme ayant les droits de fon frere & de
fa fœur, & accepta la fucceffion de fon pere ; il interjetta appel
de la Sentence arbitrale renduë par les deux Procureurs, qui avoient
fait l'ordre & diftribution du prix de la terre d'Hermay, & obtint
Lettres de Refcifion contre tout ce qui avoit été fait & confenti;
& auroit foûtenu que la Dame le Cirier fa mere s'étant mis en
poffeffion, après le decès du Sieur d'Hermay fon pere, de tout le
bien, fans inventaire, ayant pris qualité de commune , & ayant
difpofé de tout , que la fomme de vingt mille livres faifant moitié de la fomme de quarante mille livres, à laquelle fe montoit
le remploi de fes propres alienez , étoit confufe en fa perfonne
à caufe de la Communauté, que fa mere étoit préfumée avoir acceptée : & à l'égard de l'autre moitié dudit remploi qui fe montoit à pareille fomme de vingt mille livres, qu'elle étoit confufe
auffi en fa perfonne, à caufe de la Garde-Noble qu'elle avoit acceptée de fes enfans ; par la raifon que l'action de remploy eft
mobiliere. La Couftume de Loris, titre 1. art. 27. dit que le
Gardien prend les meubles des mineurs, à la charge de les acquitter de toutes dettes ; il auroit conclu à ce qu'il fut dit qu'il
avoit été mal jugé par la Sentence d'ordre , en ce que les créanciers de la Dame le Cirier avoient été colloquez pour quarante
mille livres de remploi & pour les interêts ; émendant quant à ce
que la fucceffion de fon pere demeureroit déchargée de l'action
de remploi des propres de la Dame le Cirier : & en confequence
que les fommes touchées par les créanciers feroient renduës , enfemble les interêts du jour qu'ils les auroient reçûës.

89. Les créanciers au contraire difoient , que la Dame le Cirier leur débitrice n'avoit point expreffément accepté la Communauté, & déclarérent comme exerçant les droits de leur débitrice, qu'ils y renonçoient pour elle ; que puifque les enfans vouloient changer de qualité & renoncer à la fucceffion de leur mere,

qu'ils pouvoient auſſi changer & renoncer pour la Dame le Cirier à la Communauté de ſon deffunt mari ; que la Dame le Cirier n'avoit point expreſſément renoncé à la Communauté, qu'elle
n'avoit geré qu'en qualité de Gardienne-Noble. Pour ce qui eſt
de l'action de remploy, qu'on diſoit confuſe en la perſonne de
la Dame le Cirier, qu'il n'y avoit pas lieu d'en prétendre la confuſion ; qu'il eſt bien vrai que la Couſtume de Loris, titre premier, article 17. dit : *Le Gardien eſt tenu acquitter ſes mineurs de
toutes dettes* ; mais que cela s'entend de dettes legeres, & non
pas de celles qui tiennent lieu du fond & produiſent revenu annuel, comme ſont les deniers ſtipulez propres & les actions de
remploy des propres des conjoints, vendus pendant le mariage.
Les creanciers alleguoient pour eux le précedent Arreſt rendu
en la Couſtume de Senlis, qui avoit jugé en cette Couſtume que
l'action de remploy n'avoit pas été éteinte & confuſe par l'acceptation qui avoit été faite de la Garde-Noble.

90. Monſieur Talon qui étoit lors Avocat General ayant parlé
en cette affaire, dit qu'il y avoit deux ſortes de diſpoſitions dans
les Couſtumes, touchant la Garde-Noble; les unes qui donnoient
au Gardien ſeulement le revenu des immeubles & l'adminiſtration
des meubles, & les autres qui outre le revenu des immeubles donnoient la proprieté des meubles ; que comme le profit étoit different, la charge devoit auſſi être differente ; que dans les Couſtumes où le Gardien n'a que le revenu des immeubles & l'adminiſtration des meubles, il ne doit être chargé que des dettes legeres, comme la nourriture & entretien des mineurs, les arrerages
des rentes, les reparations viageres & autres menuës dettes, &
non pas du remploy des propres vendus ; mais que dans les Couſtumes où le Gardien a la proprieté des meubles outre le revenu des
immeubles, il doit acquitter toutes les dettes perſonnelles & mobilieres, du moins à proportion du profit qu'il fait, c'eſt-à dire,
à proportion des biens qu'il prend en qualité de Gardien ; que prenant les meubles il eſt ſucceſſeur univerſel d'une quotité de biens ;
qu'on pouvoit tirer en argument l'article 334. de la Couſtume
de Paris qui dit : *Quand les uns ſuccedent aux meubles, les autres
aux acquêts, les autres aux propres, ou qu'ils ſont donataires ou legataires univerſels, ils ſont tenus de contribuer aux dettes à proportion
de ce qu'ils amendent de la ſucceſſion* ; que le Gardien eſt ſucceſſeur
univerſel d'une quotité de biens, & ſon droit eſt ſemblable à celui
d'un heritier mobilier, ou à un donataire & legataire de meubles;

que la seule difficulté étoit pour la liquidation des effets mobiliers, que la Dame le Cirier avoit pris sans inventaire ; que la Cour pour tirer les Parties d'affaire pourroit arbitrer les effets mobiliers au tiers du bien de la Communauté pour payer le tiers des dettes, & auroit conclud sur l'appel de la Sentence arbitrale, renduë par ces deux Procureurs, à mettre l'appellation & ce dont étoit appellé au néant, en ce que les créanciers de la Dame le Cirier avoient été colloquez pour quarante mile livres de remploy & interêts ; émendant quant à ce, déclarer la moitié du remploy confus en la personne de la Dame le Cirier, à cause de la Communauté, & le tiers de l'autre moitié du remploy aussi confus en sa personne, à cause de la Garde-Noble ; ce faisant que les deniers touchez par les créanciers, seroient rendus avec les interêts du jour qu'ils les auroient touchez ; la Sentence au residu sortissant effet, lesquelles conclusions furent suivies par l'Arrest qui fut rendu le 28. Fevrier 1668. Ce même Arrest est rapporté au Journal des Audiances, Liv. V. Chap. V. Il est pareillement rapporté par Me Lucien Sœfve en son Recuëil d'Arrest, Tome II. Centurie 4. page 361.

91. Comme ces Arrests ne s'accordent pas & ont jugé differemment, il est necessaire de donner jour à cette matiere & d'examiner quel est l'esprit de ces Coustumes, & comment elles se doivent entendre. Premierement ces Coustumes donnant au Gardien les meubles des mineurs en proprieté, & disant qu'il les fait siens, le Gardien a droit de prendre à son profit tous les effets & droits mobiliers, échûs aux mineurs, par le decès de leur pere ou de leur mere prédecedée. Et comme c'est le decès du pere ou de la mere qui prédecede qui donne ouverture à la garde, ce sont les biens du prédecedé des pere ou mere échûs aux enfans qui sont compris dans la Garde, & le Gardien qui profite des effets mobiliers du prédecedé dans les Coustumes qui donnent au Gardien les meubles en proprieté. Mais on demande si le Gardien doit profiter des deniers stipulez propres, échûs aux enfans par le decès de leur pere ou mere prédecedé. Par exemple, si le prédecedé des pere & mere avoit eu des deniers ou autres effets mobiliers qui lui eussent été stipulez propres par son Contrat de mariage, ou qui lui eussent été donnez en faveur de mariage pour être employez en achapt d'heritages, quoiqu'ils soient meubles de leur nature, ils ont été reputez immeubles entre les conjoints, ils n'entrent point en la Communauté, & étant échûs par le decès

du prédecedé aux enfans, le furvivant des pere & mere qui accepte la garde de fes enfans, ne doit pas en profiter ni les prétendre fiens, à caufe de la garde, parce qu'au temps qu'ils font
échûs aux enfans, ils étoient reputez immeubles au prédecedé
des pere & mere dont le decès a donné ouverture à la garde; le
furvivant des pere & mere n'en peut prétendre que l'adminiftration, & doit profiter feulement de l'interêt & revenu, de même
qu'il profite feulement du revenu des immeubles. En effet il ne
feroit pas raifonnable que le furvivant des pere & mere profitât
des deniers que le prédecedé auroit ftipulez propres, ou qui lui
auroient été donnez en faveur de mariage pour être employez en
achapt d'heritages; les deniers & effets mobiliers ftipulez propres,
font fouvent tout le bien ou la plus grande partie du bien du pere
ou de la mere prédecedé, & par confequent celui de fes enfans;
ainfi quoique le furvivant accepte la garde de fes enfans, les enfans doivent reprendre les deniers qui ont été ftipulez propres au
prédecedé de leur pere & mere, ou les deniers qui lui ont été
donnez en faveur de mariage, pour être employez en achapt d'heritages, & la reprife s'en doit faire fur la maffe de la Communauté,
fi la Communauté eft acceptée, tant fur les effets mobiliers que
fur les conquêts immeubles, s'il y en a, c'eft-à-dire, à proportion;
& après que la reprife aura été faite des deniers ftipulez propres, ou
deftinez en achapt d'heritages, le furvivant des pere & mere qui a
accepté la Garde, doit, à caufe de la Garde, profiter des effets
mobiliers-dans les Couftumes qui donnent au Gardien les meubles en proprieté, & ce qui fera refté des conquêts immeubles,
fe partagera par moitié; la moitié appartiendra au furvivant des
pere & mere qui a accepté la Garde, & l'autre moitié aux enfans
fi c'eft la mere qui a furvêcu fon mari & qui a accepté la garde de
fes enfans; de même fi c'eft le mari qui a furvêcu la femme.

92. La queftion eft plus difficile pour l'action de remploy ou
recompenfe dûë aux conjoints pour leurs heritages propres vendus
& alienez pendant le mariage; neanmoins il femble qu'on en doit
juger de même que des deniers ftipulez propres, ou deftinez pour
être employez en achapt d'heritages; & il eft raifonnable de dire
que le furvivant des pere & mere qui accepte la garde de fes
enfans, ne doit pas, à caufe de la garde, profiter de l'action de
remploy ou recompenfe qui eft dûë à fes enfans pour les heritages propres vendus, ou rentes propres racheprées pendant le mariage, & qui eft échûë aux enfans par le decès du prédecedé des

pere & mere, ni prétendre que l'action de remploy soit comprise sous le mot de *Meubles*, que le Gardien fait siens, dans les Coustumes qui donnent au Gardien les meubles en proprieté. Comme le survivant des pere & mere qui a accepté la Garde de ses enfans, ne peut pas, à cause de la Garde, profiter des heritages propres du prédecedé, échûs à ses enfans lorsqu'ils n'ont pas été vendus & alienenez ; mais a seulement droit, à cause de la garde, d'en joüir & d'en percevoir le revenu : de même quand ils ont été vendus pendant le mariage, il ne doit pas, à cause de la garde, profiter de l'action de remploy ou recompense qui en est dûë, elle doit être conservée aux enfans. Il semble même qu'il y a plus de raison qu'à l'égard des deniers stipulez propres, ou destinez en achapt d'heritage ; car l'action de remploy & recompense tient lieu des heritages vendus, & doit être de même considerée à l'égard du survivant des pere & mere qui accepte la Garde de ses enfans. La condition du survivant des pere & mere ne doit pas être meilleure, quand les propres du prédecedé des pere & mere ont été vendus & alienez pendant le mariage, que quand ils n'ont pas été vendus ; il ne seroit pas juste que les immeubles des conjoints ou le prix, s'ils ont été vendus pendant le mariage, ne fût pas conservé aux enfans, & que le survivant, à cause de la garde, en pût profiter ; c'est pourquoi il est raisonnable de dire que le survivant des pere & mere ne doit pas profiter, à cause de la garde, de l'action de remploy appartenant à ses enfans, & qu'elle doit être conservée aux enfans, quoique le survivant de leur pere & mere ait accepté la garde ; d'ailleurs si on jugeoit autrement, les conjoints pourroient par ce moyen se faire avantage l'un à l'autre, en vendant leurs heritages propres pendant leur mariage. La Coustume de Paris ne veut pas que les conjoints puissent s'avantager l'un l'autre.

93. Ainsi lorsque la femme, dont les heritages propres ont été vendus pendant le mariage, est prédecedée, si elle laisse des enfans mineurs & que le pere en accepte la garde, le pere ne pourra pas, à cause de la garde, profiter de l'action de remploy échûë à ses enfans par le decès de leur mere ; & les enfans, après la garde finie, ou venus à leur âge de majorité, seront bien fondez à demander non seulement les deniers stipulez propres de leur mere, mais aussi le prix de la vente des heritages propres de leur mere, vendus pendant le mariage, & le prix du rachapt des rentes propres racheptées, & ont droit d'en faire reprise sur le bien de

la Communauté, s'ils l'ont acceptée ; le pere ne peut rien prétendre fur le bien de la Communauté qu'après que la reprife en aura
été faite ; la reprife fe doit faire fur la maffe de la Communauté,
c'eft-à dire, tant fur les effets mobiliers, que fur les conquêts immeubles, s'il y en a ; & après ces reprifes faites, ce qui reftera
d'effets mobiliers appartient au pere, fçavoir, moitié de fon
chef, à caufe de la Communauté, & l'autre moitié, à caufe de la
garde qu'il a acceptée. A l'égard des conquêts immeubles, ce qui
en reftera, après ladite reprife faite, fe doit partager par moitié
entre le pere & les enfans ; la moitié appartient au pere en pleine
proprieté, à caufe de la Communauté, & il a droit de joüir de
l'autre moitié, à caufe de la garde, pendant que la garde durera ;
ou fi les enfans heritiers de leur mere renoncent à la Communauté, ils reprendront le prix des heritages propres de leur mere
vendus pendant le mariage, & les deniers du rachapt des rentes
propres, racheptées pendant le mariage, fur tous les biens de leur
pere ; quoiqu'il ait accepté la garde de fes enfans, le pere ne pourra
pas profiter, à caufe de la garde, des immeubles de la mere prédecedée ; il en doit avoir feulement, après le decès de la mere,
l'adminiftration, & en percevoir le revenu & profit pendant la
durée de la garde.

94. La difficulté eft grande pour ce qui eft dû à l'un ou à l'autre des conjoints pour rentes par eux dûës avant le mariage &
racheptées pendant le mariage. Par exemple, le mari devoit avant
fon mariage une rente de deux cens livres, faifant en principal
quatre mille livres ; le mari pendant fon mariage rachepte cette
rente & rembourfe au creancier le principal & arrerages de la rente ;
la femme decede la premiere, laiffant des enfans mineurs, le mari
furvivant accepte la Garde-Noble de fes enfans, & les enfans
venus à leur âge de majorité fe difent heritiers de leur mere &
acceptent la Communauté, & demandent à leur pere la recompenfe de la moitié des deniers qu'il a pris dans la Communauté,
pour le rachapt qu'il a fait pendant fon mariage, de la rente de
deux cens livres qu'il devoit avant fon mariage, enfemble les interêts du jour que la Garde-Noble a expiré, fi mieux n'aime leur
pere leur continuer la moitié de la rente racheptée & leur en payer
les arrerages depuis la Garde-Noble finie jufques au rachapt. Le
pere fe défend difant qu'il convient que la recompenfe étoit dûë
à fes enfans, des deniers qu'il avoit pris dans la Communauté,
pour faire le rachapt de la rente ; mais en même temps il foûtient

que cette action de recompenfe eft de nature mobiliere ; qu'ayant accepté la **Garde Noble** de fes enfans, & étant dans une Couftume qui dit que le Gardien fait les meubles de fes mineurs fiens, cette action de recompenfe tombe dans la Garde, qu'il en doit profiter à caufe de la Garde, qu'elle devient confufe en fa perfonne, & par confequent que fes enfans n'ont pas droit de lui en faire demande.

95. Les enfans repliquent & difent, que la recompenfe qui leur eft dûë n'eft pas de nature mobiliere, d'autant que le rachapt que leur pere a fait pendant fon mariage, de la rente dont il étoit debiteur avant fon mariage, eft reputé conquêt immeuble, & qu'il doit continuer à fes enfans la moitié de la rente, fi mieux n'aime la rachepter & les rembourfer du principal: les enfans tirent argument des articles 244. & 245. de la Couftume de Paris ; par l'article 244. il eft dit, Quand aucune rente dûë par l'un des conjoints par mariage, ou fur fes heritages, paravant leur mariage, eft rachetée par les deux conjoints, ou l'un d'eux, tel rachapt eft reputé conquêt ; & l'article 245. dit que l'heritier ou détempteur de l'heritage fujet à la rente, eft tenu continuer la moitié de la rente, & en payer les arrerages jufques à l'entier rachapt ; & ainfi les enfans foûtiennent que leur pere ne peut pas s'attribuer cette recompenfe, fous prétexte qu'il a accepté la **Garde-Noble** de fes enfans, & qu'il leur doit continuer la moitié de la rente & leur en payer les arrerages depuis la Garde finie. Le pere répond difant que fes enfans ne doivent point tirer argument de la Couftume de Paris, pour les autres Couftumes, qui n'ont pas femblable difpofition ; qu'ayant pris dans la Communauté des deniers pour faire le rachapt de la rente qu'il devoit avant fon mariage, la moitié de ces deniers appartenoit à fes enfans, à caufe de la Communauté qu'ils ont acceptée, & la recompenfe leur en eft dûë ; ils avoient droit de prendre fur la maffe de la Communanté pareille fomme de deniers qu'il y avoit prife, pour acquitter & rachepter la rente qu'il devoit avant fon mariage, & ainfi c'eft une fomme de deniers, que les enfans ont droit de reprendre fur la maffe de la Communauté ; par confequent qu'il en doit profiter, à caufe de la Garde qu'il a acceptée de fes enfans, étant dans une Couftume qui donne au Gardien les meubles des mineurs en proprieté.

96. Cette queftion eft difficile ; mais s'agiffant de la refoudre il femble raifonnable de la décider en faveur des enfans : premierement on doit reftraindre les profits & émolumens de la *Garde* plûtôt

plûtôt que de les étendre dans les Couſtumes qui donnent au
Gardien les meubles des mineurs en proprieté, telles Couſtumes
étant exorbitantes du Droit commun & deſavantageuſes aux enfans. En ſecond lieu les art. 244. & 245. de la Couſtume de Paris
ſont fondez en raiſon generale, & peuvent être tirez en argument
pour les autres Couſtumes qui ne contiennent pas pareille diſpoſition;le mari ayant rachepté pendant ſon mariage une rente qu'il devoit avant ſon mariage, & l'ayant racheptée de deniers communs
dans leſquels il avoit ſeulement moitié, il eſt cenſé n'avoir rachepté
que la moitié de la rente, & l'autre moitié de la rente ſubſiſte au
profit de la femme, qui entre pour moitié aux droits du creancier, qui a été rembourſé des deniers de la femme, & après ſon decès
ſes enfans qui la repreſentent; c'eſt une ſubrogation legale, au
moyen de quoi il eſt veritable de dire qu'il eſt dû aux enfans heritiers de leur mere, la moitié de la rente qui ſubſiſte pour moitié,
& par conſequent c'eſt un immeuble qui appartient aux enfans,
dont le pere ne doit pas profiter, à cauſe de la garde.

97. On doit juger autrement pour la recompenſe dûë aux conjoints pour les bâtimens faits ſur leurs fonds & heritages propres.
Par exemple, le fond & heritage propre de la femme a été augmenté par un bâtiment qui a été conſtruit pendant le mariage;
le mari decede le premier, laiſſant des enfans mineurs, la femme
ſurvivante accepte la Communauté; il eſt dû aux enfans heritiers
de leur pere, recompenſe des deniers qui ont été pris dans la Communauté pour la conſtruction du bâtiment fait ſur l'heritage propre
de la femme, & les enfans heritiers de leur pere, ont droit de
prendre ſur la maſſe de la Communauté, avant partage, par une
eſpece d'également, pareille ſomme de deniers que celle qui a
été priſe dans la Communauté pendant le mariage, qui auroit été
employée pour la conſtruction du bâtiment fait ſur l'heritage propre
de la femme, par la raiſon que la condition des enfans, touchant
la Communauté, doit être égale à celle de leur mere, qui n'y a
pas plus de droit qu'eux. Cette recompenſe, qui eſt dûë aux enfans, eſt de nature mobiliere, & ne peut pas être conſiderée autrement: ou la mere doit rendre à ſes enfans la moitié des deniers
qui ont été pris dans la Communauté pour conſtruire ſon bâtiment,
ou les enfans doivent prendre ſur la maſſe de la Communauté,
avant partage, pareille ſomme que celle qui a été priſe pendant
le mariage pour faire la conſtruction du bâtiment; c'eſt une ſomme
de deniers qui eſt mobiliere de ſa nature, & qui ne peut pas être

A a

confiderée autrement; car on ne peut pas dire que les enfans ayent aucune part dans le bâtiment qui a été conftruit fur l'heritage propre de la femme. *Superficies cedit folo.* Cette recompenfe, qui eft dûë aux enfans, étant mobiliere, la mere qui accepte la Garde-Noble de fes enfans en doit profiter, à caufe de la Garde, de même que de la part qu'ont les enfans dans les autres effets mobiliers de la Communauté, étant dans une Couftume qui donne au Gardien les meubles des mineurs en proprieté; & à l'égard des conquêts immeubles de la Communauté, s'il y en a, ils fe partagent par moitié entre la mere & les enfans.

98. On doit juger même chofe dans le cas cy-après: Lorfqu'il eft dit par le Contrat de mariage que la femme n'aura pour tout droit en la Communauté qu'une certaine fomme. La femme vient à déceder la premiere, laiffant des enfans; le mari fuivivant qui accepte la Garde-Noble de fes enfans, profitera, à caufe de la Garde, de la fomme qui eft dûë aux enfans, heritiers de leur mere, pour leur droit en la Communauté, & les enfans ne pourront pas en faire demande à leur pere, par la raifon que c'eft une fomme de deniers qui eft dûë aux enfans, dont le pere doit profiter, à caufe de la Garde, étant dans une Couftume qui donne au Gardien les meubles des mineurs en proprieté. Les enfans pourront objecter, que la fomme qui a été accordée à leur mere par fon Contrat de mariage, pour tout fon droit en la Communauté, fe doit prendre non feulement fur les effets mobiliers, mais auffi fur les conquêts immeubles, & que l'action qu'ils ont droit d'exercer contre leur pere doit être confiderée en partie immobiliere, à proportion des conquêts immeubles qui ont été faits pendant le mariage, & que leur pere n'en doit pas profiter à caufe de la Garde. Mais cette objection n'eft d'aucune confideration: il eft bien vrai que tous les biens de la Communauté font obligez & hipothequez au payement de la fomme qui a été accordée à la femme par fon Contrat de mariage, pour fon droit en la Communauté; & que la mere ou les enfans auroient hipotheque du jour du Contrat de mariage pour en être payez; mais cela n'empêche pas que l'action que la mere ou fes enfans pourroient avoir pour en être payé, quoiqu'elle foit hipothecaire, ne foit de fa nature mobiliere, & que le pere furvivant, qui accepte la Garde de fes enfans, n'ait droit d'en profiter à caufe de la Garde, étant dans une Coûtume qui donne au Gardien les meubles des mineurs en proprieté. Par exemple, une fomme qui eft dûë par obligation paffée devant

Notaire: quoique tous les biens du débiteur, qui s'est obligé, soient affectez & hipothequez au payement de la somme contenuë en l'obligation; cela n'empêche pas que le contenu en l'obligation ne soit un effet mobilier, & que le Gardien n'en doive profiter à cause de la Garde.

99 Après avoir dit comment s'entendent les Coustumes qui donnent au Gardien les meubles des mineurs en proprieté & avoir expliqué ce qui est compris sous le mot de *meubles*, il est de la suite de parler des dettes passives dont le Gardien est tenu à cause de la Garde, acquitter les enfans. Premierement quoiqu'il soit dit par ces Coustumes que le Gardien soit tenu acquitter les enfans de toutes dettes, il en faut excepter les immobilieres ; le Gardien n'est tenu acquitter ses enfans que des dettes mobilieres. La Coustume d'Orleans.qui est du nombre des Coustumes qui donnent au Gardien les meubles des mineurs en proprieté, dit par l'art. 25. *Les Gardiens-Nobles prennent les meubles de leurs enfans mineurs & les font leurs, à la charge de les nourrir, entrenir, alimenter & acquitter de toutes dettes & arrerages de rente.* Cette Coustume qui fut reformée en 1583. disant que les Gardiens sont tenus acquitter leurs enfans de toutes dettes & arrerages de rente, fait assez entendre qu'ils sont tenus seulement acquitter les dettes mobilieres, & que les principaux des rentes qui sont dettes immobilieres, n'y sont pas compris. La Coustume de Berry s'en est aussi assez expliquée, elle dit en l'art. 26. *Et au regard des biens meubles, appartenans aux enfans mineurs, étant sous le bail & administration des pere ou mere, ayeul ou ayeule, entre Nobles, ils appartiennent aux Baillistres & Administrateurs & les font leurs, à la charge de l'entretenement & nourriture des mineurs, & de décharger les mineurs de toutes charges & dettes mobilieres par eux dües, & de payer, pour le temps qu'ils auront ledit bail, les charges réelles, ensemble les arrerages écheus au précedent, si aucuns en sont dûs, &c.* Ces Coustumes doivent servir d'interpretation aux autres Coustumes qui donnent au Gardien les meubles des mineurs en proprieté, & qui disent que le Gardien est tenu acquitter les enfans de toutes dettes.

100. Il faut ensuite parler des questions qui peuvent être faites. Il y a une premiere question touchant les deniers stipulez propres par les conjoints. Par exemple Mœvius & Mœvia contractent mariage ; ils ont apporté chacun vingt mille livres en deniers & effets mobiliers; par leur Contrat de mariage il est dit qu'ils mettent en la

Communauté chacun quatre mille livres, le furplus leur eft ftipulé propre : le mari décede le premier, qui laiffe un fils mineur ; la femme furvivante renonce à la Communauté, & neanmoins accepte la Garde de fon fils & joüit de tout le bien. La Garde étant expirée elle agit contre le Tuteur de fon fils, & demande fur tous les biens de la fucceffion du pere la fomme de feize mille livres, qui lui a été ftipulée propre par fon Contrat de mariage ; elle dit qu'ayant renoncé à la Communauté elle a droit de prendre cette fomme, ftipulée propre, fur tous les biens de la fucceffion de fon mari, avec les interêts, depuis que la Garde eft expirée. La femme eft bien fondée en fa demande, on ne peut pas dire que les deniers ftipulez propres, qui font dûs à la femme par fon fils mineur, comme heritier de fon pere, foit une dette paffive mobiliere dont la mere foit tenuë acquitter fon fils, à caufe de la Garde qu'elle a acceptée de fon fils mineur : comme elle ne peut pas prétendre, à caufe de la Garde, profiter des deniers ftipulez propres au pere, échûs au fils, ni prétendre les faire fiens, comme meubles, dans ces Couftumes qui donnent au Gardien les meubles en proprieté ; fon fils ne peut pas auffi empêcher que fa mere ne reprenne fes deniers ftipulez propres, fur les biens à lui échûs de la fucceffion de fon pere, ni prétendre que cette dette foit éteinte & devenuë confufe en fa perfonne par l'acceptation qu'elle a faite de la Garde : les deniers ftipulez propres font reputez immeubles *activè & paffivè* entre les conjoints, & après le decès de l'un d'eux, quand le furvivant accepte la Garde de fes enfans, la Garde ne change pas la qualité des biens du prédecedé des pere & mere. Comme les deniers ftipulez propres font reputez immeubles *activè* en la perfonne du conjoint, auquel ils font dûs ; & s'il decede, l'autre conjoint qui le furvit & qui accepte la Garde de fes enfans, n'en peut pas profiter & les faire fiens, à caufe de la Garde, ayant été ftipulez propres : de même auffi ces mêmes deniers ftipulez propres font cenfez dettes immobilieres *paffivè* au regard du conjoint qui les doit, ou de fes enfans qui le reprefentent, le conjoint qui les doit ou fes enfans qui le reprefentent, ne peuvent pas prétendre que ce foit une dette paffive mobiliere, & que le furvivant des conjoints qui accepte la Garde, en foit tenu, à caufe de la Garde, n'en puiffe pas faire demande.

101. Nous avons parlé de l'action de remploy ou recompenfe qui eft dûë à l'un ou à l'autre des conjoints, à caufe de leurs he-

ritages propres , vendus pendant le mariage , ou à caufe de leurs
rentes propres, racheptées pendant le mariage , laquelle eft échûë
aux enfans par le decès de leur pere ou mere, touchant la queftion
de fçavoir fi le furvivant des pere & mere qui accepte la Garde
de fes enfans mineurs, en doit profiter , à caufe de la garde, dans
les Couftumes qui donnent au Gardien les meubles en propriété.
Il s'agit maintenant, *vice verfa* , de fçavoir fi ladite action de remploy ou recompenfe qui eft dûë , eft une dette paffive, dont le
Gardien foit tenu. Par exemple , le bien de l'un & l'autre des
conjoints confiftoit en heritages propres ; ils avoient peu d'effets
mobiliers , qui font entrez en la Communauté ; les heritages propres de la femme ont été vendus pendant le mariage; le mari decede
le premier , laiffant des enfans mineurs , la femme furvivante fait
faire inventaire, renonce à la Communauté de fon mari & accepte
la Garde de fes enfans. Après la Garde finie elle demande à fes
enfans le remploi de fes heritages propres vendus pendant le mariage. Les enfans fe deffendent , difant que l'action de remploi
ou de recompenfe qui étoit dûë à leur mere du prix de fes propres vendus pendant le mariage , & dont ils font tenus comme heritiers de leur pere , eft une dette mobiliere, cette action tendante
à reprendre le prix qui confifte en deniers; que leur mere ayant
accepté la Garde de fes enfans , elle eft tenuë elle-même de
cette dette , à caufe de la Garde , & qu'elle en doit acquitter fes
enfans , & par confequent que cette dette eft éteinte & eft devenuë confufe en la perfonne de leur mere, à caufe de la Garde
qu'elle a acceptée , & qu'elle ne peut pas agir contr'eux , pour
être payée du prix de fes heritages propres , vendus pendant le
mariage , & leur en demander le remploi ou recompenfe.

102. La mere foûtient au contraire que fon action de remploy
ou recompenfe du prix de fes heritages propres , vendus pendant
fon mariage , qui fait tout fon bien , n'eft point éteinte & confufe en fa perfonne, à caufe de la Garde , & qu'elle en doit reprendre le prix fur les biens de la fucceffion de fon mari , attendu
qu'elle a renoncé à la Communauté ; que comme elle ne pourroit
pas profiter , à caufe de la Garde , du prix des heritages propres
de fon mari , s'ils avoient été vendus , même dans les Couftumes qui donnent au Gardien les meubles en propriété. De même
auffi fes enfans ne peuvent pas prétendre fon action de remploy
éteinte & confufe, à caufe de la Garde , ni empêcher qu'elle ne
puiffe reprendre fur les biens de la fucceffion de fon mari, le prix

de fes heritages propres , vendus pendant le mariage ; fon action de remploy n'a pas changé de nature par le decès de fon mari & par l'acceptation qu'elle a faite de la Garde de fes enfans : fon action de remploy doit être confiderée à l'égard des enfans comme à l'égard de leur pere qu'ils reprefentent , c'eft-à-dire, qu'elle a droit d'exercer fon action de remploy, quoiqu'elle accepte la Garde de fes enfans, autrement qu'elle fe trouveroit privée de tout fon bien , fi la prétention de fes enfans avoit lieu.

103. Cette queftion eft difficile ; mais comme il s'agit de la refoudre , il eft raifonnable de dire que l'action de remploy ou de recompenfe du prix des heritages propres, vendus pendant le mariage , qui appartient aux enfans heritiers du prédecedé de leur pere & mere , doit être confiderée au refpect du furvivant des pere & mere qui accepte la Garde de fes enfans, comme les heritages propres, s'ils n'avoient pas été vendus , c'eft-à-dire, que les enfans ont droit de reprendre le prix de la vente des heritages propres du prédecedé de leur pere & mere , de même qu'ils auroient eu droit de reprendre fes heritages propres , s'ils n'avoient pas été vendus pendant le mariage ; le furvivant de leur pere & mere n'en doit pas profiter , à caufe de la Garde : comme auffi le furvivant des pere & mere , dont les heritages propres ont été vendus pendant le mariage , quoiqu'il ait accepté la garde de fes enfans , a droit de reprendre le prix de la vente , & fes enfans n'en doivent pas profiter à fon préjudice, ni prétendre que l'action de remploy & recompenfe doive être comprife au nombre des dettes mobilieres, dont le Gardien eft tenu à caufe de la Garde acquitter fes enfans. Cela a ainfi été jugé par l'Arreft rapporté au nombre 24. du prefent Chapitre, lequel Arreft a été rendu en la Couftume de Senlis , qui eft du nombre des Couftumes qui donnent au Gardien les meubles des mineurs en proprieté. Par cet Arreft on a jugé que l'action de remploi ou recompenfe du prix de la vente des heritages propres ne devoit pas être mife au nombre des dettes mobilieres dont le Gardien eft tenu acquitter les enfans.

104. Mais il y a un autre Arreft qui eft rapporté au nombre 86. qui a jugé autrement ; il a été rendu le 28. Fevrier 1668. dans la Couftume de Lorris, qui eft une des Couftumes qui donnent au Gardien les meubles en proprieté. Par cet Arreft on a jugé que l'action de remploi qu'avoit la mere qui avoit furvêcu fon mari , & qui avoit accepté la Garde de fes enfans , étoit confufe en fa

perſonne, à cauſe de la Garde, à proportion du profit qu'elle faiſoꝛ
du bien de ſes enfans à cauſe de la Garde ; & on a fondé cet Arreſt ſur l'article 334. de la Couſtume de Paris qui dit : *Quand*
les uns ſuccedent aux meubles , les autres aux acquèts , & les autres
aux propres, ou qu'ils ſont donataires ou legataires univerſels , ils ſonꝛ
tenus contribuer au payement des dettes à proportion de l'émolument.
Mais cet article 334. de la Couſtume de Paris eſt au titre deꝛ
ſucceſſions & regle le payement des dettes entre coheritiers, &
cet article comprend toutes dettes mobilieres & immobilieres ꝛ
en ſorte qu'il ne doit pas être tiré en argument, pour refoudre la
queſtion dont il s'agit, dans laquelle il ne s'agit pas de ſuccef-
ſion , ni de la qualité d'heritier , ni du payement des dettes entre
coheritiers ; il s'agit de la Garde & du droit de Gardien, & des
charges & dettes dont il eſt tenu, à cauſe de la Garde. En ſecond
lieu, les Couſtumes qui parlent des dettes, dont elles rendent le
Gardien tenu , diſtinguent les dettes mobilieres des immobilieres ꝛ
elles chargent le Gardien des mobilieres & ne le chargent paꝛ
des immobilieres. Ainſi l'article 334. de la Couſtume de Paris ,
ne doit pas être allegué pour refoudre la queſtion dont il s'agit ,
mais il faut conſiderer que les conjoints par mariage , ne doivent pas profiter des heritages propres, l'un au préjudice de
l'autre , directement ou indirectement en quelque maniere que ce
ſoit , quoique l'un d'eux vienne à déceder & que le ſurvivant accepte la garde de ſes enfans; le ſurvivant des pere mere , & pareillement les enfans du prédecedé doivent reprendre chacun leurs
heritages propres; ou s'ils ont été vendus pendant le mariage, ils en
doivent reprendre le prix ; l'action de remploy ou recompenſe du
prix de la vente doit être exceptée des choſes mobilieres qui tombent en la Garde *activè & paſſivè.* Cette opinion eſt la plus plau-
ſible & la plus raiſonnable, & doit être ſuivie, non ſeulement
dans les Couſtumes qui donnent au Gardien le revenu des immeubles & la ſimple adminiſtration des meubles, mais auſſi dans
les Couſtumes qui donnent au Gardien les meubles en proprieté.

105. Il eſt de la ſuite de parler des rentes dûës par l'un ou
l'autre des conjoints avant leur mariage , qui ont été acquittéeꝛ
pendant le mariage : ſi le conjoint qui devoit la rente prédecedꝛ
laiſſant des enfans mineurs, & que le ſurvivant accepte la Gardꝛ
de ſes enfans, les enfans qui ſont heritiers du prédecedé de leuꝛ
pere & mere en doivent indemniſer le ſurvivant de leur pere &

mere qui n'étoit débiteur de la rente, attendu que la rente a été racheptée de deniers communs, qui appartenoient aux conjoints qui étoient en Cmmunauté ; les enfans ne peuvent pas prétendre que ce soit une dette mobiliere dont ils doivent être acquittez à cause de la Garde ; mais ils doivent la moitié de la rente au survivant de leur pere & mere, qui avoit moitié dans les deniers qui ont été employez au rachapt de la rente ; la moitié de la rente subsiste, & il est subrogé au créancier de la rente qui a été remboursé pour moitié de ses deniers ; par argument tiré des articles 244. & 245. de la Couftume de Paris, qui font fondez en raison generale, les enfans doivent continuer moitié de la rente au survivant de leur pere & mere. L'art. 244. dit : *Quand aucune rente düe par l'un des conjoints, par mariage, ou sur ses heritages, paravant leur mariage est racheptée par les deux conjoints ou l'un d'eux, constant leur mariage, tel rachapt est reputé conquèt* & l'art. 245. dit : *L'heritier ou détempteur de l'heritage sujet à la rente, doit continuer moitié de la rente & payer les arrerages du jour du decès jusques à l'entier rachapt.* La rente qui étoit düe par l'un des conjoints avant le mariage, ayant été racheptée des deniers communs pendant le mariage, la moitié de la rente subsiste au profit de celui qui n'étoit débiteur de la rente, & les enfans qui font heritiers de celui qui étoit débiteur de la rente, doivent continuer la moitié de la rente au survivant de leur pere & mere quoiqu'il ait accepté la Garde, les enfans ne peuvent pas dire que ce soit une dette mobiliere dont ils doivent être acquittez, à cause de la Garde; c'est une rente, par consequent c'est une dette immobiliere active en la personne du survivant des pere & mere, auquel la moitié de la rente est düe, & c'est une dette immobiliere passive en la personne des enfans qui la doivent.

106. Mais autre chose est de ce que doivent les enfans au survivant de leur pere & mere pour bâtimens faits sur les heritages du prédecedé; c'est une dette mobiliere, dont le survivant des pere & mere qui a accepté la Garde de ses enfans, est tenu. Comme le survivant des pere & mere qui a accepté la Garde de ses enfans, profiteroit, à cause de la garde, de la recompenfe qui feroit düe à ses enfans pour les bâtimens qui auroient été faits sur ses heritages propres, pendant le mariage, dans les Couftumes qui donnent au Gardien les meubles en proprieté, comme il a été ci-devant montré : auffi dans ces mêmes Couftumes qui donnent au Gardien les meubles en proprieté, les enfans qui doivent au

survivant

furvivant de leur pere & mere recompenfe pour les bâtimens &
conftructions faites fur les heritages du prédecedé dont ils fcnt
heritiers, font bien fondez à prétendre qu'ils en doivent être acquittez par le furvivans de leur pere & mere, à caufe de la garde
qu'il a acceptée. Il faut en cela faire difference entre les Couftumes qui donnent au Gardien les meubles en proprieté & celles
qui en donnent fimplement l'adminiftration.

107. Comme auffi lorfque par le Contrat de mariage il eft d't
que la femme aura pour fon droit en la Communauté une certaine fomme : Par exemple, le mari decede le premier, il laiffe
des enfans mineurs ; la femme furvivante accepte la garde de fes
enfans, elle ne pourra pas, après la garde finie, demander à fes
enfans la fomme qui lui eft dûë pour fon droit en la Communauté ; & fi elle leur en fait demande, fes enfans font bien fondez
à dire que c'eft une dette mobiliere dont leur mere eft tenuë elle
même, à caufe de la garde qu'elle a acceptée, étant dans une
Couftume qui donne au Gardien les meubles en proprieté. En
effet fi la mere étoit décedée devant le pere, & que le pere eût
accepté la garde de fes enfans, il profiteroit, à caufe de la garde,
de ce qui auroit appartenu à fes enfans comme heritiers de leur
mere, pour leur droit en la Communauté, étant dans une Couftume qui donne au Gardien les meubles en proprieté, comme il a
été cy-devant montré. De même auffi, *vice verfa*, la mere ayant
furvêcu le pere, & la mere ayant accepté la garde de fes enfans,
elle eft tenuë elle-même d'acquitter fes enfans de la fomme qu'ils
lui doivent, pour fon droit en la Communauté.

CHAPITRE VIII.

*Le Gardien ne doit point de relief en la Couſtume de Paris, au
Seigneur de Fief, pour les heritages féodaux des mineurs dont
il fait les fruits ſiens ; mais il eſt tenu en acquitter ſes mineurs ,
s'ils doivent relief de leur chef ; il y a d'autres Couſtumes qui
diſpoſent autrement.*

SOMMAIRE.

1. *Par l'article 32. de l'ancienne
Couſtume de Paris, le Gardien
devoit relief.*
2. *Opinion de Maître Charles du
Moulin ſur l'article 32. de l'ancienne Couſtume de Paris.*
3. *L'article 32. de l'ancienne Couſtume de Paris , a été abrogé
quand elle a été reformée en
1580.*
4. *Anciennement le Gardien devoit relief ; c'étoit l'ancien uſage en pluſieurs Couſtumes.*

5. 6. *Differens cas où il eſt dû
relief.*
7. 8. 9. *Il y a encore pluſieurs
Couſtumes où le Gardien doit
relief.*
10. 11. 12. 13. 14. *Maître Julien
Brodeau dit que dans la Couſtume de Paris avant qu'elle
eût été redigée par écrit, le
Gardien ne devoit relief.*
15. 16. 17. *Explication de l'article 46. de la Couſtume reformée.*

1. **L**'Ancienne Couſtume de Paris en l'article 32. portoit que
le Gardien d'aucuns mineurs faiſant les fruits ſiens eſt tenu
payer le droit de Relief, pour les heritages féodaux appartenans
aux mineurs. Me Charles du Moulin en ſon Commentaire ſur
cet article 32. de l'ancienne Couſtume, nomb. 4 s'écrie fort contre cet article qui rendoit le Gardien tenu de ce droit de Relief,
& dit qu'il eſt ſans raiſon ; que dans la regle , le Gardien n'en
doit point de ſon chef ; que les mineurs n'en doivent point pareillement de leur chef , lorſque le Fief eſt écheu aux mineurs
en ligne directe.

2. La raifon fur laquelle Me Charles du Moulin s'eft fondé eft que le Gardien n'eft pas un nouveau Vaffal, n'étant pas proprietaire; qu'il ne doit de fon chef ni foy & hommage au Seigneur, & s'il fait la foy & hommage pour le Fief de fes mineurs, & que le Seigneur veüille bien la recevoir; le Gardien ne peut être confideré autrement que comme un Tuteur, ou comme un Adminiftrateur, ou comme un Procureur ou Agent des mineurs, qu'il eft feulement tenu de demander fouffrance pour fes mineurs. Voici les termes de cet Autheur. *Sed quæro quæ fit ratio cur hujufmodi cuftos debeat folvere relevium feudorum quando feuda obvenerunt pupillo ex fucceffione directa? Refpondeo nullam effe bonam rationem, quia quantumcunque cuftos acceptet & exerceat hujufmodi cuftodiam, feuda pupilli nullomodo aperiuntur; nec mutant manum, nec transfertur eorum dominium, nec naturaliter tantum poffidet, fed tantum retinet. Ex fupervenientia autem fructuarii clarum eft nullum relevium deberi; igitur multò minus pendendum eft ex fupervenientia cuftodis, cùm hujufmodi cuftos nullam fidelitatem, nullam obfequium clientelare debet patronis pupilli, nec poteft in illorum filem fe conferre, nifi prout tutor, adminiftrator, aut quilibet extraneus, Procurator vel geftor, fi tale patronus obfequium per alium velit admittere; & fic nec ex parte pupilli, nec ex parte patroni, nec ex parte cuftodis vel feudi variatur feudum propter fupervenientiam cuftodis. Quorfum igitur præftatio relevii?*

3. La Couftume de Paris ayant été reformée en 1580. l'article 31. de l'ancienne Couftume fut abrogé par l'avis des Etats, au lieu duquel on a mis l'article 46. de la Couftume reformée, qui porte: *Le Gardien-Noble ou Bourgeois n'eft tenu payer droit de Relief pour les heritages féodaux appartenans aux mineurs, dont il eft Gardien, mais il eft tenu de les en acquitter s'il en eft dû du chef des mineurs.* L'ancienne Couftume d'Orleans qui obligeoit le Gardien de payer Relief comme l'ancienne Couftume de Paris, ayant auffi été reformée en 1583. on a par l'avis des Etats déchargé le Gardien du droit de Relief, & on l'a obligé feulement de faire la foy; c'eft ce qui eft dit par l'article 23. de la nouvelle Couftume d'Orleans, qui eft au lieu des articles 28. & 98. de l'ancienne; lequel article 23. porte: *Quand homme ou femme noble ou non noble vont de vie à trépas, delaiffans plufieurs enfans mineurs, le furvivant a & peut avoir, fi bon lui femble, la Garde d'iceux; & en leur defaut & refus, l'ayeul ou l'ayeule du côté du decedé, fi aucun y a, & ne doivent que la foy, fans profit des heritages, &c.*

4. Quoique M⁰ Charles du Moulin se soit si fort écrié contre la disposition de l'ancienne Coustume de Paris, qui rendoit le Gardien tenu du droit de Relief pour Fief des mineurs dont il joüissoit en qualité de Gardien ; neanmoins on peut dire que cela n'avoit pas été établi sans raison, si on veut faire quelque réflexion sur l'origine du droit de Garde ou Bail, qui a son premier fondement sur les Fiefs concedez par les Seigneurs à leurs Vassaux ; ce qui a été expliqué au premier Chapitre de ce Traité. En effet l'ancien usage & le droit commun étoit que le Gardien devoit Relief pour les Fiefs de ses mineurs, dont il joüissoit en qualité de Gardien. L'Autheur du Grand Coustumier, Liv. 2. tit. 32. de rachapt des Fiefs, art. 9. dit : *Item*, Garde doit rachapt & Finance en tant que touche les Fiefs dont il fait les fruits siens.

5. Monsieur Bouteiller en sa Somme Rurale, **Liv.** 1. tit. 84. *De tenir en partage*, où il parle des Reliefs, dit qu'il y a trois manieres de payer Relief : La premiere est quand celui qui a tenu le Fief va de vie à trépas, son aîné hoir est tenu relever par devers son Seigneur de qui le Fief est tenu. La seconde maniere de payer Relief, est quand celui à qui le Fief appartient, entre en Religion ; car lors dois sçavoir que celui qui après doit posseder le Fief, doit faire & payer au Seigneur le Relief, tout ainsi que si celui qui est entré en Religion étoit mort. La tierce maniere de payer le Relief est quand le Fief chet en gouvernement de Bail ; car lors convient que le Bail releve au nom du moindre d'ans, & lui prête le Relief, jusques à ce que le moindre d'ans vienne en âge ; & lors lui doit rendre le moindre d'ans, quand il sera venu en âge ; & si faute y a au Bail, que le Relief ne fût payé en temps & lieu, ce seroit au péril du Bail & non d'autres. Toutesfois sont aucuns Coustumiers d'opinion, que le Bail doit Relief, à cause de son Bail ; partant qu'il lui faut entrer en son Bail par Loy, & qu'il est déservant le Fief, & si fait l'hoir du Fief, quand il vient en âge, & qu'il fait hommage, si Relief ne payoit ; mais j'ai trouvé les plus sages, desquels l'opinion étoit contraire, & qu'il n'y faut qu'un Relief que le Bail doit prêter à l'entrée du Bail, &c.

6. Cet Autheur ne parle point d'une quatriéme maniere de payer Relief, qui a lieu en plusieurs Coustumes, qui est lorsque la femme, à laquelle est échû le Fief, vient à se marier ; le mari qui joüit du Fief est tenu payer Relief au Seigneur duquel le Fief

de la femme est mouvant. Par exemple, la Couſtume du Maine
par l'article 100. dit : *Si femme ſe marie, la femme devra rachapt
au Seigneur des Fiefs dont les choſes hommagées de ladite femme ſont
tenues à foy & hommage ; & auſſi bien doit le mari rachapt, ſi aucunes choſes hommagées lui adviennent par ſucceſſion ou autrement, à
cauſe de ladite femme, durant le mariage.* L'ancienne Couſtume de
Paris obligeoit le mari pareillement de payer Relief pour le Fief
de la femme ; mais la Couſtume de Paris ayant été reformée en
1580. cela fut corrigé par l'article 36. qui dit qu'il n'eſt dû droit
de Relief par les filles, à cauſe de leur premier mariage, leſquelles neanmoins éſdits cas, ou leurs maris pour elles, doivent porter
la foy, ſans payer Relief.

7. Mais pour revenir à la queſtion du Relief s'il eſt dû par
le Gardien : Nous avons encore pluſieurs Couſtumes où celui
qui accepte la Garde ou Bail eſt tenu de payer au Seigneur le Relief de Bail ou Garde, à cauſe des fruits qu'il fait ſiens. Par exemple, la Couſtume du Comté d'Artois, article 118. dit : *L'homme
ou la femme ayant accepté le Bail des mineurs, s'il veut profiter des
fruits de leurs heritages & les faire ſiens durant ſon Bail doit relever
les heritages des Seigneurs dont ils ſont tenus en ladite qualité de
Bail, pour lequel Relief eſt dû aux Seigneurs un ſimple Relief, ſans
Chambellage, & ce outre & pardeſſus le Relief & Chambellage, que
les heritages doivent pour le Relief que fait le Bailliſtre, au nom des
mineurs, pour le fond qui leur appartient ;* de ſorte que le Bail ou
Gardien doit non-ſeulement un Relief de ſon chef, à cauſe des
fruits qu'il fait ſiens ; mais il doit encore un autre droit de Relief
du chef des mineurs, à cauſe du fond & de la propriété qui appartient aux mineurs, & qui leur eſt écheu en ligne directe.

8. La Couſtume de Peronne en l'article 224. dit : *Sont tenus
les Bailliſtres relever les Fiefs, payer les droits pour ce dûs ;* & l'article 331. dit : *Le Bailliſtre eſt tenu payer au Seigneur Féodal le
Relief de Bail, qui eſt le revenu d'une année & droit de Chambellage.* La Couſtume d'Amiens dit : *Nul n'eſt contraint d'apprehender le Bail d'un mineur, ne le relever de Bail s'il ne lui plaît, &
s'il ne ſe preſente aucun Bailliſtre, le Tuteur au mineur ne doit payer
au Seigneur, duquel les heritages feodaux appartenans aux mineurs
ſont tenus, qu'un Relief de proprieté & de Chambellage, au nom du
mineur ; & faire & fournir tous autres ſervices, droits & devoirs
que feroit le mineur s'il étoit en âge* La Couſtume de Ponthieu
dit plus & veut qu'il ſoit dû double droit de Relief, par l'article

28. qui dit : *L'enfant mineur d'ans pour lequel les Tuteurs & Curateurs auront relevé les immeubles durant sa minorité, faut que lui venu en âge & rendu âgé, releve lesdits immeubles ; ou autrement s'il ne relevoit il perdroit les levées échûes depuis qu'il seroit en âge jusques à ce qu'il eût relevé ; mais si les Tuteurs ont relevé de Bail & payé double Relief, l'enfant venu en âge ne doit point de Relief.*

9. Cela fait voir que les droits féodaux & Seigneuriaux sont differens en plusieurs lieux ; cela vient de ce que les anciennes concessions & investitures, ont été faites indifferemment ou ne se font pas maintenuës & conservées; ou de ce que les Seigneurs eux-mêmes se sont relâchez en quelques lieux de leurs anciens droits, ou que les droits se sont abolis dans la suite des temps par un non usage, ou qu'ils ont été moderez, étant reconnus trop rigoureux.

10. Me Julien Brodeau en son Commentaire sur la Coustume de Paris, article 46. dit que l'usage étoit anciennement en la Prevôté & Vicomté de Paris, auparavant que la Coustume de Paris eût été redigée par écrit en 1510. que le Gardien ne devoit point de Relief pour les heritages féodaux, dont il faisoit les fruits siens, & dit avoir tiré cette tradition des articles 136. & 158. d'un ancien manuscrit qu'il avoit, qui est intitulé, *Coustumes toutes notoires du Châtelet de Paris*, contenant 186. articles; lequel manuscrit cet Autheur a fait imprimer & mettre à la fin de son Commentaire de la Coustume de Paris. L'article 136. de cet ancien manuscrit porte : *Les anciens Avocats du Chastelet*, in turba, *disent que par la Coustume des Fiefs aux Us de France, Gardien ou Gardienne de leurs enfans communs ne doivent point de rachapt ne de Relief, mais suffit de offrir la bourse & les mains. Et ita dixerunt, in causa dictorum de vercela.*

11. L'article 158. de ce même manuscrit dit : *Les enfans succedans à pere ou mere ou autrement en droite ligne en Fiefs, ni les vrais Gardiens des mineurs ne doivent point de rachapt, ne faire aucun profit au Seigneur, ains doivent être reçûs à la terre & au Fief franchement, car ils ne sont tenus payer aucune chose au Seigneur & ne doivent rien hors la reverence & obéïssance de foy de bouche & de mains.* Le même Autheur dit que cela est conforme aux articles 194. & 205. & 206. des Décisions de Me Jean Delmares, Conseiller & Avocat du Roy au Parlement de Paris, du Regne des Rois Charles V. & Charles VI. contenant 423. articles. Lesquelles Décisions ce même Autheur a fait aussi mettre à la fin de

ſon Commentaire. L'article 194. dit : *Item , par la Couſtume des Fiefs , le Gardien ou Gardienne de leurs enfans mineurs ne doivent point de rachapt & de Relief , mais ſuffit d'offrir la bouche & les mains pour entrer en ſa foy & en ſon hommage ou ſouffrance , ſelon les Us & Couſtumes des Fiefs de France.* L'article 205. porte : *Item, quand la mere a la Garde de ſes enfans , auſquels échet aucune choſe tenuë en Fief , à cauſe de la ſucceſſion de leur pere , elle doit rachapt , car ainſi le devroient ſes enfans s'ils étoient âgez.* Et l'art. 206. porte : *Item, qui a le Bail doit rachapt , car ainſi le devroient les enfans , qu'il a en Bail , pour cauſe des Fiefs, deſquels les enfans , s'ils étoient agez, le payeroient , à cauſe de la ſucceſſion de leur frere ou autre de ligne tranſverſale , ou d'autre non de leur lignage.*

12. Mais je ne ſçai ſi on peut ajoûter quelque foy à ces Traditions : car il me ſemble qu'il y a peu d'apparence que l'uſage ancien du Châtelet, avant que la Couſtume fut redigée par écrir, ait été que le Gardien ne payât pas de Relief au Seigneur; au contraire il y a plus de vrai-ſemblance que l'ancien uſage de ce temps a été que le Gardien payoit Relief, puiſque l'ancienne Couſtume de Paris qui fut redigée en 1510. en contenoit une diſpoſition expreſſe en l'art. 32. Cet article portoit : *Item, le Gardien d'aucuns enfans mineurs , faiſant les fruits ſiens , eſt tenu payer droit de Relief , pour les heritages féodaux appartenans aux mineurs.* Il eſt difficile de croire qu'avant que la Couſtume de Paris eût été arrêtée & redigée par écrit en 1510. l'uſage eût été au Châtelet que le Gardien ne payât point de Relief ; & que ſans cauſe & ſans raiſon , lorſqu'on fit la redaction de la Couſtume par écrit, on eût par un droit nouveau & contraire à ce qui s'étoit pratiqué , chargé le Gardien de payer un droit de Relief. Il y a peu d'apparence qu'on eût voulu attribuer aux Seigneurs de nouveaux droits & en charger les Vaſſaux ; on panche ordinairement pour la liberation, & on n'impoſe pas de nouvelles charges ſans cauſe & ſans raiſon. En ſecond lieu lorſque la Couſtume de Paris a été arrêtée & redigée par écrit en 1510. cette redaction fut faite pour arrêter & déclarer l'ancien uſage & ce qui s'étoit pratiqué par le paſſé, c'eſt-à-dire, le bon uſage. Ainſi-puiſque l'ancienne Couſtume de Paris redigée par écrit en 1510 porte expreſſément en l'art. 32. que le Gardien qui fait les fruits ſiens ; eſt tenu payer droit de Relief: on peut dire avec quelque certitude que tel étoit l'ancien uſage & Couſtume du Châtelet, & que cela s'obſervoit dans l'étenduë de la Prevôté & Vicomté de Paris , avant qu'elle eût été redigée par écrit.

13. En troifiéme lieu, quelle foy peut-on ajoûter à ce manufcrit intitulé, *Couftumes tentes notoires du Chaftelet de Paris?* Il ne paroît point que ce manufcrit ait aucune autorité. Me Julien Brodeau ne dit point de qui il le tenoit, on ne voit point de témoignage public qui l'ait authorifé, ainfi il n'y a pas lieu de s'y arrêter, pour dire que l'ancien ufage du Chaftelet étoit tel, fi ce n'eft en ce qui fe trouveroit conforme aux Sentences du Chaftelet ou aux Arrefts du Parlement qui fe trouveroient avoir été rendus avant 1510. On peut dire même chofe de l'autre écrit, qui eft intitulé: Décifions de Meffire Jean Defmares, Confeiller & Avocat du Roy au Parlement, fous les Rois Charles V. & Charles VI. dans lefquelles font tranfcrits les Ufages & Couftumes gardées en la Cour du Chaftelet, & certaines Sentences données en plufieurs cas notables. Car quelle certitude a-t-on que Meffire Jean Defmares Avocat du Roy au Parlement, en ait été l'Auteur. Puifqu'il étoit Avocat du Roy au Parlement, il femble qu'il auroit plûtôt écrit les Décifions du Parlement de fon temps que les Décifions du Châftelet. C'eft un manufcrit qui ne paroît que depuis que Me Julien Brodeau l'a fait imprimer, l'ayant fait mettre à la fin de fon Commentaire de la Couftume de Paris; de forte qu'il n'y a pas lieu de faire grand fondement fur tous ces articles fi ce n'eft en ce qu'ils fe trouvent conformes à la raifon, à la Couftume & aux Arrefts.

14. Ainfi il y a lieu de préfumer comme il a été dit, qu'avant l'année 1510. l'ufage étoit en la Prevôté & Vicomté de Paris, que le Gardien payoit Relief pour les heritages féodaux appartenans à fes enfans mineurs, puifque la Couftume redigée par écrit en l'année 1510. que nous appellons l'ancienne Couftume, en contient une difpofition expreffe en l'article 32. Il eft à préfumer qu'on arrêta & redigea par écrit ce qui avoit été obfervé par le paffé; on ne préfumera pas que cet article 32. fût contraire à ce qui s'étoit pratiqué auparavant & que ce fût un droit nouveau, puifque cela ne paroît point. Il n'y a point d'apparence qu'on eût voulu en 1510. fans caufe & fans prétexte, impofer une nouvelle charge aux Gardiens & attribuer un nouveau droit aux Seigneurs de Fief.

15. Refte d'expliquer les derniers termes de l'article 46. de la Couftume reformée de Paris, qui dit: *Le Gardien-Noble ou Bourgeois n'eft tenu payer droit de Relief pour les heritages feodaux appartenans aux mineurs, defquels il eft établi Gardien, mais il eft tenu*

ffff

les en acquitter, *s'il en eſt dû* du *chef des mineurs.* Par exemple,
les mineurs doivent Relief de leur chef, lorſqu'un Fief leur échet
en collaterale pendant la Garde ; on demande en ce cas ſi le Gardien eſt tenu de les en acquitter. On pourra objecter que puiſque
par l'article 46. le Gardien eſt tenu acquitter ſes mineurs du droit
de Relief, s'il en eſt dû de leur chef ; que non ſeulement la ſuccef-
ſion du prédecedé des pere & mere qui a donné ouverture à la
Garde tombe en Garde, mais auſſi toutes autres ſucceſſions directes & collaterales, qui ſont échûës aux mineurs pendant la
Garde. Pour appuyer cette objection, on pourra dire que n'étant
point dû de Relief par les enfans, pour les Fiefs échûs en ligne
directe, mais ſeulement pour ceux qui ſont échûs en collaterale,
inutilement la Couſtume de Paris a dit par l'article 46. que le
Gardien eſt tenu d'acquitter les enfans du Relief, ſi les ſuccef-
ſions collaterales n'entrent point en Garde, & ſi le Gardien n'a
pas droit d'en joüir: par conſequent qu'il y a neceſſité de dire que
les ſucceſſions collaterales échûës aux enfans tombent en la Garde, & que le Gardien des enfans a droit d'en joüir ; ce qui ſe
trouveroit contraire à ce qui a été établi au Chapitre ſixiéme, qui
explique le droit du Gardien & qui reſtraint la joüiſſance du
Gardien aux fruits & revenus de la ſucceſſion du prédecedé des
pere & mere qui a donné ouverture à la Garde.

16. Mais on a répondu que l'article 46. eſt pour les Fiefs qui
ſont ſituez au Vexin le François, où il eſt dû Relief à toutes mu-
tations, tant en ligne directe que collaterale. Cet article 46.
qui dit : *Le Gardien n'eſt tenu payer droit de Relief pour les heri-*
tages feodaux, appartenans aux mineurs, mais eſt tenu les en ac-
quitter, s'il en eſt dû du chef des mineurs. Cet article a ſon application aux Fiefs ſituez au Vexin : c'eſt pourquoi ſi dans la ſuccef-
ſion du prédecedé des pere & mere qui donne ouverture à la
Garde, il y avoit quelque Fief ſitué au Vexin le François, les
enfans devroient Relief de leur Fief, & le Gardien ſeroit tenu
en acquitter les enfans ; mais s'il échet pendant la Garde aux
enfans des ſucceſſions collaterales où il y ait des Fiefs, les enfans
ſeront tenus payer Relief aux Seigneurs dont les Fiefs ſont mouvans, & le Gardien n'eſt pas tenu d'en acquitter les enfans, par
la raiſon que les ſucceſſions collaterales échûës aux enfans ne
tombent point en Garde, & que le Gardien n'en fait pas les
fruits ſiens, le Gardien en doit rendre compte aux mineurs.

17. Mᵉ Charles du Moulin ſur l'art. 31. de l'ancienne Couſtu-

C c

me de Paris, qui portoit que le Gardien étoit tenu de payer droit
de Relief, pour les heritages féodaux appartenans aux mineurs ,
dit au nomb. 10. & 11. que si le Seigneur ne s'est pas fait payer du
droit de Relief par le Gardien qui a fait les fruits siens, il ne peut,
après la Garde finie , saisir le Fief sur le mineur, faute de payement , ni même demander le droit de Relief au mineur ; mais que
le Seigneur doit se pourvoir contre le Gardien , si bon lui semble ;
qu'il suffit au mineur, venu à son âge, d'offrir au Seigneur la foy
& hommage , par la raison que le Relief est dû par le Gardien , à
cause de la Garde qui lui donne droit de faire les fruits siens. *Quia
filius & Vassallus nullo modo, nec personaliter , nec realiter est obliga-
tus ad solutionem dicti relevii , cùm non debeatur ex capite vel facto
Vassalli vel prædecessoris sui, nec ex natura regulati feudorum, sed ex-
orbitanter ratione custodiæ habitæ per patrem, &c.*

CHAPITRE IX.

*Si le Gardien est tenu faire la foy & hommage pour les heri-
tages féodaux , appartenans aux mineurs , dont il fait les fruits
siens , & bailler aveu & dénombrement aux Seigneurs ,
dont les heritages féodaux des mineurs sont mouvans ; comme aussi si le Gardien peut recevoir la foy & hommage des
Vassaux des mineurs , & recevoir les aveus & denombre-
mens.*

SOMMAIRE.

1. 2. *Si dans la Coustume de Paris
le Gardien Noble ou Bourgeois
est tenu faire la foy & hommage pour les heritages féodaux
appartenans aux mineurs, &
bailler aveu & dénombrement
aux Seigneurs dont ils sont
mouvans.*

3. *Opinion de Maître Charles du
Moulin.*

4. *Plusieurs Coustumes disent que
le Gardien ou Bail est tenu faire
la foy & hommage pour les heritages féodaux, dont il a droit
de joüir en qualité de Gardien.*

5. *Dans les Coustumes où le Gar-*

aien eft tenu de fon chef de faire la foy & hommage, à caufe des fruits qu'il fait fiens; la foy & hommage que le Gardien a faite en cette qualité, ne décharge pas les mineurs de faire eux mêmes la foy & hommage, lorfqu'ils font venus à leur âge.

6. Par la Couftume de Paris le Gardien n'étant pas tenu de faire la foy & hommage pour les héritages féodaux de fes mineurs, il n'eft pas tenu pareillement bailler aveu & dénombrement.

7. Si le Gardien peut recevoir les foy & hommage qui fe doit faire par les Vaffaux des mineurs.

8. Ce n'eft pas au Gardien à recevoir les aveus & dénombremens des Vaffaux des mineurs.

1. **L**A Couftume de Paris ne s'eft pas expliquée touchant la foy & hommage & les aveux & dénombrement, fi le Gardien Noble ou Bourgeois eft tenu faire la foy & hommage pour les heritages féodaux appartenans aux mineurs, & bailler aveu & dénombrement, ou s'il n'y eft pas tenu. La Couftume de Paris n'en contient aucune difpofition ; elle parle feulement du Tuteur en l'art. 41. qui dit : *Si tous les enfans aufquels appartient aucun Fief font mineurs, le Seigneur Féodal eft tenu leur bailler fouffrance ou à leur Tuteur jufques à ce qu'ils ou l'un d'eux foit en âge, pour faire la foy & hommage, pour laquelle faire le fils eft reputé âgé à l'age de vingt ans, & la fille à l'age de quinze ans accomplis, & eft tenu le Tuteur de déclarer les noms & age des mineurs, pour lefquels il demande fouffrance.*

2. De cet article on tire argument pour dire que dans la Couftume de Paris le Gardien n'eft pas tenu de faire la foy & hommage, pour les heritages féodaux appartenans aux mineurs, dont il fait les fruits fiens; mais que le Gardien, s'il a été nommé Tuteur, doit demander au Seigneur fouffrance pour fes mineurs; ou s'il y a un Tuteur autre que le Gardien, le Tuteur la doit demander : mais le Gardien de fon chef ne doit point de foy & hommage au Seigneur en qualité de Gardien; la raifon eft que la foy & hommage fe doit faire par le proprietaire du Fief, qui doit lui-même en perfonne reconnoître fon Seigneur & lui faire la foy & hommage pour les heritages qu'il tient de lui, & lui faire les offres qu'il convient faire ; c'eft pourquoi lorfque le Vaffal eft mineur, le Seigneur eft tenu bailler fouffrance jufques à ce qu'il foit en âge, fuivant l'article 41. de la Couftume de Paris.

3. Me Charles du Moulin sur l'article 32. de l'ancienne Couftume de Paris, nomb. 12 agite cette queftion, & refout que le Gardien n'eft pas tenu faire la foy & hommage, de même qu'un ufufruitier n'eft pas tenu de faire la foy & hommage pour l'heritage dont il eft ufufruitier, Le même Autheur dit qu'il eft bien vrai
que le gardien peut faire la foy & hommage au Seigneur dominant
& que le Seigneur peut la recevoir, fi bon lui femble ; mais que
fi le gardien fait la foy & hommage fimplement en fon nom, en
qualité de gardien, elle ne pourra fervir au mineur, & que le
mineur ne fera pas moins tenu de la faire lorfqu'il fera venu en
âge; qu'autrement le Seigneur dominant pourra faifir fon Fief:
mais que fi le gardien en qualité de gardien & adminiftrateur des
biens du mineur, avoit fait la foy & hommage pour le mineur,
c'eft à-dire, au nom-du mineur, & que le Seigneur dominant
l'ait bien voulu recevoir pour le mineur; telle foy & hommage
fervira au mineur, le mineur n'aura pas befoin de la renouveller,
lorfqu'il fera venu à fon âge, & le Seigneur dominant ne pourra
pas faire faifir le Fief du mineur, faute de foy & hommage,
Gardianus non eft legitima perfona quia non eft vaffallus, nec domi-
nus feudi; unde non tenetur nec poteft cogi; ficut nec ufusfructuarius,
præftare fidelitatem & hommagium. Non tamen nego, quin eam offerre
poffit fi velit, & quin patronus poffit fi velit admittere; fed tunc dif-
tinquendum: aut dictus cuftos fuit admiffus nomine fuo & pro jure
& tempore fuo, & ratione cuftodiæ five Gardiæ duntaxat, & hujuf-
modi admiffio in fidem non prodeft proprietario five minori, nec cum
exonerat quin, dùm fuerit ætatis idoneæ, teneatur fidelitatem præftare.
Alioquin prehenfionem feudalem & amiffionem pati poteft. Aut verò
dictus cuftos in fidem admiffus eft nomine minoris five tanquam ejus
adminiftrator, & non fuit actus limitatus, ad jus & tempus cuftodiæ,
& prodeft minori eumque exonerat, ita quòd non tenetur etiam major
factus fidelitatem renovare, nec poterit ejus feudum ex defectu ho-
minis prehendi.

4. Il y a plufieurs Couftumes femblables à celle de Paris,
qui n'obligent point le gardien de faire la foy & hommage pour
les heritages feodaux des mineurs, dont le gardien jouit à caufe
de la garde. Mais il y a d'autres Couftumes qui difpofent autrement & qui difent que le gardien ou bail eft tenu faire la foy &
hommage pour les heritages feodaux dont il a droit de joüir en
qualité de gardien. Par exemple, la Couftume du Maine article
118. dit : *Le Seigneur de Fief dont l'heritage du mineur eft tenu à*

foy, *ne peut prendre par défaut d'homme sur lui. C'est à entendre quand le mineur n'a Bail, Tuteur, ni Curateur ; mais quand les mineurs ont Bail, Tuteurs ou Curateurs, ils doivent faire la foy & hommage & servir le Fief, & s'ils n'en avoient, le Seigneur de Fief peut tenir l'heritage en sa main, jusques à ce que les mineurs soient pourveus de Bail, Tuteur, ou Curateur, & ladite provision faite de Tuteur ou Curateur, le Seigneur de Fief après qu'il aura été servi de son hommage sera tenu de rendre ce qu'il aura levé desdits fruits, au Tuteur ou Curateur, au profit du mineur, les charges déduites* ; & par l'art. 135. de la même Coustume il est dit : *Foy & hommage est düe à chaque mutation du Seigneur ou sujet, par le Seigneur proprietaire de la chose hommagée ; car si les possesseurs ou détempteurs ne sont qu'usufruitiers, comme fils puisnez nobles, douairiers ou autres usufruitiers, ils ne seront pas reçûs à en faire la foy, hors les Bails, Tuteurs ou Curateurs qui font & reçoivent les hommages.*

5. La Coustume d'Orleans article 23. dit : *Quand homme ou femme noble ou non noble vont de vie à trépas, délaissant un ou plusieurs enfans mineurs, le survivant a & peut avoir, si bon lui semble, la Garde d'iceux, & à leur défaut ou reçus l'ayeul ou l'ayeule du côté du decedé, si aucun y a, & ne doivent que la foy sans profit des heritages des mineurs, & font les Seigneurs de Fief tenu bailler aux Gardiens souffrance, sans payer profit, &c.* La Coustume d'Orleans par cet article semble obliger le Gardien à faire la foy & hommage en qualité de Gardien, à cause des fruits qu'il fait siens, & à demander souffrance pour les mineurs. La Coustume de Blois en l'article 5. dit : *En Garde des mineurs nobles, les Gardiens soit pere ou mere, ayeul ou ayeule, font leurs les fruits des heritages des mineurs, tant comme dure la Garde, à la charge de faire la foy & hommage aux Seigneurs de Fief pour raison des heritages, &c.* Mais comme par ces Coustumes le gardien est tenu de son chef de faire la foy & hommage, à cause des fruits qu'il fait siens ; la foy & hommage qu'il a faite en cette qualité de gardien, ne décharge pas les mineurs de faire eux-mêmes la foy & hommage ; lorsqu'ils sont venus à leur âge ils sont obligez de la faire, le Gardien ne l'ayant faite que pour lui, en qualité de gardien.

6 Nous avons dit qu'en la Coustume de Paris le gardien n'est pas tenu de faire la foy & hommage pour les heritages feodaux appartenans aux mineurs, dont il fait les fruits siens ; par la même raison le gardien n'est pas tenu bailler aveu & dénombrement, ce sera aux mineurs à le rendre, lorsqu'ils seront venus à leur

âge & qu'ils auront fait la foy & hommage. Comme l'aveu & dénombrement contient ou doit contenir en détail les heritages qui font dans la mouvance du Seigneur, c'eſt une eſpece de reconnoiſſance qui oblige le Vaſſal qui le donne, & le Seigneur qui le reçoit ; c'eſt un titre entre le Seigneur & le Vaſſal : c'eſt pourquoi ce n'eſt point au Gardien, qui n'eſt que ſimple adminiſtrateur à fournir l'aveu & dénombrement pour les heritages feodaux appartenans à ſes mineurs ; cela ſe doit faire par les mineurs, lorſqu'ils ſont venus à âge, après avoir fait la foy & hommage ; ſi le Gardien avoit baillé aveu & dénombremennt qui fit quelque préjudice aux mineurs, il ne pourroit être tiré à conſequence contr'eux, les mineurs venus à leur âge en pourront bailler un autre, & reformer celui qui auroit été baillé par leur Gardien.

7. Mais on demande ſi le Gardien peut recevoir la foy & hommage qui ſe doit faire par les Vaſſaux des mineurs, & recevoir les aveux & dénombremens qui ſe doivent rendre par les Vaſſaux des mineurs ? Premierement à l'égard de la foy & hommage, la commune opinion eſt que le Gardien la peut recevoir, afin qu'il puiſſe recevoir les profits & émolumens de Fief dont il a droit de joüir en qualité de Gardien : car comme il peut en qualité de Gardien, faire ſaiſir le Fief, ou Fiefs & arriere-Fiefs mouvans & dépendans du Fief appartenans aux mineurs, dont il joüit en qualité de Gardien ; il eſt juſte auſſi que les Vaſſaux des mineurs puiſſent faire la foy & hommage au Gardien, pour ne pas donner lieu de ſaiſir, ou pour avoir main-levée de la ſaiſie qu'il auroit faite. Le Gardien eſt conſideré comme un uſufruitier. La Couſtume de Paris, article 161. dit : *L'uſufruitier d'un Fief peut à ſa requète, périls & fortunes faire ſaiſir le Fief ou Fiefs & Arriere-Fiefs ouverts, mouvans & dépendans du Fief dont il joüit par uſufruit, à faute d'homme, droits & devoirs non faits & non payez, pourvû que dans l'Exploit qui ſeroit fait le nom du proprietaire ſoit mis & appoſé, &c.* ainſi il n'y a rien qui empêche que le Gardien ne puiſſe recevoir les foy & hommage des Vaſſaux des mineurs.

8. Mais à l'égard de l'aveu & dénombrement, il ſemble que ce n'eſt pas au Gardien à les recevoir pour ſes mineurs, ni à les blâmer ; l'aveu & dénombrement eſt une eſpce de reconnoiſſance qui regarde le proprietaire ; c'eſt aux mineurs lorſqu'ils ſeront venus en âge, à le recevoir & à les blâmer. La Couſtume de Tours art. 243. dit : *Bailliſtres, Tuteurs, ou Curateurs font les hommages & auſſi les reçoivent de ceux qui ſeront à entrer en hommage, ledit*

Bail advenu , lesquels feront hommage audit Seigneur venu en age &
étant hors de bail, quand il aura fait proclamer & assigner les hom-
mages ; & l'art. 346. dit : Bailliste ne reçoit aveu & ne le baille.
La Couftume de Lodunois, Titre 33. des Bails , article 4. dit :
Bail fait les hommages , & reçoit les hommages de ceux qui font à
entrer en hommage paravant ledit bail advenu , & femblablement les
Tuteurs & Curateurs ; & l'art. 5. dit : Bail ne reçoit adveu & auffi
ne le baille ; le femblable eft des Tuteurs & Curateurs.

CHAPITRE X.

De quelle durée eft la Garde-Noble & Bourgeoife, & quand
la Garde-Noble & Bourgeoife finiffent.

SOMMAIRE.

1. *La Couftume de Paris fait dif-*
ference entre la Garde - Noble
& la Garde - Bourgeoife pour
la durée.

2. *Differentes difpofitions des Cou-*
ftumes touchant la durée de la
Garde.

3. *Sur quoi les Couftumes qui veu-*
lent que la Garde finiffe plûtôt
à l'égard des filles qu'à l'égard
des mâles , font fondées.

4. *Lorfque les heritages qui ap-*
partiennent aux enfans qui
font en Garde, font fituez en
differentes Couftumes qui con-
tiennent differentes difpofitions
pour la durée de la Garde ;
il faut fuivre les differentes
difpofitions des Couftumes où
les heritages font fituez.

5. *La Garde finit lorfque les en-*
fans mineurs fe marient avant
le temps que la Couftume a
prefcrit pour la durée de la
Garde.

6. *La Garde finit par la mort des*
enfans.

7.8.9. *Si la Garde finit par le fe-*
cond mariage du Gardien.

10. 11. *Dans les Couftumes qui ne*
difent point que la Garde finit
lorfque le Gardien fe remarie ,
& qui n'en contiennent aucune
difpofition ; fi on doit fuivre la
Couftume de Paris.

12. *Sur quoi on s'eft fondé quand*
on a attribué aux pere & mere,
ayeul & ayeule le droit de Garde.

13. *La Garde finit par la mort du*
Gardien.

1. L E droit de Garde finit premierement lorsque les enfans font venus à l'âge que la Couftume a prescrit pour la durée de la Garde. La Couftume de Paris, art. 268. dit : *La Garde-Noble dure aux enfans masles jusques à vingt ans, & aux femelles jusques à quinze ans accomplis; & la Garde-Bourgeoise dure aux enfans masles jusques à quatorze ans, & aux femelles jusques à douze ans finis & accomplis.* Il y a plusieurs autres Couftumes qui reglent l'âge des mineurs, pour la durée de la Garde-noble & bourgeoise de même que celle de Paris.

2. Il y a d'autres Couftumes qui font differentes de la Couftume de Paris. Par exemple, la Couftume de Mante, article 181. dit : *La Garde dure, quant aux Nobles, jusques à vingt ans, quant aux masles ; & quant aux filles, jusques à dix-huit ans.* La Couftume d'Orleans, art. 24. dit : *Souffrance équipolle à foy, & dure la fouffrance jusques à ce que le masle foit âgé de vingt ans & un jour, & la femelle de quatorze ans & un jour, auquel temps les garde & bail finiffent.* La Couftume du Maine, art. 59. dit : *Le Bail du masle noble dure jusques à ce que celui qui est venu en bail ait vingt ans accomplis ; & de la fille jusques à ce qu'elle en ait quatorze accomplis.* La Couftume du Grand-Perche. art. 172. dit : *La Garde, quant aux masles, finit à l'âge de vingt ans ; & quant aux femelles, à l'âge de feize ans.* La Couftume de Tours dit : *La Garde dure, pour le regard du masle jusques à dix-huit ans accomplis ; & de la fille, jusques à quatorze.* La Couftume de Virry, art. 65. dit : *La Garde, fauf au fils à quinze ans, & la fille à douze ans.* La Couftume de Rheimss art. 332. dit : *La Garde-Noble dure aux masles jusques à quatorze ans ; & quant aux femelles jusques à douze ans ; & par l'art. 333. La Garde Bourgeoise & Roturiere jusques à ce que les mineurs tant masles que femelles ayent vingt cinq ans accomplis.* La Couftume de Normandie par l'art. 223. dit : *La Garde-Noble finit après que le mineur a vingt ans accomplis ; & s'il est en la Garde du Roy, après vingt & un ans accomplis ; & l'art. 224. dit : Et neanmoins il demeure toûjours en Garde jusques à ce qu'il ait obtenu du Roy Lettres Patentes de main-levée, & icelles fait expedier ; & pour les Gardes des autres Seigneurs, il fuffit leur fignifier leur paffe age ; & l'art. 227. dit : La Garde d'une fille finit après l'age de vingt ans accomplis, ou plûtôt fi elle est mariée, par le confeil & licence de fon Seigneur.*

3. La raifon fur laquelle est fondée la difpofition des Couftumes qui veulent en general que la Garde finiffe plûtôt aux filles qu'aux

mâles

mâles , eſt qu'on a conſideré premierement que la Garde finit par
le mariage du mineur, & que les filles ſont naturellement capables de mariage plûtôt que les mâles. On a auſſi conſideré que
les Gardiens pouvoient être induits , à cauſe du profit & émolument de la Garde , à ne pas marier les filles ; ils pouvoient ſuivre
plûtôt leur interêt que de pourvoir à l'établiſſement de leur fille
tant qu'ils verroient qu'il y auroit à profiter de leur revenu , en
qualité de Gardien. Par ces raiſons on a voulu que la Garde finît
aux femelles , plûtôt qu'aux mâles.

4. Il y a une autre queſtion qui a été faite , qui eſt de ſçavoir
lorſque les heritages qui appartiennent aux enfans qui ſont en
Garde , ſont ſituez en differentes Couſtumes, qui reglent differemment la durée de la Garde , touchant l'âge des enfans ; s'il
faut ſuivre ſeulement la Couſtume où la Garde a été ouverte &
déferée , en quelque lieu que les heritages ſoient ſituez, ou s'il
faut ſuivre les differentes diſpoſitions des Couſtumes. Il ſemble
raiſonnable de dire qu'il faut ſuivre la diſpoſition de chaque Couſtume , pour les heritages qui y ſont ſituez , & que le Gardien doit
ceſſer de faire les fruits ſiens des heritages qui y ſont ſituez , ſi-
tôt que l'enfant ſera arrivé à l'âge que preſcrit la Couſtume, ſans
conſiderer ſi la Couſtume a été ouverte & déferée dans une autre
Couſtume qui donne plus longue durée à la Garde ; les Couſtumes ſont réelles. Voyez le Chapitre ſixiéme.

5. En ſecond lieu la Garde finit lorſque les mineurs ſe marient
avant le temps que la Couſtume a preſcrit pour la durée de la
Garde ; le mariage les émancipe & fait ceſſer le droit du Gardien.
Il y a des Couſtumes qui en contiennent diſpoſition expreſſe. Par
exemple , la Couſtume du grand Perche, art. 172. dit : *La Garde ,*
quant aux maſles, finit à l'âge de vingt ans ; & quant aux femelles ,
à l'âge de ſeize ans. Si avant le temps elles ſont mariées , la Garde finit
par leur mariage. La Couſtume de Mante , art. 181. dit : *La Garde*
dure , quant aux meubles, juſques à vingt ans , quant aux mâles ; &
quant aux femelles , juſques à quinze ans , ou juſques à ce qu'elles
ſoient mariées , ſi plûtôt elles ſont mariées.

6. En troiſiéme lieu la garde finit par la mort des enfans, c'eſt-
à-dire , que ſi les mineurs viennent à déceder avant qu'ils ayent
atteint l'âge que preſcrit la Couſtume, pour la durée de la garde ;
le gardien ne peut pas prétendre avoir droit de continuer la joüiſſance du revenu des mineurs, juſques au temps que les mineurs
euſſent été en garde s'ils avoient vêcu ; s'il y a Pluſieurs enfans qui

ſoient en garde, la garde ſe conſidere diviſément par chacun des enfans, c'eſt à-dire, qu'à meſure que chacun des enfans vient à arriver à l'âge que la Couſtume preſcrit pour la durée de la garde, la garde finit ſi-tôt que le mineur a atteint ſon âge. La Couſtume de Paris dit : *La Garde-Noble dure aux enfans maſles juſques à vingt ans, & aux femelles juſques à douze ans accomplis; & la Garde-Bourgeoiſe dure aux enfans maſles juſques à quatorze ans, & aux femelles juſques à douze ans.* Le Gardien ceſſe de faire les fruits ſiens de la part appartenant à l'enfant decedé, & n'a que les fruits des parts des enfans vivans, encore que les biens tombez en garde ſoient indivis, & que la part de l'enfant decedé accroiſſe aux enfans ſurvivans. La raiſon eſt que le droit de garde comprend la perſonne & les biens de l'enfant mineur conjointement ; & comme la garde finit à l'égard de la perſonne de l'enfant par ſa mort, il eſt vrai de dire que le gardien ceſſe de faire les fruits ſiens, de la part que l'enfant decedé avoit dans les biens, le droit de garde ceſſe à ſon égard, & ſubſiſte ſeulement à l'égard des enfans ſur-vivans pour les parts & portions qu'ils avoient dans les biens, avant le decès de leur frere ou ſœur.

7. En quatriéme lieu la garde finit par le ſecond mariage du gardien. La Couſtume de Paris en l'article 268. dit : *La Garde-Noble dure aux enfans maſles juſques à vingt ans, & aux femelles juſques à quinze ans accomplis ; & la Garde-Bourgeoiſe dure aux enfans maſles jaſques à quatorze ans, & aux femelles juſques à douze ans finis & accomplis, le tout pourvû que les pere & mere, ayeul ou ayeule ne ſe remarient, auquel cas la Garde eſt finie.* Il y a pluſieurs Couſtumes ſemblables à celle de Paris.

8. Il y a d'autres Couſtumes qui diſent indiſtinctement que la garde ne finit pas par le ſecond mariage du gardien. La Couſtu-me d'Orleans, art. 25. dit : *Les Gardiens-Nobles s'ils ſe remarient ſeront tenus bailler au préalable, caution de rendre indemnez les mineurs de ce qu'ils ſont tenus les acquitter par ladite Garde. Toutes-fois ſi la veuve noble, Gardienne de ſes eufans, ſe remarie & que ſon mari ne voulût accepter le bail des enfans, aux charges que deſſus, en ce cas s'il y a ayeul ou ayeule des mineurs, iceux ayeul ou ayeule pourront prendre & avoir le bail des mineurs, ſans payer profit, & prendre les meubles & fruits des heritages, aux charges ſuſdites.* La Couſtume d'Artois, art. 157. dit : *L'homme ou la femme en ſe re-mariant une ou pluſieurs fois ne perdent pas le droit de bail qu'ils ont pour leurs enfans mineurs.*

9. Il y a d'autres Couſtumes qui diſent que la garde finit par le ſecond mariage de la mere ſeulement, & non pas par le ſecond mariage du pere. Par exemple, la Couſtume de Châ.eau neuf, art. 136. dit : *Si la mere ſe remarie la Garde faut, car elle revient en la puiſſance de ſon mari ; & quant au mari, il ne la perdra pas, s'il n'eſt trouvé qu'il fût de malverſation, ou qu'il tournaſt à pauvreté, auquel cas il y ſera pourvû par Juſtice·* La Couſtume de Melun, art. 186. dit : *Si la mere ou ayeule ayant pris le Bail ou Garde Noble de leurs enfans mineurs, ſe remarie, elles perdent le Bail & Garde-Noble ; mais ſi leſdits pere ou ayeul ſe remarient, pour ce ne perdent le Bail ou Garde-Noble.* La Couſtume de Tours, art. 339. dit : *Si la mere ſe remarie, elle perd le bail.* Il y a d'autres Couſtumes ſemblables.

10. Dans les Couſtumes qui ne diſent point que la garde finiſſe par le ſecond mariage, & qui n'en contiennent aucune diſpoſition: On demande ſi on doit ſuivre la Couſtume de Paris, qui veut lorſque les pere & mere, ayeul ou ayeule ſe remarient, que la garde ſoit finie par un ſecond mariage, ou ſi on doit ſuivre les Couſtumes qui diſent qu'homme ou femme en ſe remariant ne perdent le Bail ; ou s'il faut ſuivre les Couſtumes qui diſent que la garde finit par le ſecond mariage de la mere ſeulement, & non par le ſecond mariage du pere·

11. Il ſemble raiſonnable de dire qu'il faut ſuivre la Couſtume de Paris, qui eſt fondée en raiſon. Les Couſtumes ont déferé au ſurvivant des pere & mere le droit de garde, & lui ont attribué la joüiſſance des biens du prédecedé, parce que les pere & mere ſont portez naturellement à vouloir du bien à leurs enfans; on préſume qu'ils font tout ce qu'ils peuvent pour l'avantage de leurs enfans, ſi ce n'eſt que cet amour naturel ſoit alteré par un ſecond mariage. C'eſt ce que dit Mᵉ Charles du Moulin, ſur l'art. 32. de l'ancienne Couſtume de Paris nomb. 1. *Hujuſmodi cuſtodia ſeu poteſtas parentum adminiſtrandi cum lucro fructuum, ſatis eſt rationabilis & accedens diſpoſitioni juris in L. Cùm oportet. Coa. de bonis quæ liberis : nec eſt præſumendum parentes aliud conſilium quàm liberis optimum aſſumere juxta naturalem erga filios charitatem, quibus ex voto omnia parent ; nec poteſt filius meliorem invenire amicum quàm patrem, nullus enim affectus paternum vincit, niſi fortè novercalibus delinimentis inſtigationibuſve corrumpatur, cui malo Conſuetudo noſtra congruentiſſimum opponens antidotum, ſtatuit dictam cuſtodiam expirare per tranſitum ad ſecunda vota.*

D d ij

1 2. Les Couſtumes ont attribué le profit & l'émolument de la
Garde au pere & mere, ayeul & ayeule ; premierement afin de ı e
rendre pas les pere & mere ſujets à rendre compte à leurs enfans ,
& auſſi afin de porter les pere & mere honorablement à l'adminiſtration du bien de leurs enfans, les nourrir, entretenir, élever
& faire inſtruire ſelon leur état & qualité ; c'eſt pour cela qu'en
pluſieurs Couſtumes on ne les a pas obligé de donner caution,
ſuivant la diſpoſition du Droit qui veut que les uſufruitiers donnent caution pour la conſervation du fond , dont l'uſufruit leur
eſt attribué , *L.* 1. *D. uſufructuarius quemadmodum caveat.* En ſecond lieu , pour maintenir les enfans dans le reſpect & l'obéïſ-
ſance qu'ils doivent à leur pere & mere ; d'ailleurs les enfans ayant
droit de ſucceder à leurs pere & mere, leur decès arrivant ; le profit & l'émolument que les pere & mere ont eu de la garde, retourne
aux enfans.

13. En cinquiéme lieu la garde finit par la mort du Gardien , ,
s'il decede avant que les mineurs ſoient venus en âge que la
Couſtume a preſcrit pour la durée de la Garde. Si le Gardien qui
eſt decedé étoit Tuteur, & que les mineurs n'euſſent point d'autre Tuteur , il faut faire proceder à l'élection d'un Tuteur ; car la
Garde, lorſqu'elle a été acceptée par pere ou mere, ayeul ou ayeule,
venant à expirer & finir par le ſecond mariage du Gardien , ou
par ſa mort, elle ne ſe réïtere point , c'eſt à-dire, qu'un autre ne
peut ſucceder à la qualité de Gardien. Par exemple lorſque le
pere, qui eſt Gardien de ſes enfans, decede, ſi l'ayeul des enfans
ſurvit le pere, l'ayeul n'aura pas la Garde de ſes petits-enfans. Il
y a un Arreſt rendu en la Chambre de l'Edit, le 15. Janvier 1631.
qui l'a ainſi jugé. Cet Arreſt a jugé que la Garde-Noble ayant été
acceptée par le pere , après le décès de la mere, le pere étant
depuis venu à deceder, les enfans qui avoient leur ayeul maternel
& leur ayeule paternelle vivans, ne tomboient point en leur garde ;
l'ayeul maternel s'étoit pourvû aux Requêtes de l'Hôtel, où il avoit
obtenu Sentence , qui lui avoit adjugé la garde-noble; l'ayeule paternelle au contraire s'étoit pourvû au Châtelet où elle avoit obtenu Sentence à ſon avantage. Par l'Arreſt on infirma les deux
Sentences & on les débouta l'un & l'autre de la Garde-Noble ,
laquelle la Cour déclara finie, expirée & conſommée par la mort
du pere qui l'avoit acceptée. L'Arreſt a eté cy-deſſus rapporté au
Chapitre III. nomb. 25.

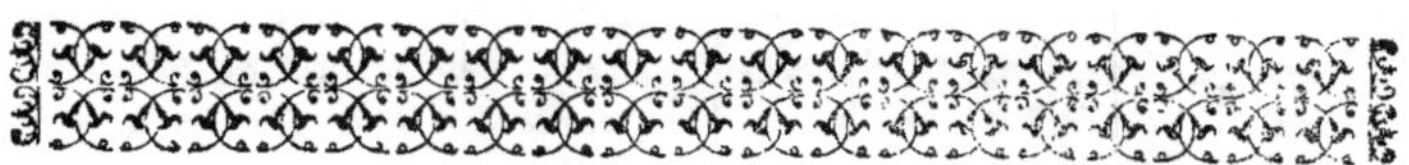

CHAPITRE XI.

Explication du Droit de Déport de Minorité, dont il est fait mention dans les Coustumes du Maine & d'Anjou; lequel Droit a quelque connexité avec le Droit de Bail & de Garde-Noble.

SOMMAIRE.

1. *Définition du Droit de Déport qui est dû aux Seigneurs pour les heritages feodaux, appartenans à des enfans mineurs, & les articles de la Coustume du Maine, sur lesquels il est fondé.*

2. 3. *Explication de l'article 118. de la Coustume du Maine.*

4. *Explication de l'article 119. de la Coustume du Maine.*

5. *Art. 106. & 107. de la Coustume d'Anjou, sont conformes, à l'exception de quelques termes qui sont plus explicatifs.*

6. *Il y a deux choses pour lesquelles on peut dire que la Coustume a attribué au Seigneur le Droit de Déport.*

7. *Il n'y a ouverture du droit de Bail qu'en un seul cas.*

8. 9. 10. *Cas ausquels le Seigneur feodal qui a saisi, fait les fruits siens, & cas ausquels il ne fait pas les fruits siens.*

11. *Le Droit de Déport n'est dû qu'en un seul cas.*

12. *Ce qui a été dit par Me Mathurin Loüis, Commentateur de la Coustume du Maine, touchant le Droit de Déport de minorité.*

13. *Ce qui a été dit par Me Julien Brodeau, autre Commentateur de la Coustume du Maine, touchant le Droit de Déport de minorité.*

14. 15. 16. *Ce qui a été dit par Me René Chopin, sur la Coustume d'Anjou, touchant le Déport de minorité.*

17. 18. *Ce qui a été dit par Mingon, de Lhommeau, Rochemaillet & Dupineau, autres Commentateurs de la Coustume d'Anjou, touchant le Droit de minorité.*

19. *Quelques Arrests intervenus touchant le Droit de Deport de minorité. Si ces Arrests doivent être suivis.*

20. *Quel eſt le prétexte ſur lequel quelques - uns ont voulu fonder l'extention qu'ils ont voulu donner à ce Droit de Déport.*

21. *Il y a Garde Royale & Garde Seigneuriale en Normandie.*

22. *La Garde Royale & Seigneuriale a eu auſſi lieu en Bretagne.*

23. *Il n'y a aucune induction à tirer de la Couſtume de Normandie, ni de celle de Bretagne pour le Droit de Déport de minorité, dont parlent les Couſtumes d'Anjou & du Maine*

24. *Déclaration du Roy S. Loüis du 12. May 1246. touchant les Us & Couſtumes des Bails & rachapts, ès Provinces d'Anjou & du Maine.*

1. LE Déport de minorité dont il eſt fait mention dans les Couſtumes du Maine & d'Anjou, eſt un droit qui eſt dû au Seigneur ſur les fruits des heritages feodaux mouvans de lui, appartenans à des mineurs nobles, quand le ſurvivant des pere & mere des mineurs n'en accepte le Bail & Garde, & qu'on nomme un Tuteur ou Curateur aux mineurs. L'intelligence de ce Droit dépend de l'explication de pluſieurs articles de ces deux Couſtumes. La Couſtume du Maine par l'article 98. dit que le pere ou la mere tant ſeulement auront le Bail de leurs enfans, ſi bon leur ſemble ; & en ce cas les fruits des heritages de leurs enfans mineurs leurs, & payeront les dettes perſonnelles ; & en prenant par leſdits pere ou mere le bail de leurſdits enfans, ils ſeront tenus les nourrir & entretenir ſelon l'état & qualité de la maiſon dont ils ſont, juſques à ce qu'ils ſoient en âge. L'art. 99. de la même Couſtume dit : *Le Bail du maſle noble dure juſques à ce que celui qui eſt tenu en Bail ait vingt ans accomplis ; & de la fille juſques à ce qu'elle ait quatorze ans accomplis.* L'article 107. dit : *Homme roturier, marié à la femme noble, eſt Bail des enfans mineurs d'eux deux, après la mort d'elle, & fait les fruits des heritages mouvans devers ſa feuë femme, ſiens, comme deſſus eſt déclaré, ſoient tenus heritages à cens ou autrement ; & ſemblablement femme roturiere ſurvivant ſon mari noble, eſt Bail des enfans mineurs d'eux deux, & fait pareillement les fruits des heritages mouvans devers ledit mari deffunt, ſiens, aux charges & reſervations deſſus déclarées.* L'article 114 dit : *Homme & femme venus à ſucceſſion des choſes tenuës à foy & hommage, a temps & délay de faire ladite foy & hommage dedans quarante jours, après la mort de celui de qui il vient à ſucceſſion, & ne peut, durant icelui temps, le Seigneur de Fief prendre ſur lui par défaut d'homme.* L'article 118. dit : *Le Seigneur de*

Fief dont l'heritage est tenu à foy & hommage ne peut prendre par défaut d'homme sur lui; c'est à entendre quand le mineur n'a Bail, Tuteur, ni Curateur; mais quand les mineurs ont Bail, Tuteurs ou Curateurs, ils doivent faire la foy & hommage, & servir le Fief, & s'ils n'en avoient, le Seigneur de Fief peut tenir l'heritage en sa main, jusques à ce que les mineurs soient pourvûs de Bail, Tuteur ou Curateur, & ladite provision faite de Tuteur ou Curateur, le Seigneur de Fief, après qu'il aura été servi de son hommage, sera tenu rendre ce qu'il aura levé de fruits au Tuteur ou Curateur, au profit du mineur, les charges sur ce déduites. L'article 119. dit: *Et sera tenu ledit Seigneur recevoir la foy & hommage des choses hommagées dudit mineur, si requis en est, & lui receu, le Seigneur aura Déport sur les choses hommagées dudit mineur, qui est entendu les vrais fruits d'une année, à la charge de bailler provision au mineur, à l'Ordonnance de Justice; tout ainsi qu'eût été tenu faire ledit Bail, s'il eût été accepté & recueilli: & s'il n'y a parens & amis desdits mineurs qui voulussent faire les diligences & prendre la charge pour eux; ledit Seigneur sera tenu de faire pourvoir aux mineurs de Tuteur ou Curateur, aux dépens des mineurs.* Les articles 118. & 119. sont relatifs l'un à l'autre, & ont connexité; ils font connoître en quel cas le droit de Déport est dû au Seigneur.

2. L'article 118. a deux parties; il est dit en la premiere partie, *Le Seigneur de Fief ne peut prendre, par défaut d'homme, l'heritage du mineur, tenu à foy & hommage,* c'est-à-dire, faire les fruits siens quand le mineur n'a Bail, Tuteur, ne Curateur; la raison sur laquelle cela est fondé est que le mineur ne peut pas par lui-même, pendant sa minorité faire la foy & hommage au Seigneur & servir le Fief; c'est pourquoi la Coustume ne veut pas qu'en ce cas le Seigneur puisse prendre, par défaut d'homme l'heritage des mineurs & faire les fruits siens; le Seigneur peut seulement en ce cas mettre en sa main l'heritage des mineurs, jusques à ce que les mineurs soient pourvûs de Bail, Tuteur ou Curateur: mais lorsque les mineurs ont Bail, Tuteur ou Curateur, si le Bail, Tuteur ou Curateur neglige & est en demeure de faire la foy & hommage au Seigneur & de servir le Fief; le Seigneur a droit de prendre par défaut d'homme l'heritage des mineurs, & faire les fruits siens, jusques à ce que le Bail, Tuteur ou Curateur ait fait la foy & hommage & ait servi le Fief. La raison est qu'en ce cas le Bail, Tuteur ou Curateur des mineurs a dû faire la foy & hommage aux Seigneur pour l'heritage des mineurs & servir le Fief;

de forte que s'il y a Bail, le Bail perd les fruits pendant la faifie & ne pourra avoir main-levée de la faifie, qu'après qu'il aura fait la foy & hommage; & s'il y a Tuteur ou Curateur nommé aux mineurs à défaut de Bail, le Tuteur ou Curateur fera refponfable envers les mineurs de la perte des fruits.

3. L'article 118. dit en fa feconde partie que quand le mineur n'a Bail, Tuteur ou Curateur, fi le Seigneur a mis l'heritage en fa main, il peut tenir l'heritage en fa main jufques à ce que le mineur foit pourvû de Bail, Tuteur ou Curateur; mais que la provifion faite de Tuteur ou Curateur, le Seigneur de Fief, après qu'il aura été fervi de fon hommage, fera tenu de rendre ce qu'il aura levé defdits fruits audit Tuteur ou Curateur, au profit du mineur. Ces derniers termes font à obferver; l'article ne dit pas que le Seigneur fera tenu de rendre les fruits au Bail, Tuteur ou Curateur, mais dit feulement audit Tuteur ou Curateur; le Seigneur ne rend pas les fruits au Bail, mais les rend feulement au Tuteur ou Curateur: ainfi lorfque pere ou mere de mineurs decede, fi le furvivant des pere & mere qui a droit de Bail, demeure dans le filence, s'il ne fait pas la foy & hommage & ne fert le Fief, & que cela ait donné lieu au Seigneur de prendre l'heritage du mineur, par défaut d'homme, le furvivant des pere & mere venant à déclarer qu'il accepte le Bail de fes enfans mineurs, le Seigneur qui a faifi, n'eft pas tenu en ce cas de rendre au Bail les fruits. Le Seigneur fera toûjours les fruits fiens, jufques à ce que le furvivant des pere & mere, qui a accepté le Bail, faffe la foy & hommage & ferve le Fief. La raifon eft que le furvivant des pere & mere, qui fe déclare Bail, eft en faute de n'avoir pas affez-tôt accepté le bail, & de n'avoir pas fait la foy & hommage dans le temps prefcrit par la Couftume, & d'avoir donné lieu au Seigneur de faifir l'heritage du mineur, & de le mettre en fa main; c'eft le cas auquel le Bail ne doit pas profiter des fruits que le Seigneur a levez en confequence de fa faifie, le bail ne profite des fruits que depuis qu'il a fait la foy & hommage, en qualité de bail, le Seigneur n'eft tenu de rendre les fruits fiens, que quand le furvivant des pere & mere déclare n'accepter le bail & fe déporte du bail, on nomme en ce cas un Tuteur ou Curateur, auquel le Seigneur eft tenu de rendre les fruits au profit du mineur. L'article 118. ne dit pas que le Seigneur fera tenu de rendre au bail les fruits, mais dit feulement qu'il fera tenu les rendre au Tuteur ou Curateur, au profit du mineur.

4. L'article

4. L'article suivant, qui eſt l'article 119. dit que le Seigneur ſera tenu de recevoir le tuteur ou Curateur à lui faire la foy & hommage des choſes hommagées du mineur, ſi requis en eſt; & lui receu, ledit Seigneur aura Déport ſur les choſes hommagées du mineur, qui eſt entendu les vrais fruits d'une année, à la charge de bailler proviſion audit mineur à l'Ordonnance de Juſtice, tout ainſi qu'eût été tenu faire ledit Bail, s'il eût été accepté & recuëilli. Ces derniers termes ſignifient & font entendre que le Droit de Déport eſt dû ſeulement quand le Bail n'a pas été accepté ni recuëilli, & qu'on a nommé un Tuteur ou Curateur à défaut de Bail. Ledit article 119. dit que le Seigneur ſera tenu de recevoir le Tuteur ou Curateur à lui faire la foy & hommage; & lui receu, que le Seigneur aura Déport ſur les choſes hommagées du mineur, &c. Ce droit a été appellé Déport, parce qu'il eſt dû au Seigneur quand le ſurvivant des pere n'a pas accepté ni recuëilli le Bail & qu'il s'eſt déporté du Bail. Le droit de Déport n'eſt point dû en tout autre cas; on ne doit pas étendre ce droit, qui eſt exorbitant & extraordinaire, au delà de ce qui eſt exprimé par la Couſtume.

5. La Couſtume d'Anjou ès articles 106. & 107. contient même diſpoſition que la Couſtume du Maine, èſdits articles 118. & 119. mais l'article 107. de la Couſtume d'Anjou contient quelques termes qui ſont plus explicatifs que ce qui eſt dit par l'article 119. de la Coûtume du Maine. Ledit article 107. de la Couſtume d'Anjou eſt conçû en ces termes: *Et ſera tenu ledit Seigneur recevoir ledit Tuteur ou Curateur à lui faire la foy & hommage des choſes hommagées du mineur, ſi requis en eſt; & lui receu, ledit Seigneur aura les deux pars des fruits d'un an deſdites choſes hommagées pour le Déport, & la tierce partie pour la nourriture du mineur; en celui cas, que le Bail n'auroit été recuëilli, & s'il n'y a parens & amis des mineurs qui veüllent faire les diligences & prendre la charge pour eux, ledit Seigneur ſera tenu de faire pourvoir auſdits mineurs de Tuteur ou Curateur, aux dépens deſdits mineurs.* Ces termes: *En celui cas, que le Bail n'auroit été recueilli,* font bien entendre que le Déport n'eſt dû au Seigneur que dans le cas que le ſurvivant des pere & mere n'a pas recuëilli le Bail & qu'il s'en eſt abſtenu & déporté. L'article 119. de la Couſtume du Maine, & l'article 107. de la Couſtume d'Anjou ne peuvent être entendus autrement.

6. Il y a deux choſes pour leſquelles on peut dire que la

Couſtume a attribué au Seigneur le droit de Déport : la premiere eſt que le ſurvivant des pere & mere ne recuëillant le bail & s'en déportant, le Seigneur qui a ſaiſi l'heritage du mineur, ne fait les fruits ſiens ; il doit rendre ce qu'il aura levé des fruits au Tuteur ou Curateur qui aura été nommé. La ſeconde eſt que quand le ſurvivant des pere & mere ne recuëille pas le bail & s'en déporte , s'il n'y a parens & amis des mineurs qui faſſe diligence de faire nommer Tuteur ou Curateur aux mineurs, ou prendre ladite charge pour eux ; le Seigneur eſt tenu d'en faire diligence ; & de faire pourvoir aux mineurs de Tuteur ou Curateur : ainſi le droit de Déport n'eſt dû au Seigneur que quand le pere ou la mere du mineur eſt decedé , & que le ſurvivant des pere & mere ne recuëille le bail & s'en déporte ; c'eſt pour cela que la Couſtume attribuë au Seigneur ce droit qu'elle appelle Déport.

7. Il n'y a ouverture au droit de Bail qu'en un ſeul cas, qui eſt lorſque pere & mere ayant des enfans mineurs, le pere ou la mere vient à déceder , le ſurvivant des pere & mere peut accepter le bail de ſes enfans mineurs, ou ſe déporter du bail : l'article 98. de la Couſtume du Maine dit , que le pere ou la mere tant ſeulement auront le bail de leurs enfans mineurs, ſi bon leur ſemble ; il n'y a que le ſurvivant des pere & mere qui puiſſe être bail de ſes enfans ; la Couſtume ne défere le bail qu'au ſurvivant des pere & mere : mais lorſque les pere & mere ſont tous deux décedez , la Couſtume ne défere le bail à aucun parent collateral, il faut nommer Tuteur ou Curateur aux mineurs : c'eſt pourquoi il n'y a qu'un ſeul cas auquel eſt dû droit de Déport au Seigneur, qui eſt lorſque le pere ou la mere du mineur eſt décedé , & que le ſurvivant deſdits pere & mere ne recuëille pas le bail de ſes enfans mineurs & s'en déporte.

8. Ce que deſſus fait voir qu'il y a des cas auſquels le Seigneur feodal qui a ſaiſi , fait les fruits ſiens pendant la ſaiſie , & d'autres cas auſquels il ne fait pas les fruits ſiens pendant la ſaiſie. Il y a un premier cas auquel le Seigneur qui a ſaiſi, fait les fruits ſiens, qui eſt lorſqu'il y a des enfans mineurs au témps que leur pere ou mere eſt decedé , ſi le ſurvivant des pere & mere qui accepte le bail des mineurs , ne fait la foy & hommage au Seigneur dans le temps preſcrit par la Couſtume, & que le Seigneur ſaiſiſſe l'heritage du mineur , par défaut d'homme, le Seigneur fera les fruits ſiens , juſques à ce que le ſurvivant des pere & mere qui eſt bail ait fait la foy & hommage ; le ſurvivant des pere & mere ne doit

avoir les fruits que du jour qu'il a servi le Fief, & fait la foy &
hommage en qualité de bail, parce qu'il est en faute de n'avoir
pas fait la foy & hommage dans le temps prescrit par la Couftume. Il y a un fecond cas auquel le Seigneur fait les fruits fiens
qui eft lorfque le furvivant des pere & mere n'accepte pas le bail
& qu'il y a nomination de Tuteur ou Curateur au mineur ; le
Tuteur ou Curateur negligeant de faire la foy & hommage dans
le temps prescrit par la Couftume, le Seigneur fera les fruits fiens
pendant la faifie, & jufques à ce que le Tuteur ou Curateur ait
fait la foy & hommage & fervi le Fief, parce qu'en ce cas le Tuteur ou Curateur eft pareillement en faute ; mais le Tuteur ou Curateur qui a negligé de faire la foy & hommage pour l'heritage
de fon mineur, fera tenu d'indemnifer le mineur, & demeurera
refponfable envers le mineur, de la perte des fruits, dont le Seigneur a profité pendant la faifie.

9. A l'égard des cas aufquels le Seigneur qui a faifi l'heritage
du mineur, par défaut d'homme, ne fait pas les fruits fiens pendant la faifie, mais les doit rendre au profit du mineur ; il y en a
deux : le premier cas eft lorfque le Seigneur a faifi l'heritage du
mineur qui n'a ni pere ni mere, ni Tuteur ni Curateur, la faifie
durera jufques à ce qu'il y ait un Tuteur ou Curateur nommé , &
qu'il ait fait la foy & hommage au Seigneur : mais le Seigneur en
ce cas ne fait les fruits fiens, il doit faire pourvoir aux mineurs de
Tuteur ou Curateur ; qui lui fera la foy & hommage, & après la
foy & hommage à lui faite par le Tuteur ou Curateur , il fera
tenu de rendre les fruits qu'il a levez. L'article 118. de la Couftume du Maine dit que le Seigneur de Fief ne peut prendre par
défaut d'homme l'heritage du mineur, qui n'a bail, tuteur ou
curateur, & qu'il peut feulement tenir l'heritage jufques à ce que
le mineur foit pourvû de Tuteur ou Curateur, & que le Seigneur,
après qu'il aura été fervi de fon hommage, fera tenu de rendre
ce qu'il aura levé des fruits au Tuteur ou Curateur, au profit
du mineur.

10. Le fecond cas auquel le Seigneur qui a faifi , ne fait pas
les fruits fiens , eft lorfque le Seigneur a faifi l'heritage du mineur
à lui échû par le decès de fon pere ou de fa mere , & que le
furvivant des pere & mere du mineur n'a pas fervi le Fief & fait
la foy & hommage, dans le temps prescrit par la Coûtume, n'ayant
pris ni qualité de Bail, ni qualité de Tuteur ; fi après la faifie le
furvivant des pere & mere déclare qu'il accepte le bail, le Sei-

fera les fruits siens, jusques à ce que le Bail ait fait la foy & hommage : mais si après la saisie il déclare n'accepter le bail, s'il se déporte du bail, & prend simplement qualité de Tuteur, ou qu'on nomme autre personne que le survivant des pere & mere pour Tuteur ou Curateur, le Seigneur doit rendre les fruits au Tuteur ou Curateur, au profit du mineur; mais en ce cas le Seigneur aura droit de Déport sur les choses hommagées du mineur, comme il a été dit, lequel droit de Déport consiste dans les fruits d'une année, à la charge de bailler provision au mineur, à l'Ordonnance de Justice, tout ainsi qu'eût été tenu faire ledit bail, s'il eût été accepté & reuëilli, comme il est dit par ledit article 119.

11. De ce que dessus il resulte que le droit de Déport n'est dû au Seigneur qu'en un seul cas, qui est lorsque le survivant des pere & mere des mineurs n'a pas accepté & recuëilli le bail & s'en est abstenu & déporté ; la Coustume ne dit pas qu'il soit dû en aucun autre cas : par exemple, il n'est pas dû quand le survivant des pere & mere a recuëilli le bail & a fait la foy & hommage en cette qualité, dans le temps prescrit par la Coustume. Si dans la suite il quitte le bail pour prendre la tutelle ou curatelle, il n'est point dû de Déport en ce cas, parce que la Coûtume ne le dit pas. En second lieu, lorsque le survivant des pere & mere a recuëilli le bail, & a fait la foy & hommage en cette qualité, dans le temps prescrit par la Coustume; si dans la suite il se remarie, il perd le bail par son second mariage, auquel cas le Seigneur ne peut encore prétendre Déport, parce que la Coustume ne le dit pas.

12. Les deux Commentateurs de la Coustume du Maine ont dit peu de chose touchant ledit droit de Déport, & n'ont pas expliqué ni approfondi la matiere. Me Mathurin Loüis, sur ledit art. 11. se contente de citer Me René Chopin sur la Coustume d'Anjou, & dit que le Déport est ainsi appellé, en ce que le bail naturel se déporte du bail du mineur ; & que le Seigneur de Fief pour la peine qu'il a de faire nommer un Tuteur au mineur, leve le droit de Déport. Ce Commentateur ajoûte qu'on peut dire aussi qu'il est appellé Déport, en ce que le Seigneur de Fief se déporte de prendre les fruits des choses hommagées ; mais ce Commentateur s'est trompé en ce second point, car le Seigneur n'a pas droit de prendre les fruits des heritages hommagées du mineur, & de les faire siens, quand le survivant des pere & mere s'est déporté du bail ; au contraire par l'art. 118. le Seigneur est tenu de

rendre les fruits qu'il a levez pendant la faifie, au Tuteur ou Curateur qui a été nommé au mineur ; ainfi ce que dit ce Commentateur touchant ce droit de Déport, n'eft pas de grande authorité, & peut fervir feulement pour dire que le Droit de Déport n'eft dû que quand le furvivant des pere & mere, que ce Commentateur appelle le Bail naturel, ne recuëille pas le bail & s'en déporte.

13. Me Julien Brodeau autre Commentateur de la Couftume du Maine, a dit quelque chofe de plus fur ledit article 119. de la Couftume du Maine. Il dit que ce droit de Déport a été introduit ès Provinces d'Anjou & du Maine, au profit du Seigneur, pour fa recompenfe de faire pourvoir de Curateur à fon Vaffal mineur, quand le pere ou la mere, auquel le bail eft deferé par la Couftume, s'abftient & fe déporte du bail : mais fi le pere ou la mere en qualité de bail a fait la foy & hommage, & que par aprés il s'abftienne & fe déporte du bail, acceptant feulement la tutelle; le Seigneur ne peut plus demander le déport, parce que, dit-il, ledit hommage ayant été fait en qualité de bail, le droit eft couvert & ne peut plus être renouvellé. Ce Commentateur fait mention d'un Arreft qu'il ne datte point, & qu'il dit avoir été rendu au profit du fieur de Charnacé curateur des Damoifelles de la Feillée. Le fait étoit que le Sieur de Coudray étoit décedé & avoit laiffé deux filles mineures; la veuve du fieur du Coudray avoit accepté le bail de fes deux filles; dans la fuite la veuve fe remaria qui perdit le bail par fon fecond mariage; on nomma un Curateur aux deux filles mineures, iffuës d'elle & du fieur du Coudray fon premier mari; la Damoifelle de la Pougere, à qui appartenoit la Châtellenie de S. Denys, dont relevoit la terre du Coudray, prétendit droit de Déport; le fieur de Charnacé, Curateur defdites Damoifelles mineures, foûtint au contraire que Déport n'étoit point dû en ce cas, & obtint ledit Arreft, par lequel il fut jugé que le droit de Déport n'étoit dû en ce cas, & fut renvoyé de la demande. Cet Arreft eft fuivant l'intention de la Couftume & confirme ce qui a été dit cy deffus.

14. Me René Chopin fur la Couftume d'Anjou, a parlé du Déport de Minorité : il en parle au Liv. 1. §. 6. nomb. 4. Voici ce qu'il dit : *Quod §. 107. ait mos de dominico deportu ceu quafi rachatu in bona pupillaria poft fidem à tutore datam, antiquavit alius ufus defuetudoque velut confuetudo contraria, ut à variis Andium caufidicis accepimus. Proinde eo ufu jamdudum interlocuta eft Curia, oppidatim*

inquirendum per Andegaviam, juxta quòd Johannes Gohin regius Con-
siliarius in Præsidiali confessu Judicum Andegavensi, quæsiit à pragma-
ticis regiorum Provinciæ Tribunalium quidnam de isto deportu re-
ceptum praxi experientiaque fori cognovissent ; his verò inusitatum esse
referentibus, transacta lis fuit à patrono subinde cum clientulo. Nec ita
diu nos pro urbano Lavallo domino de Boisdauphin disseruimus contra
Henricum Lotharingum D. de Sabè (quæ superior est patronalisque
Baronia) deportum, quamlibet scriptus sit lege Andegava, municipi-
bus incognitum hodie, & ritu contrario fuisse abrogatum. Libellarii de-
mùm Judices palatini. (Meſſieurs des Requêtes du Palais) *quorum*
de ea re notio erat, decreverunt ; qu'il feroit informé par Turbe,
par deux Conſeillers du Siége d'Angers, ſur certains faits qui feront extraits du Procès, concernant l'uſage du droit de Déport de
minorité, inſcrit au Livre Coûtumier d'Anjou, *ſententia 6. Cal.*
Febr. anno 1579. Et le même Commentateur au même lieu, à la
marge, dit : *Déport de minorité eſt dit ; ex eo que ſe déporte le bail*
naturel de la Garde & bail de l'enfant ; le Seigneur pour la peine qu'il
a de faire pourvoir Tuteur au mineur, il leve le droit de Déport, quaſi
deportum & annatam in beneficialibus, & ita ſi tempore aperti
feudi minor eſſet utroque parente orbatus, *en ſorte que le cas du*
bail ne ſeroit advenu du tout, n'eſt dû Déport, même ex textu con-
ſuetudinis, in verſiculo, *en cas que le bail ne ſoit recueilli,* quia
privatio ſupponit habitum, *& auſſi-bien le mineur tombant en bail*
étoit ſujet à perdre les fruits qu'eût gagné le bail, ſecùs, quand l'ou-
verture de droit de Bail n'eſt avenu aucunement.

15. Le même Commentateur *Lib.* 2. *part.* 1. *tit.* 2. *de fide ab alie-*
narum rerum adminiſtratoribus oblata patrono, num. 2. *&* 3. *Quod ſi*
minor annis matre orbatus ſit primùm, dein patre qui filii cuſtodem
ſe nobilem geſſerit, patroni munus eſt facere, curare, ut clienti impu-
beri tutor decernatur. §. 107. *Andegavenſis Legis, & §.* 119. *Cœno-*
manæ. Quam igitur in hac facti ſpecie tutor Cœnomano clienti datus
eſſet promovente patrono, quærebatur, ab iſto ne tutor luere benefi-
cium teneretur patrio titulo deportus minoris ætatis. Tutoris cauſam
adjuvabat Gallicus feudorum mos ne liberi beneficium à domino redi-
mant ſed agnati. Dinde unico caſu introductum eſt deportus honora-
rium pro introitu quaſi εἰς διατίκον *& annuus fundi proventus ;*
quem dominus carpat, ſi videlicet antè tutorem datum neuter parens
nobilem filii cuſtodiam obierit, ut elicitur ex citato §. 119. *Cœnoma-*
nenſis legis, cujus ambiguitatem, ſi qua eſt, velutique nubeculam diſ-
cutit vicina ac interpres Andium conſuetudo: quæ talia pupillaris be-

neficii redemptionalia exigi tùm vetuit, quum alteruter parens fructua-
ria natorum tutela semel functus esset. §. 107. *versiculo,* En celui cas
que le bail n'auroit été recuëilli. Et plus bas, au même paragraphe: *Itaque fructuaria tutela vel tantillum administrata, scilicet morte*
tutoris desierit & ad novam in foro tutelam devenium, si nihilo jam
magis convalescit patronale jus deportus semel extinctum, quàm tute-
lare matris binubæ munus, quod eos secundis nuptiis ademptum nus-
quam repetitur, diremto etiam morte, etiam secundi viri connubio. E
contra verò patronus allegabat, dominicum jus deportus Cænomania
tota acceptissimum esse, nec in agnatos modò pupilli tutores de quibus
mos scriptus legitur, sed in matrem quoque ipsam filii tutricem fruc-
tuariam ab longæva deportus hujusmodi certo in territorio possessione.
Arresto Parisiensi 9. Calendas Quintiles anno 1581. *pro Meduana*
duce Carolo Lotharingo, aduersus Yvonam le Porc liberorum suorum
custodem nobilem quæ à Meduanæ juridico Senatu appellarat. Hinc
disserit patronus, firmiori se quàm illum causæ æquitate niti, cùm justa
dominica reposcat ab extraneo tutore de quo expressa lex. Conscripti
Curiæ quæstionem hanc miserunt in Consilium addictis interim patrono
vindiciis decreto in publicis causarum actionibus lato. 6. Iduum Mar-
tiarum anno 1588. *quum Besnardus pro tutore provocante, Arnal-*
dus pro domino beneficii utrinque dixissent. Mea fert sententia post
susceptam ab utrovis parente tutelam fructuariam, nullum hono-
rariæ huic functioni locum superesse. *Nec enim infirma ætus du-*
plici vicissim onere & incommodo premenda est, ut ipsius bonis liberè
frui alterutrum patrem sinamus, dehinc eo mortuo patronum prædia-
tios anni reditus auferre: quos alioquin reditus tutor annis rationi-
bus adscribere deberet, ac necessariis usibus impendere. Unum obiter
exploravit novo ac duriusculo more, pupillos paterna etiam materna-
que sua beneficia luere à domino cogi, quæ ad majores annis citra hu-
jusmodi onus dominicum hereditate transmitterentur. §. 107. *Consue-*
tudinis Andegavensis.

16. Ce même Commentateur Mr René Chopin, *lib.* 2. *part.* 1.
tit. 2. *de jure deportus minoris ætatis & nobili pupillorum custodia,*
num. 1. *Regulariter quidem majores annis paterna beneficia non redi-*
mant; sed de pupillis ita lege prospectum est, ut si alteruter parens
orbi filii custodiam nobilem respueret quam pietatis voto complectens,
filii vicissim bonorum fructus lucrifecisset, subsidio patronus clientis
tutelam puberis promoveret, operæque pretium bessem pupillarium
fructuum anni perciperet, §. 107. *Andegav. Consuet cujusmodi justa*
dominica, deportus ibidem nuncupatur. §. 119. *Cænomanæ Consuet.*

Et au même tit. num. 4. *Meritò cavetur Andegava Constitutione deportum procedere ita demùm si nobilis custodia minorum annis ab alterutro parente repudietur ; cùm enim pater materve custodem se gerit liberorumque tutorem fructuarium, patroni opera non egent pupilli in quærendis sibi tutoribus, qui res ad eos pertinentes ex officio administrent, Si quidem paternæ pietatis opinione raro fallaci, patrius mos parentem domino anteponet in rerum pupillarium ut tutela procuranda sic fructibus sibi privatim acquirendis, quemadmodùm scripsimus antea. Hoc tamen ita velim acceptum, si pater fructuarius tutor impuberis filii patronum adierit, ejusque in fidem ac clientelam se contulerit pupillaris beneficii nomine, &c.*

17. Mingon autre Commentateur de la Couſtume d'Anjou, ſur les mots de l'art. 107. *En celui cas que le bail n'auroit été recüeilli*, dit que cela ſe peut entendre doublement. 1°. *Scilicet patre & matre deficientibus.* 2°. *verò & meliùs ut opinor, ſcilicet patre aut matre extantibus ſed renuentibus & denegantibus balliam ſuſcipere, quia verbum* recüeili, *debet pro aliquo ſupponere, quod non faceret patre & matre deficientibus. Secùs ſi fuerit ſuſcepta ballia quia iſto caſu deportationi fructuum non eſt locus ; & eſt ratio quia quemadmodùm bailliſtro qui dicitur pater aut mater minoris facit fructus ſuos accipiendo bailliam ratione adminiſtrationis ſolùm & non patriæ poteſtatis ut ſupra prædictum eſt: Ita dominus facit fructus ſuos accipiendo bailliam ratione adminiſtrationis ſolùm & non patriæ poteſtatis ut ſupra prædictum eſt. Ita dominus facit fructus ſuos ſi ipſa ballia fuerit à parentibus minoribus neglecta, cùm hoc oneri quòd ipſe dominus adhibeat diligentiam ut minor provideatur tutore aut curatore, ſumptibus tamen minoris, & hoc parentibus deficientibus vel nolentibus, onus tutelæ ſuſcipere.*

18. De Lhommeau autre Autheur qui a écrit ſur la Couſtume d'Anjou, dit ſur les articles 106. 107. & 108. que le droit de Déport n'eſt dû qu'en un ſeul cas, ſçavoir, quand le pere ou la mere ne veulent accepter le bail de leurs enfans mineurs, & que l. Seigneur a la peine de leur faire pourvoir de tuteur ou curateur. Rochemaillet, autre Commentateur de la Couſtume d'Anjou, dit que le droit de Déport eſt ainſi appellé, parce que le pere ou la mere ſe déportent de recüeillir le bail. Du Pineau, en ſon Commentaire ſur l'article 107. de la Couſtume d'Anjou, dit que le Déport eſt quand le pere ou la mere ſe déportent de recüeillir le bail, & même que ce droit de Déport n'eſt pas obſervé en Anjou. Tous ces Commentateurs de la Couſtume d'Anjou conviennent

viennent que le droit de Déport de minorité a lieu feulement lorfque le pere ou la mere qui ont des enfans mineurs decede, &
que le furvivant des pere & mere ne veut pas recuëiller le bail,
mais s'en déporte. La Couftume du Maine ne doit point être in-
terpretée autrement que la Couftume d'Anjou. La Couftume du
Maine ès articles 118. & 119. eft conforme à celle d'Anjou, ès
articles 106. & 107.

19. Les Seigneurs de Fiefs voulans toûjours étendre le droit de Déport de minorité au delà de fes bornes, difent que le Déport de minorité eft dû indiftinctement pour les heritages féodaux qui fort
en leur mouvance, lorfqu'ils échéent à mineurs. On allegüe pour
cela quelques Arrefts qu'on dit avoir été rendus en la Couftume
du Maine. Me René Chopin au lieu cy-deffus cité, *lib. 1. part.*
1. tit. 1. de fide ab alienarum rerum adminiftratoribus oblata patrono,
§. 3. fait mention d'un Arreft rendu par Charles de Lorraine, Duc
de Mayenne, contre Yvonne le Porc, qui étoit Bail & Garde-
Noble de fes enfans ; mais cet Autheur n'a point expliqué le fait
& on ne voit pas bien quel eft le cas particulier de cet Arreft.
Me Julien Brodeau en fon Commentaire fur l'art. 119. de la Couftume du Maine, rapporte un Arreft rendu le 3. Avril 1635. qui a
confirmé une Sentence des Requêtes du Palais, qui a condamné
Jacques Hurault, Marquis de Vibrais, Tuteur des enfans mineurs
de Henry de Groignet de Vaffé, qui avoient fuccedé à la terre
de Vaffé-Rouffé, de payer le droit de Déport au Baron de Sillé,
dont la terre de Vaffé étoit mouvante. Mais par cet Arreft, tel
qu'il eft rapporté, on ne voit pas bien quel étoit le fait. On m'a
dit que Monfieur le Duc de Mayenne avoit fait encore rendre
quelques Arrefts. qui avoient adjugé droit de Déport. Mais on
peut dire qu'il ne faut pas tant s'arrêter aux Arrêts qui ont été
rendus, qu'au texte de la Couftume qui eft une Loy à laquelle on
ne peut déroger & dont il ne faut pas fe départir. La Loy demeure en vigueur & doit avoir fon exécution ; à l'égard des Arrefts on
ne fçait pas fouvent comment ils ont été rendus, peut-être que
l'affaire n'a pas été bien expliquée ni bien entenduë ; cela arrive
fouvent dans les affaires difficiles ; fouvent auffi dans les affaires
qui ont confequence pour l'avenir, on s'accommode & on fait
confentir Arreft, qu'on veut faire paffer dans la fuite pour titre :
ainfi ces Arrefts ne peuvent pas prévaloir au texte formel de la
Couftume & à fa difpofition expreffe touchant ce droit de Déport,
le parties peuvent s'être accommodées ; une partie peut avoir con-

senti Arrest au profit de l'autre qui a voulu s'en servir dans la suite contre autres personnes, & cela arrive souvent, particulierement en ces sortes de matieres, les Seigneurs voulans étendre leurs droits Seigneuriaux au-delà de leurs bornes.

20. Quelques uns qui ont voulu étendre le droit de Déport, dans les Coustumes d'Anjou & du Maine, en faveur des Seigneurs, voulant trouver quelque fondement à cette extension, ont dit qu'autrefois ès Provinces d'Anjou & du Maine, les Seigneurs avoient droit de joüir des biens de leurs Vassaux pendant leur minorité, à la charge de les noürrir & entretenir, comme il se pratique encore aujourd'hui en Normandie & en Angleterre, & qu'on a dans les Coustumes d'Anjou & du Maine restraint cela au droit de Déport, suivant les articles 106. & 107. de la Coustume d'Anjou, & les articles 118. & 119. de la Coustume du Maine; mais cela n'a pas de fondement ni de vrai-semblance & ne peut passer que pour une pure imagination. Il n'y a point d'apparence que cela ait jamais été pratiqué dans les Provinces d'Anjou & du Maine. Il n'y en a aucun vestige ni dans le Procès verbal de leur redaction qui est de l'année 1508. ni dans aucune Histoire, ni dans aucune autre Tradition; de sorte que cela ne peut passer que pour une chose purement imaginaire contre droit & raison.

21. Il est vrai que par la Coustume de Normandie il y a Garde-Noble Royale & Garde-Noble Seigneuriale, suivant l'article 215. qui dit que les enfans mineurs, après le decès de pere & mere ou autre leur prédecesseur, s'il leur est échû Fief-noble mouvant nuëment & immediatement du Roy, il tombe en la Garde du Roy, qui fait les fruits siens des Fiefs nobles immediatement tenus de lui, pour raison desquels on tombe en la Garde; mais aussi il a Garde, & fait les fruits siens de tous les autres Fiefs nobles, rotures, rentes & revenus, tenus d'autres Seigneurs que lui mediatement ou immediatement, &c. L'article 216. dit que le Seigneur féodal a seulement la Garde des Fiefs nobles, qui sont tenus de lui immediatement, & non des autres Fiefs & biens appartenans aux mineurs, tenus d'autres Seigneurs, soit en Fief ou Roture.

22. Bertrand d'Argentré grand Sénéchal & Lieutenant Genéral de Rennes, en son Histoire de Bretagne, liv. 4. chap. 178. observe que la Garde Noble Royale & Seigneuriale a eu lieu aussi en Bretagne, mais que ce droit fut changé en rachapt, par accord & traité fait entre Jean Duc de Bretagne, fils de Pierre

Maucler & les Nobles du Duché de Bretagne, comme il eſt dit
par les Lettres Patentes données à Nantes, le ſamedy avant la
S. Hilaire, l'an 1225. La Couſtume de Bretagne parle du droit
de rachapt en l'art. 67. qui dit: Quand aucun meurt en quelque
âge que ſoient ſes heritiers, le Prince ou autre ayant droit de
rachapt, prendra & levera pour un an les fruits & iſſuës des terres,
heritages & rentes du décedé, ſans couper Bois, ſoient taillis ou
autres; prendre ni vendre les Bois tombez & abatus par impe-
tuoſité de vents ou autrement; pêcher Etang, courir en Garennes
ou en Forêt; prendre ni deſ-airer Oiſeaux de proye, Hairons,
Palles ni autres, ni joüir des Fuyes, & Colombiers; & neanmoins
quant auſdits Bois taillis & autres, de revenus, le Seigneur aura le
prix de ce qu'ils ſeroient eſtimez valoir en chacun an.

   23. Il n'y a aucune induction à tirer de la Couſtume de Normandie ni de celle de Bretagne, pour le droit de Déport, dont
parlent les Couſtumes d'Anjou & du Maine, qui ſont des Couſtumes differentes & ſéparées. La Couſtume de Normandie a une
diſpoſition expreſſe, touchant la Garde Royale & Seigneuriale,
qui s'y eſt toûjours obſervée & qui s'y obſerve encore à preſent.
À l'égard de la Couſtume de Bretagne, la Garde Ducale & Seigneuriale y avoit lieu, & ce droit de Garde Ducale & Seigneuriale fut converti en droit de rachapt. Ce changement eſt juſti-
fié par l'Hiſtoire de Bretagne, & par les Lettres données à Nantes
en 1225. & par pluſieurs monumens publics. Chopin en fait mention en ſon Traité *de Domanio, lib.* 3. *tit.* 19. *num.* 10. où il dit:
In Armoricis utique Petro Mauclero Baillii aſperè exequente progreſſa
eſt nobilitas ad arma, anno 1222. *Duce partium Guyno Mario Leonio :*
donec Joannes Rufus, Petri Ducis filius, Baillium precibus optima-
tum antiquavit rachatu contentus. Quòd idem ut agerent proceres, au-
thor quoque multis extitit, &c. Mais on ne peut pas dire que la Garde Royale & Seigneuriale ait jamais eu lieu ès Provinces d'Anjou
& du Maine; s'il étoit vrai que la Garde-Royale & Seigneuriale y
eût été pratiquée, & qu'elle eût été convertie en droit de rachapt,
on en trouveroit quelque veſtige, ou dans l'Hiſtoire ou dans quelque autre Tradition; mais il n'y en a pas le moindre veſtige, & il
n'en eſt fait mention en aucun lieu.

   24. Il y a une Déclaration du Roy S. Loüis, du 12. May 1246.
touchant les Us & Couſtumes des Bails & Rachapts des Province
ce d'Anjou & du Maine, En ce temps-là que les Us & Coûtumes n'étoient pas redigés par écrit, il y avoit difficulté touchant

ces Us & Couſtumes, aucuns les conteſtans & revoquans en doute.
Le Roy Saint Loüis en voulut connoître, étant lors en la ville
d'Orleans ; les principaux Seigneurs des Provinces d'Anjou & du
Maine ayant été convoquez, le Roy S. Loüis regla cela & en fit une
Déclaration, qui eſt conçûë en latin , dont la teneur enſuit.

DECLARATIO

Super Conſuetudinibus Ballorum & Rachatorum An-
degaviæ & Cœnomaniæ.

UNIVERSIS *præſentes Litteras inſpecturis, P. Comes*
Vindocinenſis, Gaufridus Vicecomes Caſtridun. Hug. de
Bauveis, Petrus de Chamilly, A. Vicecomes Meledun. Gau-
fridus de Lezing. Gaufridus de Caſtrobienen, Hamelinus de
Altmeſia, Guillermus de Salliat, Rodulphus de Thorigny. Ha-
melinus Francus, Regnardus & Robertus de Meilotoporaris
fratres, Paganus de Thoarſe, Jordœnus Doc, Joſſelinus de
Bello Pratello, Hamericus de Bluc, Jacobus de Caſtrogonteri,
Hebertus de Campis, Oliverus de Nova Villa, Joannes de
Gonor & Theobaldus de Blaron, SALUTEM. *Notum faci-*
mus, quòd cùm dubitaretur ab aliquibus de conſuetudine Ballo-
rum & Rachatorum Andegaviæ & Cœnomaniæ, excellentiſſi-
mus & clariſſimus Dominus noſter Ludovicus Dei gratia Franc.
Rex illuſtris volens cognoſcere ſuper hoc veritatem & quod erat
dubium declarare, nobis apud Aureliam coram ipſo vocatis, ha-
bito nobiſcum tractatu & conſilio diligenti, communi aſſertione
noſtra didicit de conſuetudine terrarum illarum quæ talis eſt : vi-
delicet quòd relicta alicujus nobilis vel alterius feodati habet in
Andegavia Ballum liberorum ſuorum & terræ, & non facit ra-
chatum, niſi ſe maritet, & ſi ipſa moriatur ille habet Ballum
qui magis propinquus ex parte patris vel ex parte matris, ex

parte cujus hereditas manet : quicumque etiam sive mater sive aliquis amicorum habeat custodiam fœminæ quæ sit heres, debet præstare securitatem Domino à quo tenebit, in capite quòd maritata non erit nisi de licentia ipsius Domini & sine assensu amicorum ; & si relicta nobilis vel alicujus alterius feodati se maritet, maritus suus facit hommagium Domino & solvit rachatum, & rachatum est valor terræ unius anni. Dominus autem non habet rachatum de patre ad filium nec de fratre ad fratrem, & omnes alii qui tenent ballum debent hommagium Domino & debent solvere rachatum; ille autem qui tenet ballum, si terra debet ad ipsum devenire, non habet custodiam puerorum, imò propinquorum post ipsum, & habent pueri benefactum de terra patris & matris suæ secundùm valorem terræ & secundùm statum; & quicumque tenet ballum debet facere rachatum, solvere debita & tenere debita in bono statu. Est autem ætas heredis masculi faciendi hommagium Domino & habendi terram suam quàm citò idem hæres ingressus suum vicesimum primum annum. De ballis & rachatis Cœnomanos Barones Cœnoman. idem dicimus hoc excepto quòd vidua perdit ballum terræ moventis ex parte patris puerorum in Cœnomania quàm citò se maritat, & ille qui habet ballum debet-facere hommagium Domino & solvere rachatum nisi sit frater deffuncti. Sciendum est tamen quòd Feritas Bernardi & Castellania Feritatis aliam habent consuetudinem quantum ad rachata. Quia vero super ætate fœminarum certa consuetudo non inveniebatur, idem Dominus Rex de assensu nostro statuit & ordinavit quod fœmina non maritata postquam quintum decimum annum complevit, habeat legitimam ætatem ad faciendum hommagium Domino & ad habendam terram suam : hæc autem omnia supradicta prout superius continentur, de communi consilio & assensu nostro, idem Dominus Rex voluit & præcepit de cætero in perpetuum observari : in cujus rei testimonium sigilla nostra

F t iij

præsentibus Litteris duximus apponenda. Actum Aurelian. Anno Domini 1246. mense Maio.

Tout cela est confirmé & passé en forme d'Ordonnance & de Loy, par la Charte de Saint Loüis du même jour.

F I N.

TABLE

DES PRINCIPALES MATIERES
Contenuës au Traité du Droit de Garde-Noble
& Bourgeoise.

A.

SI une *action*, en reddition de compte de tutelle, qu'une mere prétend contre un de ses enfans, comme heritier de son pere, est confuse en sa personne, lorsqu'elle accepte la Garde de ses enfans, 149

Si l'*action* qu'a la femme, pour être acquittée des dettes qu'elle a contractées avec son mari pendant son mariage, est confuse en sa personne à cause de la Garde, lorsqu'elle renonce à la Communauté, 152. 153.

'*Action* de remploi, 181

Si l'*action* de recompense qu'a l'un ou l'autre des conjoints pour rentes, par lui dûës avant le mariage, racheptées pendant la Communauté, se confond à cause de la Garde, 183

Si l'*action* de recompense qu'ont les enfans du prédecedé des pere & mere, pour les bâtimens faits pendant le mariage, sur l'heritage du vivant, se confond par l'acceptation que fait le survivant, de la Garde, dans les Coustumes qui attribuënt au Gardien les meubles en proprieté, 185

De l'*action* de remploi ou recompense du prix des heritages propres, vendus pendant le mariage, si le Gardien en est tenu, 189

De l'*action* de recompense qui est dûë à l'un ou à l'autre des conjoints, pour rentes acquittées pendant le mariage, si le survivant à qui elle est dûë, la confond, à cause de la Garde, 181

La forme & solemnité des *Actes* se regle par les Coustumes où les *Actes* sont passez, 85

Si le survivant des pere & mere qui a droit de Garde en Touraine, où il est demeurant, & où il n'est pas necessaire d'*accepter*, fera les fruits siens des biens situez à Paris, 86

Disposition des Coustumes touchant l'*acceptation* de la Garde, 47

Si l'*acceptation* faite au Greffe peut valoir, 47

Si l'*acceptation* de la Garde doit se faire devant le Juge Royal & non devant le Juge de Seigneurie, 48

Dans quel temps se doit *accepter* la Garde, 49

Lorsque le survivant des pere & mere a *accepté* la Garde Noble au lieu de la Bourgeoise, si son *aceptation* peut operer pour la Bourgeoise, 51

Si le survivant des pere & mere peut *accepter* la Garde-Noble & Bourgeoise d'aucun de ses enfans, & ne la pas *accepter* à l'égard des autres, 52.

Lorſque le ſurvivant des pere & mere a *accepté* la Garde, s'il peut renoncer à la Garde, pour ſe décharger du payement des dettes. 53

Arreſts qui ont jugé cette queſtion. 54

Si le Gardien eſt tenu de bailler *aveu* & dénombrement pour les heritages feodaux des mineurs, 105

Si le Gardien peut recevoir *aveus* & dénombremens des Vaſſaux des mineurs, 106

La Garde-Noble eſt déferée aux *ayeul* & *ayeule*, lorſque le ſurvivant des pere & mere eſt incapable de toute *adminiſtration*, 34

Si le Gardien a les *Amendes* adjugées en matiere civile & criminelle, dans les Juſtices de ſes mineurs, 99

La Garde Noble eſt déferée à l'*ayeul* ou l'*ayeule*, lorſque le ſurvivant des pere & mere decede ſans l'avoir acce. tée, 34

Lorſqu'il y a concurrence d'*ayeul* & d'*ayeule*, qui d'entr'eux doit avoir le droit de Garde, 35

S'il y a *ayeul* & *ayeule* de different côté ſi l'*ayeul* ou l'*ayeule* du côté paternel ſera preferé à l'*ayeul* ou l'*ayeule* du côté maternel, 35

Pluſieurs Coûtumes déferent la Garde aux *ayeul* & *ayeule*, 36

Quand il y a concurrence d'*ayeuls* & *ayeules* paternels & maternels; ſi la Garde doit être diviſée entr'eux, 37.

Lorſque pere & mere, demeurans à Paris, decede laiſſant des enfans mineurs; ſi la'*yeul* paternel demeurant en pays de Droit écrit, peut prétendre la Garde de ſes petits-enfans, 38

En quels cas la Garde eſt déferée aux *ayeul* & *ayeule*, & en quels cas elle n'eſt pas déferée, 28

La mere perdant la Garde par ſon ſe-

cond mariage, ſi l'*ayeul* ou l'*ayeule* pourra prétendre la Garde de ſes enfans, 29

Si le ſurvivant des pere & mere qui a accepté la Garde-Noble, venant à déceder, l'*ayeul* peut prétendre la Garde, 31

Lorſque le ſurvivant des pere & mere renonce à la Garde ou remet la Garde à ſes enfans, ſi l'*ayeul* ou l'*ayeule* peuvent prétendre la Garde, 32

Le ſurvivant des pere & mere peut accepter la Garde & y renoncer aprés l'avoir acceptée, & en ce cas l'*ayeul* ou l'*ayeule* ne la pourro t prétendre, 33

Lorſque le pere eſt noble & que l'ayeul ne l'eſt pas, ſi les pere & mere étant décedez, l'*ayeul* qui n'eſt pas noble peut accepter la Garde de ſes petits-enfans, 39

Si l'*ayeul* & *ayeule* n'ayant pas droit de Garde, par la Coûtume de Touraine où il eſt demeurant, peut neanmoins prétendre le droit de Garde ſur les biens des mineurs, ſituez en la Coûtume de Paris, où le Droit de Garde eſt déferéé aux *ayeul* & *ayeule*, 88

B.

B*Ail* eſt un terme de l'ancien langage Gaulois, qui ſignifie Garde, Gouvernement, Adminiſtration, Protection, 6

Il y a des Coûtumes qui diſent *Bail*, & non pas Garde, 6

Il y a des Coûtumes qui diſent *Bail* & Garde, 7

Il y a des Coûtumes qui font difference entre *Bail* & Garde, 7

Il y a des Coûtumes qui diſent Garde, Adminiſtration & Gouvernement, & qui ne diſent pas *Bail*, 7

Il y a des Coûtumes qui ne parlent ni

ni de Garde ni de *Bail*, mais seulement d'Administration, 8

Déclaration du Roy S. Loüis, touchant les *Bails* & rachapts, ès
Couſtumes du Maine & d'Anjou,
2 2 8.

Si ce qui eſt dû au ſurvivant des pere
& mere pour *Bâtimens* faits ſur les
heritages du prédecedé, eſt une
dette mobiliere dont le ſurvivant
des pere & mere ſoit tenu à cauſe de
la Garde, 1 9 2

Des Lettres de *Benefice* d'Inventaire
obtenuës par les enfans qui ſont en
Garde; quoique le *Benefice* d'Inventaire ſoit perſonnel aux enfans,
il ſert au Gardien pour être déchargé des dettes, 5 5

Si le mineur qui a paſſé ſept ans, peut
préſenter aux *Benefices*, quoiqu'il
ait Gardien, 9 7

Si dans la Couſtume de Paris, qui défere la Garde-Noble aux pere &
mere, ayeul & ayeule, les *biſayeul*
& *biſayeule* la peuvent prétendre,
4 0.

La Garde-*Bourgeoiſe*, dont parle la
Couſtume de Paris eſt ancienne,
4 1.

Grande varieté dans les Couſtumes,
touchant la Garde-Noble & *Bour-*
geoiſe, 4 1

La Couſtume de Paris ne défere la
Garde *Bourgeoiſe* qu'aux pere &
mere, & les ayeul & ayeule ne la
peuvent prétendre, 4 2

La Couſtume de Paris ne défere la
Garde-*Bourgeoiſe* qu'à ceux qui
ſont demeurans en la Ville &
Fauxbourgs de Paris, 4 3

Lorſqu'une mere noble a été mariée
à un Roturier, ſi rentrant par la
mort de ſon mari dans ſa Nobleſſe, elle a droit de prétendre la
Garde-Noble de ſes enfans, ou ſeulement la Garde-*Bourgeoiſe*, 4 4

La Couſtume de Paris oblige le Gar-

dien *Bourgeois* de donner caution,
6 3.

Il y a des Couſtumes qui admettent la
Garde-Noble & *Bourgeoiſe*, 8

Il y a des Couſtumes qui admettent la
Garde Noble & *Bourgeoiſe*, mais
qui reſtraignent l'un & l'autre aux
Fiefs, 8

La Couſtume de Paris fait difference
entre la Noble & *Bourgeoiſe*, pour
la durée, 2 0 8

C.

LA Couſtume de Paris oblige le
Gardien-Bourgeois de donner
caution, 6 3

Il y a des Couſtumes qui obligent le
Gardien-Noble de donner *caution*,
6 3.

Le Gardien Bourgeois eſt décheu du
droit de Garde, faute d'avoir donné
caution, 6 4

Lorſque par le *Contrat* de mariage il
eſt dit que la femme aura certaine
ſomme pour tout droit en la Communauté, ſi la femme décedant la
premiere, & le mari acceptant la
Garde, s'il profitera, à cauſe de
la Garde, de la ſomme qui eſt
dûë aux enfans heritiers de leur
mere, pour le droit en la Communauté, dans les Couſtumes qui attribuënt au Gardien les meubles en
proprieté, 1 8 6

De la *commiſe* de Fief, qui eſt une eſpece de *confiſcation*; à qui eſt-ce
qu'elle appartient, au proprietaire
ou à l'uſufruitier, 1 0 9

Si la femme qui accepte la Garde de
ſes enfans a droit de reprendre ſes
deniers, ſtipulez propres, dans le
cas qu'elle accepte la *Communauté*,
de même que quand elle y renonce,
1 3 5.

Si le gardien a les *confiſcations*, 9 9

Si les biens *confiſquez* appartiennent

au Haut-Justicier, 100
Si le Gardien peut prétendre les biens *confisquez* du condamné à mort, qui avoit son domicile dans la Haute-Justice des mineurs, 101
Si le Gardien peut prétendre non-seulement les meubles *confisquez*, mais aussi les immeubles, 102
Si pour regler lequel, ou du proprietaire ou de l'usufruitier doit avoir le profit de la confiscation, on doit considerer le tems auquel le *crime* a été commis, ou le temps de la *condamnation*. 107
Il y a dans les *Coûtumes* des dispositions generales qui ne se doivent point diviser, 84
Lorsque les *Coûtumes* sont uniformes dans leurs dispositions, on les doit considerer comme une même *Coûtume*. 85

D

DE quelles *dettes* le Gardien est tenu, 127
Les biens du Gardien sont affectez & hipothequez aux *dettes*, 56
Par la Coustume de Paris le Gardien n'est tenu que des *dettes* mobilieres, 126
Si le survivant des pere & mere qui est en *démence*, a droit de prétendre le droit de Garde, ou son Curateur pour lui, 25
Si la femme qui accepte la Garde de ses enfans, confond, à cause de la Garde, ses habits de *deüil*, 161
Explication du droit de *Déport* de minorité ès Coûtumes d'Anjou & du Maine, 213
Comment se doit regler le *Douaire* coustumier de la femme, quand elle accepte la garde de ses enfans, 150
Quid? quand la femme a *Douaire* préfix en rente, ou un *Douaire* préfix en deniers, pour une fois payer, 151
Si la femme a droit de reprendre ses *deniers* stipulez propres, quoiqu'elle accepte la garde de ses enfans, 133.
Quoique dans les Coûtume: qui donnent au gardien les meubles des mineurs en proprieté, il soit dit que le gardien est tenu d'acquitter les mineurs de toutes *dettes*, cela s'entend des *dettes* mobilieres & arrérages de rente, 187.
Si les *deniers* stipulez propres qui sont dûs à l'un ou à l'autre des conjoints, sont compris entre les *dettes* dont le gardien est tenu acquitter les enfans, dans les Coûtumes qui donnent au gardien les meubles en propre,

F

LE droit de Garde a commencé dans le temps que les *Fiefs* ont commencé d'être hereditaires, 14
Anciennement le droit de garde ou Bail n'étoit que pour les *Fiefs* & biens féodaux, 15
Il y a des Coûtumes qui n'admettent la Garde-Noble & Bourgeoise, mais qui la restraignent aux *Fiefs*, 8
Il y a des Coûtumes qui n'admettent la Garde entre Nobles, sinon qu'il y ait *Fiefs*. 42
Les *Fiefs* anciennement n'étoient que simples commissions, 12
Quand les *Fiefs* ont commencé d'être hereditaires, 13
Anciennement il n'y avoit que les mâles qui étoient admis à l'heredité des *Fiefs*, 13
On a aussi admis les filles à l'heredité des *Fiefs*, à défaut de mâles, 13
Si les *Fiefs* de France ont été dans leur origine simples commissions, 14
Si le Gardien peut saisir féodalement les *Fiefs* des Vassaux des mineurs, 115.
Si les Us & Coûtumes des *Fiefs* vien-

nent des Lombards, 10
Si le gardien est tenu faire la *foy* &
hommage pour les heritages féodaux des mineurs, 105
Si le gardien peut recevoir la *foy* &
hommage des Vassaux des mineurs,
205.
Si le survivant des pere & mere qui
accepte la garde de ses enfans, est
tenu, à cause de la garde, des *frais*
funeraires du prédecedé, 154
Dans la Coûtume de Paris lorsqu'il y
a Tuteur élû par les parens, autre
que le gardien, si le gardien est tenu de fournir au Tuteur les *frais*
des Procès, 66. 174
Ce qui est compris sous le mot *Fruits*,
91.
Fruits civils, 95

G

LA Garde dont parlent les Coûtumes a quelque chose de la
puissance paternelle, mais a aussi
sa difference, 4
La *Garde* qui est déferée aux pere &
mere, ayeul & ayeule, & qui leur
attribuë la joüissance des biens de
leurs enfans, jusques à un certain
âge, est tres-favorable, 5
Il y a des Coûtumes qui non-seulement n'admettent la *Garde* que
pour les Nobles, mais qui la restraignent encore aux bien féodaux, 8
A quelles personnes la *Garde* est déferée, 16
Grande varieté dans les Coûtumes
touchant les personnes ausquelles
Garde est déferée, 18
Si les pere & mere, ayeul & ayeule
peuvent prétendre le droit de *Garde* sur les biens qui font écheus à
leurs enfans, par liberalité de parens collateraux ou autres, 22
En quels cas la *Garde* est deferée à
l'ayeul & l'ayeule, 28. 34

Si le survivant des pere & mere qui
est demeurant à Paris, & qui y
a accepté la *garde-noble*, fait les
fruits siens, non-seulement des immeubles, situez dans la Coûtume
de Paris, mais aussi de ceux situez
en pays de Droit écrit, 89
Si le Trésor trouvé dans l'heritage du
mineur appartient au *gardien*, 92
Si le *gardien* joüit du droit de patronage & de presentation aux Benefices dépendans des terres des mineurs, 96
Quand il y a concurrence d'ayeuls &
ayeules paternels & maternels, si
la *gadre* doit être divisée entr'eux,
37.
De l'origine du droit de *garde*, 10
Il y a dans la Coûtume de Normandie *garde* Royale & Seigneuriale, 9
La *garde-noble* Ducale & Seigneuriale a eu aussi lieu en Bretagne;
mais cela fut changé en rachapt,
ibid.
Si le survivant des pere & mere qui
est mineur, peut prétendre le droit
de *garde*, 24
Si le survivant des pere & mere qui a
été nommé Tuteur, & qui accepte
la tutelle de ses enfans purement
& simplement, peut après prétendre la *garde* de ses enfans, 26
Lorsque la mere qui s'est remariée, a
perdu la *garde* par son second mariage, si l'ayeul ou l'ayeule pourra
prétendre la *garde* de ses enfans
mineurs, 29
Lorsque le survivant des pere & mere
qui accepte la *garde noble* est decedé, si l'ayeul peut prétendre la
garde, 31
Lorsque le survivant des pere & mere
renonce à la *garde*, si l'ayeul ou
l'ayeule peuvent prétendre la *garde*, 32
Lorsque le pere est noble & que
l'ayeul ne l'est pas, si les pere &

TABLE

mere étant décedés, l'ayeul qui n'eſt pas noble , peut prétendre la *Garde* de ſes petits-enfans nobles, 39.

Si dans la Couſtume de Paris , qui défere la *Garde-Noble* aux pere & mere, ayeul & ayeule , les biſayeul & biſayeule la peuvent prétendre , 40.

La Couſtume de Paris ne défere la *Garde-Bourgeoiſe* qu'à ceux qui ſont demeurans en la Ville & Fauxbourgs de Paris , 43

Lorſqu'une femme noble a été mariée à un Roturier , ſi rentrant par la mort de ſon mari en ſa nobleſſe, elle a droit de *Garde-Noble* , ou ſeulement la *Garde-Bourgeoiſe* , 44.

Les biens du *Gardien* ſont affectez & hipothequez aux dettes , 56

Si le *Gardien* doit être privé du droit de *Garde* , faute d'avoir fait Inventaire , 57

Pluſieurs Couſtumes obligent le *Gardien* de faire Inventaire , 57

Quels ſont les droits & émolumens du *Gardien* , 71

Lorſqu'il y a des dettes & obligations le *Gardien* doit veiller à la ſolvabilité des débiteurs' 79

Si le *Gardien* ayant fait condamner les débiteurs aux interêts , ou ſi ayant employé les deniers en Contrats de conſtitution , il doit profiter du revenu , 79

Si le *Gardien* peut ſe ſervir des meubles meublans, & s'il n'eſt tenu que de les rendre en eſpece, en l'état qu'ils ſe trouveront la *Garde* finie, 79.

Si le *Gardien* Noble & Bourgeois fait les fruits ſiens de tous les immeubles , tant heritages que rentes , appartenans aux mineurs, aſſis en la Ville de Paris, ou dehors , & comment cela s'entend, 80

Sur quels biens le droit de *Garde* s'étend , 71

Si la *Garde* s'étend ſeulement ſur les immeubles , ſituez en la Prevôté & Vicomté de Paris , 20

Par la Couſtume de Paris le *Gardien* ne fait point fonction de tuteur, 65

Si on avoit ſaiſi réellement le bien d'un mineur ſur un *Gardien* qui ne ſeroit pas Tuteur, la ſaiſie réelle ſeroit nulle , 66

Dans la Couſtume lorſqu'il y a un Tuteur, autre que le *Gardien*, ſi le *Gardien* eſt tenu de fournir au *Gardien* les frais des Procez , 67

Si le *Gardien* a droit de joüir des droits honorifiques , 97

Si le *Gardien* qui joüit du Fief appartenant à ſes mineurs , peut ſaiſir féodalement les Fiefs des Vaſſaux, & s'il doit avoir le profit de la ſaiſie féodale, 115

Si le ſurvivant des pere & mere qui eſt demeurant à Paris, & qui y a accepté la *Garde* Noble fait les fruits ſiens, non ſeulement des immeubles ſituez à Paris , mais auſſi de ceux ſituez en Pays de Droit écrit , 89

Queſtion dans la Couſtume de Berry, touchant la *Garde* Noble entre les paternels & maternels, 90

Tréſor trouvé dans l'heritage du mineur, s'il appartient au *Gardien*, 92

Si le *Gardien* qui joüit du Fief de ſes mineurs , a droit de joüir du Fief mouvant de ſes mineurs , ſaiſi féodalement , 111. 115

De quelles dettes eſt tenu le *Gardien* , 121. 126.

Si l'action pour la repriſe des deniers ſtipulez propres , ſe confond en la perſonne du *Gardien* , 133

Si le ſurvivant des conjoints confond à cauſe de la *Garde*, ce qui lui eſt dû pour le remploi de ſes heritages propres, ou pour rentes racheptées, 140.

Lorsque par le Contrat de mariage il a été convenu que la femme ne pourra prétendre qu'une certaine somme pour tout droit en la Communauté, si acceptant la *Garde* de ses enfans elle la confond en sa personne, 145

Lorsque la femme a stipulé par son Contrat, qu'elle pourra renoncer à la Communauté, ce faisant reprendre ce qu'elle y a mis ; si elle confond, à cause de la *Garde*, ce qu'elle auroit droit de reprendre, 148.

Si le survivant des pere & mere qui accepte la *Garde* de ses enfans, est tenu acquitter les legs & dispositions testamentaires, 163

Si le survivant des pere & mere qui accepte la *Garde*, est tenu d'acquitter les frais funeraires du prédecedé, 154

La Coustume de Paris charge le *Gardien* d'acquitter les charges annuelles, dont les heritages des mineurs sont chargez ; & d'entretenir les heritages des mineurs de toutes reparations, 170

Lorsque les heritages des mineurs sont en mauvais état au temps que la *Garde* est ouverte, si le *Gardien* est tenu les mettre en bon état, 170

Si dans les Coustumes qui attribuënt au *Gardien* les meubles en proprieté, tous les effets mobiliers y sont compris, 117

Si dans les Coustumes qui donnent les meubles en proprieté au *Gardien*, le *Gardien* est tenu de plus grandes charges, que dans celles qui donnent seulement au *Gardien* l'administration des meubles, 174

Si le *Gardien* peut recevoir la foy & hommage des Vassaux des mineurs & les aveus & dénombremens, 205

Explication de l'art. 46. de la Coust. de Paris, qui dit que le *Gardien* n'est tenu payer relief pour les heritages féodaux, appartenans aux mineurs, mais qu'il est tenu de les en acquitter s'il en est dû du chef des mineurs, 201

De quelle durée est la *Garde-Noble* & Bourgeoise dans la Coustume de Paris, 207

Si ce que doivent les enfans au survivant de leur pere & mere pour bâtimens faits sur les heritages du prédecedé, est une dette mobiliere, dont le survivant est tenu, à cause de la *Garde*, 192

H.

Si le gardien a droit de joüir des droits *honorifiques*, 97

Dans les Coustumes où le gardien est tenu de son chef faire la foy & *hommage*, à cause des fruits qu'il fait siens ; la foy & *hommage* que le gardien fait en cette qualité, ne décharge pas les mineurs de faire la foy & *hommage*, lorsqu'ils sont venus à leur âge, 205

Si le gardien peut recevoir la foy & *hommage* des Vassaux des mineurs, 201.

Questions dans la Coustume de Berry touchant la garde-noble entre les *heritiers* présomptifs paternels & maternels, 90

Les biens du gardien sont affectez & *hipothequez* aux dettes, 56

I

Les lettres de Benefice d'*Inventaire* obtenuës par les enfans, quoique le Benefice d'*Inventaire* soit personel aux enfans, servent au gardien pour être déchargé des dettes, 55

Si le gardien doit être privé du droit

de garde, faute d'avoir fait faire *Inventaire*, 61
Plufieurs Coûtumes obligent le gardien de faire *Inventaire*, 57
L'*Inventaire* eft neceffaire pour connoître les biens des mineurs, 50
Si le gardien a les amendes adjugées en matieres civiles & criminelles dans les *Juftices* de fes mineurs, 99

L

SI le furvivant des pere & mere qui accepte la garde de fes enfans, eft tenu acquitter les *Legs* & difpofitions teftamentaires du prédecedé, 163
S'il y a difference à faire entre les *Legs* à une fois payer, & les *Legs* payables annuellement, 165
Explication de la *Loy, Sin autem. Cod. de bonis quæ liberis*, 166

M

DAns la Coûtume de Paris le Gardien n'a que la fimple adminiftration des *meubles*, 77
Il y a des Coûtumes qui ne donnent au gardien aucun droit fur les *meubles*, 78
Les *meubles* dont la Coûtume de Paris donne au gardien l'adminiftration, s'entendent feulement de ce qui eft de nature mobiliere, dans la fucceffion du prédecedé des pere & mere, 78
Si le gardien peut prétendre non-feulement les *meubles* confifquez, mais auffi les immeubles, 102
Si dans les Coûtumes qui attribuënt au gardien les *meubles*, tous les effets mobiliers y font compris, 117
Dans les Coûtumes qui donnent au gardien les *meubles* en proprieté, il y a difference a faire entre les unes & les autres, touchant les dettes & les charges dont le gardien eft tenu, 174.

Arrefts rendus dans les Coûtumes qui donnent au gardien les *meubles* en proprieté, 175
Comment s'entendent les Coûtumes qui donnent au gardien les *meubles* en proprieté, 180
Quelques Couftumes refervent les *Mines* d'or au Roi, & les *Mines* d'argent au Seigneur qui a Comté, Vicomté ou Baronie, 69
Si le *mineur* qui a paffé fept ans, peut lui-même préfenter aux Benefices qui dépendent de fa terre, quand il a un gardien, 97
La garde finit par le *mariage* des enfans,
La garde finit par la mort des enfans, 209.
Si la garde finit par le fecond *mariage* du gardien, 210
Déport de *minorité*, 211

N

ILya des Coûtumes qui admettent feulement la garde pour les *Nobles*, 8
Il y a des Coûtumes qui reftraignent non-feulement la garde pour les *Nobles*, mais qui la reftraignent encore aux heritages féodaux, *ibid.*

O

SI le gardien a droit de pourvoir aux *Offices* des Juftices dépendantes des terres appartenantes aux mineurs, s'il peut deftituer les anciens *Officiers*, 98
Si le gardien peut donner des furvivances d'*Office*, 99
Tréfor & fortune d'*Or* & d'*Argent*, 93.
Quelques Coûtumes refervent les mines d'*Or* au Roi, & les mines d'argent au Seigneur qui a Comté, Vicomté & Baronie, 96

P

SI le Gardien joüit du droit de *Patronage* & prefentation aux Benefices, dépendans des terres, appartenans aux mineurs, s'il peut prefenter le mineur dont il eft Gardien, 96

Queftion dans la Coûtume de Berry, touchant la garde-noble entre les heritiers préfomptifs, *paternels* & maternels, 90

Si le mineur qui a paffé fept ans peut lui-même *prefenter* aux Benefices qui dépendent de fa terre, quoiqu'il ait un gardien, 97

Si le *préciput*, ftipulé en efpece, par le Contrat de mariage, au profit du furvivant des conjoints, fe confond, à caufe de la garde, 143

Si le *préciput*, ftipulé en deniers, par le Contrat de mariage, fe confond à caufe de garde, 144

Si le gardien *profite* des deniers, ftipulez propres, échûs aux enfans dans les Coûtumes qui donnent au gardien les meubles en *propriété*, 180

Si la femme a droit de reprendre fes deniers, ftipulez *propres*, quoiqu'elle accepte la garde, 132

Si les deniers ftipulez *propres*, qui font dûs à l'un ou à l'autre des conjoints, font compris entre les dettes dont le Gardien eft tenu acquitter les enfans, 187

La garde participe de la puiffance *paternelle*, 3

Quelle étoit la puiffance *paternelle* dans le Droit Romain, *ibid.*

Céfar dans fes Commentaires, parle de la *puiffance* qu'avoient les peres, dans les Gaules, fur leurs enfans, 4

P.

Réalité des Coûtumes, 82. 83
Differens cas où il eft dû *Relief*, 196.

Il y a encore plufieurs Coûtumes où le gardien doit *Relief* pour fa joüiffance, 197

Autrefois le gardien devoit *Relief*, c'étoit l'ancien ufage, 196

Explication de l'art. 46. de la Coûtume de Paris, touchant le *Relief*, 201.

Reprifes, *Remplois* & *Recompenfes* dûës aux conjoints, comment fe font, 112

Les *Remplois Reprifes* & *Recompenfes* fe doivent faire avant partage de la Communauté, 131

Action de *remploy*, 181

Si l'action de *recompenfe* qu'a l'un ou l'autre des conjoints, pour rentes par eux dûës avant le mariage, racheptées pendant la Communauté, fe confond à caufe de la garde, 183

De l'action de *recompenfe* qu'ont les enfans du prédecedé des pere & mere, pour les bâtimens faits pendant le mariage fur l'heritage du furvivant, fi le gardien en eft tenu, 185

De l'action de *remploy* ou *recompenfe* du prix des heritages propres vendus pendant le mariage, fi le gardien en eft tenu, 189

De l'action de *recompenfe* qui eft dûë par l'un ou l'autre des conjoints, pour rentes acquittées pendant le mariage; fi le furvivant à qui elle eft dûë, la confond, à caufe de la garde, 101

Si la femme qui accepte la garde de fes enfans, a droit de *reprendre* fes deniers ftipulez propres, dans le cas qu'elle accepte la Communauté, de même que quand elle y renonce, 135

S

SI le gardien peut donner des *furvivances* d'Offices, pour les Juftices appartenans à fes mineurs, 99.

TABLE DES MATIERES.

T

LA garde dont parlent les Coûtumes, participe de la *tutelle*, 3

La garde est une espece de *tutelle*, qui vient des anciens Gaulois, 5

Si un *Trésor* trouvé dans un heritage appartient à l'usufruitier ou au proprietaire, 94

V

SI pour regler lequel des deux, ou de l'*usufruitier*, ou du proprietaire de la Haute-Justice, doit avoir la confiscation ; on doit considerer le temps auquel le crime a été commis, ou si on doit considerer le temps de la condamnation, 107

Plusieurs tiennent que la confiscation étant dûë du jour du crime elle appartient à celui qui avoit droit d'*usufruit*, au temps que le crime a été commis, 108

Si un Trésor trouvé dans un heritage appartient à l'*usufruitier* ou au proprietaire, 94

Fin de la Table des Matieres.